PERSPEKTIVEN AUF ROBERT EGGERS' FILME

ADRIAN GMELCH · DANIEL HERCENBERGER ·
JAN NIKLAS HOCHFELDT (HG.)

PERSPEKTIVEN AUF ROBERT EGGERS' FILME

BÜCHNER-VERLAG
Wissenschaft und Kultur

Adrian Gmelch · Daniel Hercenberger · Jan Niklas Hochfeldt (Hg.)
Perspektiven auf Robert Eggers' Filme

ISBN (Print) 978-3-96317-389-9
ISBN (ePDF) 978-3-96317-951-8

Satz und Umschlaggestaltung: DeinSatz Marburg | rn
Bildnachweis Umschlag: *Hexensabbat* (1510) von Hans Baldung (Metropolitan Museum of Art; Chiaroscuro-Holzschnitt in zwei Blöcken, gedruckt in Grau und Schwarz; 38,9 × 27 cm; https://commons.wikimedia.org/wiki/File:The_Witches%27_Sabbath_MET_MM16375.jpg?uselang=de)
Druck und Bindung: Totem.com.pl, Inowrocław, Polen
Die verwendeten Druckmaterialien sind zertifiziert als FSC-Mix.

Bibliografische Informationen der Deutschen Nationalbibliothek
Die Deutsche Nationalbibliothek verzeichnet diese Publikation in der Deutschen Nationalbibliografie, detaillierte bibliografische Angaben sind im Internet über http://dnb.de abrufbar.

www.buechner-verlag.de

Inhaltsverzeichnis

Perspektiven auf Robert Eggers' Filme: Einleitung

Adrian Gmelch, Daniel Hercenberger, Jan Niklas Hochfeldt

Robert Eggers ähnelt einem Geschichtenerzähler am nächtlichen Lagerfeuer inmitten der nordamerikanischen Wildnis. Der 1983 geborene Regisseur romantisiert auf schaurige Weise die Wirklichkeit, lockt Motive aus Folklore und Märchen hervor, lässt neue Mythen entstehen und ruft alte kollektiv in Erinnerung. Gleich der Erzählung einer klassischen *Campfire Story* zieht er uns mit seinen Werken in den Bann, spielt avantgardistisch mit archaischen Strukturen und erschafft auf sehr innovative Weise doch noch so viel mehr: Auf inhaltlicher Ebene sind da paranormale Elemente, mit denen seine Figuren bis auf den Kern ihres innersten Selbst konfrontiert werden, und dabei schwierige Grenzsituationen ausloten müssen. Dies passiert in einer sehr eindringlichen, bisweilen düsteren und intensiven Ästhetik, die er mit einer sehr markanten filmsprachlichen Handschrift heraufbeschwört. Eggers schickt seine Figuren auf eine filmisch ästhetisierte Tour de Force und belebt zugleich das Mythische.

»Mythen, Märchen, Folklore sind das, was mich am meisten interessiert – mehr als das Filmemachen« (Arnold 2022), sagte der Regisseur in einem Interview mit *epd Film* anlässlich des Releases seines dritten Spielfilms *The Northman*. Tatsächlich scheint sich besonders das Besinnen auf das Folkloristische, das intensive Rekurrieren auf Mythen als ein roter Faden durch Eggers' bisheriges Schaffen zu ziehen. Seine bislang drei Arbeiten in Spielfilmlänge – mit *Nosferatu* wird Ende des Jahres Eggers' vierter Langfilm erscheinen – mögen mit Blick auf Historie und Ort ihres Settings grundverschieden sein: *The Witch* (2015) begleitet eine puritanische Familie, die im Neuengland des 17. Jahrhunderts aufgrund religiöser Differenzen aus ihrer Glaubensgemeinschaft verstoßen wird und sich auf einer Lichtung im Wald eine Zukunft aufzubauen sucht. In *The Lighthouse*

(2019) treten zwei Männer Ende des 19. Jahrhunderts ihren Dienst als Leuchtturmwächter auf einer kleinen, abgelegenen Insel vor der Küste Nova Scotias an. Und in *The Northman* (2022) schließlich sinnt ein Königssohn im frühmittelalterlichen Skandinavien auf Rache an seinem Onkel – hatte dieser doch den amtierenden Herrscher ermordet und die Königin scheinbar entführt. All diese Filme eint ihre Auseinandersetzung mit Mythen, Märchen und Folklore, um noch einmal das einleitende Zitat zu bemühen.

In *The Witch*, treffend untertitelt mit *A New-England Folktale*, werden die Ausgestoßenen mit einer Hexe konfrontiert, die im ihre neue Heimat umschließenden Wald haust. Eggers erzählt hier eine Geschichte über Emanzipation, über weibliche Selbstermächtigung und das Ausbrechen aus religiösen Zwängen. Dazu nutzt er das Motiv der Hexe, welches tief in der Folklore Neuenglands verwurzelt ist. In den USA sind es besonders die Hexenprozesse von Salem des Jahres 1692, die mit einer Hexenverfolgung der frühneuzeitlichen Gesellschaft verbunden werden. Tatsächlich waren die puritanisch geprägten Gesellschaften der Kolonien – unter anderem wohl angestoßen von der Auslegung des zweiten Buchs Mose, in welchem es heißt, »eine Zauberin sollst du nicht leben lassen« (2. Mos 22, 17) – vielerorts von einem regelrechten Hexenwahn geprägt, der entsprechend umfänglichen Einzug in die regionale Folklore hielt. In Eggers' Film stehen sich zwei Glaubenssysteme gegenüber: Strenggläubige Puritaner suchen die Wildnis zu erobern, einen ungebändigten Ort, den das Licht ihres Gottes noch nicht erleuchtet hat. Und dabei werden sie mit dem konfrontiert, was sie am meisten fürchten: Die Bewohner dieser Welt, repräsentiert durch die titelgebende Hexe, wehren sich gegen den Einfluss des Christlichen. Der Waldrand markiert in *The Witch* somit auch eine Grenze zwischen einer christlichen Zivilisation und einer mythischen Wildnis.

The Lighthouse beginnt mit einer Reise durch das Unbekannte: Nebel und Meer gehen in undurchdringlichen Schwaden scheinbar ineinander über, es gibt keine erkennbare Grenze zwischen Wasser und Luft. Erst als das scharfe Licht eines noch weit entfernten Leuchtturms den Nebel zerteilt, macht das Unbekannte, das Unheimliche dem Rationalen Platz. So scheint es zumindest. In *The Lighthouse* konfrontiert Eggers seine Protagonisten mit dem kosmischen Grauen und bedient sich dabei sowohl der maritimen Folklore als auch der griechischen Mythologie. Sei es das Motiv der Meerjungfrau oder seien es die mythologischen Figuren Proteus und Prometheus, die sich in den Leuchtturmwächtern Wake und Winslow/Howard erkennen lassen.

In *The Northman* entführt Eggers, inspiriert von einer Island-Reise mit seiner Frau, die Zuschauenden schließlich in die Welt des frühmittelalterlichen, des vorchristlichen Skandinaviens, wo sie den Wikinger-Prinzen Amleth auf seinem Rachefeldzug begleiten. Amleth lebt lediglich für seine Rache – sie ist sein Schicksal, so ist es ihm vorhergesagt. *The Northman* taucht tief in die germanische Mythologie ein und thematisiert zentrale Motive dieser frühmittelalterlichen Stoffe: Amleth ist ein Berserker und damit ein Streiter des paganen Gottes Óðinn, er nutzt ein magisches Schwert und wird schlussendlich – nach der Erfüllung seines Schicksals – von einer Walküre nach Walhalla gebracht.

In all seinen bisherigen Werken – und *Nosferatu* wird hier sicherlich keine Ausnahme bilden (siehe einleitendes Interview mit Jarin Blaschke) – bereitet Robert Eggers klassische Stoffe für ein neues Publikum auf. Mal nähert er sich dabei bekannten popkulturellen Rezeptionen an (etwa in *The Witch*), mal entfernt er sich deutlich von solchen: *The Northman* zeichnet zum Beispiel ein erheblich anderes Bild der germanischen Mythologie als etwa die Marvel-Adaption *Thor* (2011) und deren Nachfolger. Immer jedoch bilden die Arbeiten eine innovative Mixtur aus Arthouse, (Folk-)Horror, Mythologie, Märchen und Folklore, kombiniert mit einer akribischen historischen Genauigkeit in der Darstellung der Lebenswelt seiner Protagonisten.

Es sind die solide filmsprachliche Grundierung, angereichert mit innovativen Spielereien, Zitaten und die sensible Herangehensweisen, seine Welten und Figuren heraufzubeschwören, sowie die akribische Akkuratesse seiner Filmwelten, in denen sich surreal anmutende Handlungen ereignen und in denen die Hexe, der nordische Berserker und die Leuchtturmwärter auf bittersüße Weise die Katharsis, Erlösung oder – im wahrsten Sinne des Wortes – die Erleuchtung erfahren, die den Reiz an Eggers' Geschichten ausmachen. Gleichsam nimmt uns der subversive Geschichtenerzähler in seinen von großer Suggestion geprägten Werken gleich seiner vielfachen Initiations-Inszenierungen mit auf die mythische Reise in sagenumwobene Welten, Albträume und psychische Abgründe. Eine wahre Achterbahnfahrt beim cineastischen Lauschen seiner

Campfire Storys und Grund genug, seine Geschichten narrativ und ästhetisch zu beleuchten.

Robert Eggers' Filme laden zu einer interdisziplinären Betrachtung geradezu ein. Der vorliegende Band unternimmt deshalb den erstmaligen Versuch einer essayistischen Analyse von Eggers' Filmographie aus der Perspektive zahlreicher akademischer Disziplinen, wie etwa der Filmwissenschaft, der Mediävistik und der Gender Studies. Ergänzend liefert Eggers' Stammkameramann Jarin Blaschke in einem exklusiv für dieses Buch entstandenen Interview Einblicke in die Zusammenarbeit mit dem Filmemacher.

Literatur

Frank Arnold: Interview mit Robert Eggers über *The Northman.* In: epd Film, abgerufen am 07.04.2024. https://www.epd-film.de/meldungen/2022/interview-robert-eggers-ueber-northman

Ein Gespräch mit Jarin Blaschke

Jarin Blaschke ist der Stammkameramann von Robert Eggers. Als enger Freund und früher Weggefährte des Filmemachers hat er einen direkten Draht zu ihm. Wer wäre also besser geeignet als Blaschke, um diesen Sammelband mit einem einführenden Gespräch zu eröffnen? Folgendes Interview, geführt von Adrian Gmelch, fand im Herbst 2023 statt.

Adrian GMELCH: Vielen Dank für deine Bereitschaft, dich für den Sammelband mit mir zu unterhalten, Jarin. Es ist wirklich großartig, mit dir gleich so ausführlich diskutieren zu können!

Jarin BLASCHKE: Ich fühle mich geehrt.

GMELCH: Dieses Buch ist den Filmen von Robert Eggers gewidmet. Aber sobald es um seine Filme geht, geht es auch um dich. Du bist sozusagen das Auge von Eggers, die visuelle Umsetzung seiner narrativen Vision. Zunächst einmal: Seid ihr euch wirklich so nahe? Künstlerisch und kreativ gesehen?

BLASCHKE: Ja, aber wie bei zwei Menschen üblich, gibt es auch bei uns leicht unterschiedliche Interessen. Ich kenne ihn seit fünfzehn Jahren, also hoffe ich, dass das, was ich sage, auch stimmt. Er ist nämlich eher sozial interessiert, ihm geht es mehr um persönliche Interaktion, während ich mehr am Individuellen und Existenziellen interessiert bin. Das ist ein Unterschied, aber ansonsten kann es eine größere Überschneidung der Geschmäcker nicht geben.

GMELCH: Du hast Eggers in New York in jungen Jahren kennengelernt, richtig?

BLASCHKE: Ja.

GMELCH: Wie hat sich das ergeben?

BLASCHKE: Ich war 29, ich war der Ältere. Er war, glaube ich, 24. Wir waren beide junge, hungrige, dreckige, stinkende Hipster. Zu dieser Zeit bekam ich eine E-Mail von ihm. Ich hatte bis dahin erst zwei Filme gedreht. In der E-Mail stand ganz formell und ernsthaft »Lieber Herr Blaschke« und so weiter, er mache einen Kurzfilm mit dem Titel *The Tell-Tale Heart* (2008), es sei eine Adaption. Ich las also das Drehbuch – und es enthielt kein Voice-over, also keinen Erzähler, was mich sofort fesselte, weil es sich um eine literarische Übersetzung handelte, in der die Hauptfigur kaum Sprache benutzt, und doch ist es so subjektiv, und es gab so viel Beschreibung und Atmosphäre auf den Seiten. Ich hatte noch nie zuvor ein solches Drehbuch gesehen. Zu der Zeit habe ich hauptsächlich New Yorker Apartmentfilme gemacht. Und dies war ein Historienfilm, das war neu und sehr verlockend für mich. Also musste ich ihn einfach kennenlernen, auch wenn ich wahrscheinlich gedacht habe, er sei noch eine Art Student oder so. Ich meine, eine Adaption von Edgar Allan Poe, also bitte, aber wenn man das Drehbuch liest, gibt es da so viel mehr. Es ist so dicht, dass er mich einfach von der ersten Seite an mitgerissen hat. Ich musste sehen, ob sich das auch visuell umsetzen lässt. Jedenfalls lernte ich ihn so kennen und wir verstanden uns gut. Ich fand ihn verführerisch verrückt, und seither weiß ich, dass das auf Gegenseitigkeit beruhte.

GMELCH: Das ist immer eine perfekte Übereinstimmung: Verrücktheit.

BLASCHKE: Ja. (*lacht*)

GMELCH: *The Tell-Tale Heart* war also eure erste Zusammenarbeit. Ich denke, es war ein wichtiger Meilenstein für Eggers, weil er einen Teil seiner Stammcrew gefunden hat, dich, aber auch Louise Ford, die Cutterin…

BLASCHKE: Und Damian Volpe, der Sounddesigner, der nicht zu unterschätzen ist. Er ist etwas ganz Besonderes. Wir haben auch alle unterschiedliche Temperamente.

GMELCH: Ja, natürlich auch Damian Volpe! Eggers sagt über *The Tell-Tale Heart*, dass es der »erste Film ist, auf den er stolz ist«. Was ist dir von den Dreharbeiten in Erinnerung geblieben?

BLASCHKE: Ich glaube, es war das erste Mal, dass mir klar wurde, dass ich als Perfektionist bis zu diesem Moment sehr einsam gewesen war. Aber das musste nicht mehr so sein. Der Rest der Crew dachte bestimmt: »Was machst du da? Es ist eiskalt hier drin. Es sind jetzt schon vierzehn Stunden vergangen!« Wir versuchten zum Beispiel, für eine Szene den Staub auf dem Boden genau richtig hinzubekommen… Eggers hatte seine Obsessionen, den Staub, das Puppenspiel. Und ich hatte mein Zeug.

GMELCH: Wo wir gerade von Perfektion sprechen…

BLASCHKE: Ich sage nicht, dass wir sie erreichen, aber das ist unser Bestreben.

GMELCH: Ja, aber ich glaube, was euch beide zusammenhält, ist auch dieses Streben nach Perfektion. Ihr geltet beide als Perfektionisten. Ist das der Schlüssel zu eurer künstlerischen Arbeit? Perfektion?

BLASCHKE: Ja, das ist er wahrscheinlich. Ich habe einige Hippie-Familienmitglieder, die es vielleicht für ein wenig ungesund halten, an so einer Perfektion zu arbeiten. Aber für mich ist es ein notwendiges Gegenmittel zum Leben, das keine Antworten hat und einfach chaotisch ist. In dieser Leere geht es darum, eine Realität für uns zu schaffen, die eine Geschichte hat, die einen Sinn ergibt und die einen Schritt in Richtung des Ideals darstellt.

GMELCH: Gute Antwort. Ich bin auch neugierig auf Eggers' Kurzfilm *Hansel and Gretel* aus dem Jahr 2007, den Film vor *The Tell-Tale Heart*. Da warst du also noch nicht involviert. Weißt du, wer für die Kamera verantwortlich war? Denn auch im Abspann gibt es dazu keine Infos.

BLASCHKE: Er hat ihn selbst gedreht.

GMELCH: Oh, okay.

BLASCHKE: Er hat sich anscheinend nicht wohl dabei gefühlt, sich selbst ein zweites Mal in den Credits zu nennen. Ich glaube, das ist der Grund, warum der Vermerk nicht da war. Ich habe diesen Kurzfilm vielleicht ein Jahr, nachdem ich *The Tell-Tale Heart* gedreht hatte, gesehen. Ich erinnere mich nicht mehr genau daran. Außer dass er irgendwie diffus ist, schwarz-weiß, Weitwinkelobjektiv, Handkamera. Vor zwei Jahren tauchte er irgendwo im Internet auf.

GMELCH: Ja, der Film ist jetzt auf Youtube.

BLASCHKE: Ich hatte die DVD des Films und ich schätze, eine Zeit lang habe ich gescherzt, dass ich derjenige sein würde, der ihn leakt. (*lacht*) Aber im Endeffekt ist er ziemlich gut für einen 22-Jährigen.

GMELCH: Wie sieht der kreative Prozess zwischen dir und Eggers aus? Streitet ihr euch manchmal? Habt ihr viele unterschiedliche kreative Ansichten und Wünsche?

BLASCHKE: Wir streiten nicht. Nicht wirklich. Es ist nicht so dramatisch, wenn wir nicht einer Meinung sind. Wir haben immer Verständnis füreinander. Die Frage, die sich stellt, ist eher: »Was hat hier Vorrang?« Es kann sein, dass er mir auf einer bestimmten Ebene zustimmt, aber er hat einfach ein höheres Bedürfnis für seinen Film. Wenn er mir sagt, dass ich etwas tun oder lassen soll, dann verstehe ich das. Für ihn sollte die Kamera der Performance nicht zu sehr in die Quere kommen. Aber manchmal kann ich mir eine Menge erlauben.

GMELCH: Es gibt also eine gewisse Komplementarität zwischen euch beiden.

BLASCHKE: Ja, er sagt: »Ich bin froh, dass ihr das macht, aber jetzt müssen wir aufhören.« Das kann sich sogar auf das Color Grading [farbliche Korrektur von Filmaufnahmen] beziehen. Im Moment haben wir einen sechswöchigen Zeitplan für das Grading, und wenn ich mich zu sehr in meine Malerei-Inspiration vertiefe, sagt er: »Das ist toll, Chivo [gemeint ist hier der Kameramann Emmanuel Lubezki (*Children of Men* [2006]; *The Revenant* [2015]) würde das auch so machen, aber er hat sechzehn Wochen, wir haben sechs«, und so weiter. Er hilft mir einfach, die richtige Perspektive einzunehmen. Er ist sehr, sehr diplomatisch. Aber wenn von uns beiden jemand seine Stimme ein wenig erhebt, dann ist er es. Ich habe so eine nervtötende Beständigkeit. Ich gehe nicht wirklich hoch oder runter, was bestimmte Persönlichkeiten stören kann. Ich konzentriere mich einfach auf das, was wichtig ist oder zumindest wichtig erscheint, und werde nicht emotional.

GMELCH: Zwischen 2009 und 2014 hat Eggers als Produktionsdesigner für viele verschiedene Kurzfilme und auch einige Spielfilme gearbeitet. Bei einigen davon hast du auch die Kamera übernommen, zum Beispiel bei *The Five Stages of Grief* (2011) und *The House at the Edge of the Galaxy* (2013). Wie war Eggers als Set- und Produktionsdesigner? Und inwieweit hat das den späteren Regisseur Eggers beeinflusst?

BLASCHKE: Es gab auch eine Art Modefilm, an dem wir zusammen gearbeitet haben (*Anemone* [2012]). Das sind dann die drei Kurzfilme, die wir zusammen gemacht haben. Ich fühlte mich mehr mit ihm verbunden als mit unserem Regisseur! Es fühlte sich wie eine Verschwörung zwischen uns an. Aber wie ich schon sagte, dadurch war es weniger einsam als in meiner eigenen Welt zu sein. Es gibt einen Moment in diesem Modefilm, in dem ich versucht habe, zu beschreiben, wie sich die Kamera auf einem Kran bewegen sollte, um die Treppe zu erreichen, auf der das Model stand. Und ich beschrieb den Rhythmus der Kamera, der sich für diese Aufnahme richtig anfühlte. Ich machte also einen Vorschlag. Und gleich nachdem ich das gesagt hatte, war Rob zufällig in der Nähe, und er sagte plötzlich laut: »Ja, genau!«. Dann hielt er sich den Mund zu und schlurfte davon. Es war also ein bisschen schmerzhaft, nicht schon damals als Regisseur und Kameramann zusammenzuarbeiten.

Was meine Theorie ist, wie sich das auf seine Regiearbeit ausgewirkt haben könnte? Ich meine, er ist wahrscheinlich mehr in das Produktionsdesign und die Kostüme involviert als andere Regisseure. Er ist in diesen Bereichen mehr involviert als bei der Kamera. Ich habe bei der Kameraarbeit etwas mehr Freiheit, weil er als Produktionsdesigner und nicht als Kameramann gearbeitet hat. Je größer die Filme werden, desto weiter entfernt sich das Design jedoch von seinem Aufgabengebiet. *Nosferatu* ist aber eine Ausnahme, weil er sich von allen am besten damit auskennt.

GMELCH: Er ist mit Sicherheit der Experte auf diesem Gebiet.

BLASCHKE: Ja, ausgerechnet mit der viktorianischen Ära kennt er sich verdammt gut aus – und über *Nosferatu* denkt er ja schon seit seiner Schulzeit nach. Er verfügt also über ein echtes Fachwissen. Aber bei den Wikingern zum Beispiel musste er anderen Personen einfach vertrauen. Da er weniger Ahnung von Optik und Fotochemie und Beleuchtungsdiagrammen hat, habe ich ein bisschen mehr Freiheit am Set als vielleicht der Produktionsdesigner oder der Kostümbildner.

GMELCH: Eggers' Filme sind historisch verankert, leben von ihrem Schauplatz und ihrer historischen Atmosphäre. Wie bereitest du dich darauf vor, was die Kameraarbeit betrifft?

BLASCHKE: Es ist gut, etwas heraufzubeschwören, eine Atmosphäre zu schaffen, wie immer man es kann und wie immer man die Methode vor sich selbst rechtfertigen kann. Offensichtlich ist die Atmosphäre Eggers' oberste Priorität. Für mich gab es von den vier Filmen nur einmal Fotografie-Referenzen, die ich verwenden konnte. Das war natürlich bei *The Lighthouse*. Bei *The Witch* gab es das nicht. Aber man kann ein allgemeines Gefühl für diese Zeit bekommen, wenn man eine »klassische« Sensibilität oder einen »klassischen« Geschmack hat. Und wenn man die Beleuchtung einfach und rein halten kann, dann reicht das vielleicht sogar schon aus, um das Gefühl des 17. Jahrhunderts aufkommen zu lassen.

Für *The Lighthouse* habe ich mich wirklich viel von »modernistischer« Fotografie inspirieren lassen. Diese Referenzen stammen definitiv aus einer Zeit nach der Zeitlinie des Films, aber das war wirklich mehr nach meinem Geschmack. Ich liebe Paul Strand und Edward Weston und seinen Sohn Brett Weston und Alfred Stieglitz und Charles Wheeler und Imogen Cunningham, all diese Leute. Das sind die Künstler, die mich als Schüler in den 1990er-Jahren auf den Weg gebracht haben, und sie sprechen mich immer noch stark an... *The Lighthouse* fühlte sich also wie eine Chance an, Teil einer fotografischen Tradition zu sein.

Für *The Northman* konnte ich natürlich nichts von einem Wandteppich oder einer geschnitzten Säule abschauen. Es ging also wirklich nur darum, Kino zu machen und sich filmischen Referenzen zu nähern. Zum ersten Mal habe ich mich mehr auf Filme als auf Fotos oder Gemälde bezogen. Ich beziehe mich viel mehr auf das Standbild. Ich glaube, Rob lässt sich von etwas ganz Bestimmtem in einem Film inspirieren, das für mich nicht immer offensichtlich oder klar ist, oder er lässt sich von etwas inspirieren, das die Filmemacher anstrebten, aber nicht ganz erreicht haben, so dass es eine Chance für uns sein könnte, dies nochmal zu versuchen. Bei *Nosferatu* wurde mir klar, dass es sich nicht um eine fotografische Referenz aus dem frühen 19. Jahrhundert handelt. Der eine »Nosferatu«-Film ist expressionistisch, der andere ist einfach eine Art 1970er-Jahre-Indie. Der Indie-Film der 70er-Jahre gefiel weder Rob noch mir, und der Expressionismus war nicht das, was Rob wollte, es sollte ein eigener Film werden. Unser Film spielt im Jahr 1838, aber wir werden uns nicht auf Eadweard Muybridge und Henry Fox Talbot beziehen. Das wäre einfach lächerlich. Wir griffen also auf die Malerei zurück, auf die romantische Malerei. Das war der visuelle Anker des Films.

GMELCH: Eggers hat einmal über dich gesagt: »Meine Filme, wenn sie für die Filmsprache gelobt werden, dann ist das auch Jarins Verdienst.« – Du bist ein integraler Bestandteil der Filme. Ich frage mich, wie ein Eggers-Film ohne dich aussehen würde. Hast du eine Idee?

BLASCHKE: Nun, ich denke, er hat einen außergewöhnlichen Geschmack. Der Film würde also wunderschön beleuchtet sein. Wenn ich nicht da wäre, würde er sich jemand Großartiges suchen, ich bin sicher, andere würden die Chance nutzen. Aber wahrscheinlich wäre die Kamera ein bisschen anders. Es wäre wohl mehr wie bei *The Witch* und weniger wie bei den späteren Filmen, einfach weil es leichter war, was die Dreharbeiten und das Blocking [Als Blocking bezeichnet man in der englisch-amerikanischen Theater- und filmischen Inszenierungspraxis die präzise Festlegung der Bewegungen von Akteuren auf der Bühne oder am Set.] angeht. Normalerweise bin ich derjenige, der unsere Denkweisen mit dem Blocking verbindet, im Guten wie im Schlechten. Also ja, das ist meine Vermutung. Es wäre wahrscheinlich etwas konventioneller, was die Kamera angeht, aber auf eine sehr elegante Weise.

GMELCH: Vielleicht werden wir eines Tages sehen, was passiert … wenn du mal nicht für die Kamera zur Verfügung stehst!

BLASCHKE: Nein, ich sorge dafür, dass ich zur Verfügung stehe! (*lacht*)

GMELCH: Zu *The Witch*, Eurem ersten gemeinsamen Spielfilm: Manchmal hatte ich das Gefühl, dass die von deiner Kamera eingefangenen Bilder wie Gemälde wirkten. Das erinnerte mich an *The Village* (2004) von M. Night Shyamalan, bei dem Roger Deakins hinter der Kamera stand. Für Shyamalan und Deakins waren die Gemälde von Andrew Wyeth eine Inspiration. Hattest du *The Village* im Kopf oder gab es andere Inspirationen für diesen malerischen Effekt, den du geschaffen hast?

BLASCHKE: Ich glaube, ich habe das schon mal gehört, diese Ähnlichkeit, aber ich schaue nicht so sehr auf andere Filme. Ich habe *The Village* nicht gesehen. Verrate es Night nicht! (*lacht*) Ich habe Ausschnitte davon gesehen – ich habe an einem Film gearbeitet, aus dem mir der Regisseur eine Szene gezeigt hat. Und vielleicht habe ich ein paar weitere Szenen gesehen.

GMELCH: Shyamalan wird in der Tat nicht erfreut sein zu hören, dass du *The Village* nicht gesehen hast!

BLASCHKE: Nein, na ja, weißt du, er hat eine Menge Filme in seiner Filmografie, und man müsste schon eine Menge davon sehen. Aber ja, er gilt als einer seiner besten. Also ja, ok, ich hätte ihn sehen sollen.

GMELCH: Was sind deine anderen Einflüsse? Welche Kameraführung hat dich in Filmen am meisten fasziniert?

BLASCHKE: Das, was mich wirklich umgehauen hat, war der Film *Mirror* (1975) von Andrei Tarkovsky. Es ist so typisch, das zu sagen, aber ich meine es wirklich so. Das war irgendwann, bevor wir den Kurzfilm *The House at the Edge of the Galaxy* drehten, den du vorhin erwähnt hast. Nun, zunächst einmal gibt es in *Mirror* keinen Schuss-Gegenschuss [Shot-Reverse-Shot, Sequenz von Einstellungen, dabei werden die Darsteller während ihres Dialoges abwechselnd gezeigt]. Ich kann die Technik jetzt irgendwie nachvollziehen, aber damals war es mir ein Rätsel, wie man eine Dialogszene ohne Schuss-Gegenschuss-Technik machen kann, in der die Leute einfach nur durch den Raum schlängeln. Und wie fängt man an, das Blocking zu gestalten und darüber nachzudenken? Ich habe inzwischen etwas Übung darin, aber damals war es berauschend undurchsichtig. Jemand geht an der Rückseite des Baumes entlang und kommt dann wieder zurück und schwenkt nach links. Dass sich die Schauspieler während der Szene bewegen, anstatt dass die Kamera sich ›teleportiert‹, dass die Kamera einer inneren Logik folgt, anstatt praktisch zu sein, und dass sie nicht einfach mit den Schauspielern mitgeht, das hat mir wirklich die Augen geöffnet. Es war alles subjektiv und traumhaft und frisch. Das war also ein wichtiges Erlebnis für mich, wie man eine Kamera benutzt.

GMELCH: Einzigartig ist auch, dass deine Kamera bei *The Witch*, *The Lighthouse* und *The Northman* immer völlig anders war. Für *The Witch* hast du mit dem von Stanley Kubrick bevorzugten Bildformat von 1,66:1 gearbeitet. Für *The Lighthouse* hast du das Kameraformat 1,19:1 als Anspielung auf die Filme, die zwischen 1926 und 1932 gedreht wurden, gewählt. Und in *The Northman* hast du im 2:1-Format gedreht. Kannst du das und die unterschiedlichen Entscheidungen näher erläutern?

BLASCHKE: Ja, *The Lighthouse* ähnelte also eher Filmen, die zu Beginn des 20. Jahrhunderts gedreht wurden, und nicht in der Zeit, in der *The Lighthouse* eigentlich spielt, also in den 1890er Jahren, vor allem deutschen Filmen. Wenn man sich zum Beispiel *M* (1931) anschaut, dann ist das Seitenverhältnis wirklich nahe an der 8x10-Fotografie oder der Standfotografie, der modernistischen Fotografie, die ich so sehr liebe, also hat dieser Film den Fotografen in mir mehr befriedigt als *The Witch*. Wir hätten *The Witch* gerne in 1,33 gedreht, aber wir dachten nicht, dass wir dazu berechtigt wären. Das ist die kurze Antwort auf die 1,66. Für uns ist das im Allgemeinen das kastenförmigste Seitenverhältnis, das sie uns für einen Film einer bestimmten Größe erlauben. Bei *The Lighthouse* haben wir uns wirklich Mühe gegeben. Und vielleicht haben wir es bekommen, weil wir »nur« ein Budget von 12 Millionen Dollar hatten. Aber ehrlich gesagt, war es schwieriger, das Schwarz-Weiß zu bekommen als das 1,19:1.
Für *The Northman* haben wir kurzzeitig Cinemascope [2,39:1] in Betracht gezogen, aber es hat sich nicht richtig angefühlt. Es fühlte sich einfach zu modern an. Aber natürlich haben wir viel mehr Landschaften gezeigt als in den vorherigen Filmen. Es gibt mehr offene Räume, viele Gruppen von Menschen, es gibt Kampfszenen, in denen viel auf einmal passiert, Boote sind horizontal usw. Es hatte also einen praktischen Nutzen. Aber Cinemascope fühlte sich einfach viel zu modern an. Anfangs haben wir mit 1,85 gespielt, aber auch das ist irgendwie modern, das gibt es nur in Filmen. Also fühlte sich 2:1 richtig an, weil wir es vor uns selbst rechtfertigen konnten, weil es einen klassischen Präzedenzfall gibt, wie zum Beispiel das Gemälde *Das letzte Abendmahl* von Leonardo da Vinci. Und weil der Film so formal ist, erschien es uns richtig, eine perfekte Zahl zu verwenden, etwas Universelles, Zeitloses und Unveränderliches.

GMELCH: Wie hat sich die Arbeit an *The Northman* von den beiden anderen Filmen unterschieden? Ich denke, es muss eine echte Herausforderung gewesen sein, von einer kleinen Produktion zu einer Produktion auf Hollywood-Niveau zu kommen.

BLASCHKE: Oh, wo soll ich anfangen? (*lacht*) Ich meine, es ist mir immer noch ein Rätsel, wie wir diesen Film überhaupt machen durften. Ich weiß nicht, warum es diesen Film gibt, wie wir ihn machen konnten, wie wir ihn so

machen konnten, wie wir ihn gemacht haben, mit solchen Mitteln. Ich konnte im Grunde alles umsetzen, was ich technisch umsetzen wollte, und ich hatte einen ganzen Stapel von Ideen, von denen einige auf die Filmschule zurückgingen. Beim Independent-Film hat man nicht die Mittel, um vom technischen Mainstream abzuweichen und einfach zu experimentieren, man kann nicht damit spielen, zum Beispiel das Lichtspektrum für Nachtszenen um eine bestimmte Menge einschränken usw. Und so haben wir kugelförmige Spiegel gebaut, um das Licht härter werden zu lassen, und all diese Workshop-Ideen, für die ich vorher nie ein Ventil hatte, also habe ich sie einfach in den Film einfließen lassen. Die einzige Einschränkung war meine eigene Kompetenz. Es ist eine Momentaufnahme von mir, bei der ich ohne jegliche Übung all diese hochtrabenden Ideen auf die Leinwand geworfen habe. Und manchmal funktionierten sie, manchmal weniger. Das ist also die technische Seite.
Und dann gibt es noch den kreativen Teil, bei dem es um das Blocking von Szenen ging, die ich einfach nur auflockern wollte, um wirklich auf das Wesentliche einer Aufnahme zu kommen und alles wegzuschneiden, was nicht unbedingt notwendig war. Ohne den Ping-Pong-Effekt, den man dabei hat. Ich wollte sehen, wie rein man es machen kann, bis an den Rand des Auseinanderfallens der Szene. Vor allem in Schlachtsequenzen, wo man normalerweise nur Schulterblicke und Einblendungen hat, die einem um die Ohren fliegen, ein unspezifisches visuelles Durcheinander. Vielleicht ist das die Erfahrung des Krieges für einen modernen Menschen oder einen Nihilisten, aber für die Wikinger ist alles vorherbestimmt und unvermeidlich und sinnvoll, selbst eine chaotische Schlacht, also wollten wir diese Idee visuell darstellen. Wir wollten herausfinden, was es heißt, einen formalen Film zu machen, und sehen, ob es funktionieren kann, Risiken einzugehen. Wenn sich mir die Gelegenheit bietet, nutze ich sie so weit wie möglich aus.

GMELCH: Also keine Einschränkungen bei der Kameraführung für *The Northman?* Gut zu wissen!

BLASCHKE: Nun, wie kann man eine Aufnahme machen, die mit einem Fluss beginnt, dann auf ein Boot zusteuert, auf das Boot steigt, dann um 360 Grad schwenkt usw. – das war so eine Lernkurve. Und diese Fehler, auf die ich anspiele, wären im Film einfach untergegangen, wenn es nicht COVID-19 und die monatelange zusätzliche Vorbereitung gegeben hätte. Ehrlich gesagt, weil ich nicht wusste, was zum Teufel ich da tat. Ich meine, ich hatte eine hochkarätige Crew, die das möglich gemacht hat. Zum größten Teil waren fast alle dabei und wirklich an den Kamera-Experimenten interessiert. Es war einfach eine unglaubliche Aneinanderreihung von Möglichkeiten.

GMELCH: Und was ist mit dem Final Cut für *The Northman*? Ich habe irgendwo gelesen, dass Eggers die erste Version, die die Produzenten sahen, noch einmal überarbeiten musste, ist das wahr?

BLASCHKE: Nun, die Version, die das Testpublikum gesehen hat – nicht die Produzenten. Und die Interpretation der Produzenten davon, wie das Publikum den Film verstand, war dann der Auslöser.

GMELCH: Ah, denn bei *The Witch* und *The Lighthouse* gab es dieses Problem bei den Tests nicht.

BLASCHKE: Ich würde es nicht als Problem bezeichnen, es ist nur so, dass der Film eine Menge Geld gekostet hat. Sie hofften also, dass er bei den Tests besser abschneiden würde, als *The Lighthouse* und *The Witch* es getan hatten. Aber wenn man nach der COVID-19-Pandemie 90 Millionen Dollar investiert, muss man sehr genau hinschauen. Man muss alles tun, um sein Geld zurückzubekommen.

GMELCH: Das verstehe ich, ja. Zufälligerweise habe ich auch viel über M. Night Shyamalan geschrieben – und du hast nicht nur bei einer Folge seiner Serie *Servant* die Kamera geführt, sondern auch bei seinem Film *Knock at the Cabin* aus dem Jahr 2023. Wie war es, mit ihm zu arbeiten? Und wie unterscheidet sich das von der Arbeit mit Eggers?

BLASCHKE: Nun, jedes Mal, wenn ich für einen anderen Regisseur arbeite, wenn es sich nicht um einen Regisseur handelt, der ausschließlich auf die Performance fokussiert ist, werde ich weniger freie Hand haben, was wahrscheinlich keine schlechte Sache ist. Ich habe also meine Sachen mitgebracht, ich habe Ideen eingebracht. Er war sehr offen für sie. Aber es waren sozusagen seine Ideen und meine Ideen zusammengemixt, und die, die ihm gefielen, hat er ergänzt, und er war natürlich der ultimative Cutter. Bei Rob hingegen kann ich mit einem ganzheitlicheren Blick an die Sache herangehen und etwas schaffen. Ich kann mir ein Bild davon machen, wie der Ton hier und wie die Performance dort sein wird, weil ich in der Vorbereitung viel Zugang zu Rob habe, und dann kann ich zu den Proben gehen und wir üben mit den Schauspielern vorher mit dem Blocking und haben also viel mehr Vorbereitungszeit. Shyamalan ist viel stärker visuell involviert. Das ist wahrscheinlich der Grund, warum ich bei dem Projekt mitgemacht habe. Weißt du, er ist jemand, der, egal ob er einen großartigen oder einen nicht so großartigen Film macht, mit starken Ideen an die Sache herangeht.

GMELCH: Und Shyamalan hat dich gefragt, weil er wohl von deiner Kameraarbeit beeindruckt war.

BLASCHKE: Anscheinend. Er hat mir einmal am Set ein sehr großes Kompliment gemacht, und das war unerwartet. Ich werde es aus Bescheidenheit nicht wiederholen, aber ich glaube, er mag Robs erste beiden Filme sehr. Offensichtlich sieht er sich viele Filme an, er ist in der Horrorszene zu Hause und hat zuvor mit dem Kameramann Mike Gioulakis zusammengearbeitet, der ebenfalls in der Indie-Horror-Szene tätig war. Dass er sich für mich entschieden hat, könnte damit zu tun haben, dass ich auch schon einige Low-Budget-Horrorfilme gefilmt habe und seine Filme jetzt kleiner sind, so dass er mehr Kontrolle hat. Wahrscheinlich hat er sich gedacht: »Du kannst auch mit einem geringeren Budget ein hohes Niveau erreichen.«

GMELCH: Was hältst Du vom Storyboarding? Ich habe gelesen, dass Eggers Storyboards für Filme macht. Und Shyamalan hat seit *Wide Awake* (1998) intensiv mit Storyboards gearbeitet. Nach diesem Film würde er nie wieder mit einem Dreh beginnen, wenn nicht schon Monate vorher ein Storyboard entworfen worden wäre. Shyamalan arbeitete immer mit demselben Mann, Brick

Mason. Ein sehr detailliertes Storyboard ist in der Filmbranche eine Seltenheit, und viele Kameraleute sind nicht daran gewöhnt. Wie sieht es da mit dir aus?

BLASCHKE: Ich habe beides gemacht, wobei ich mehr und mehr zu Storyboards übergegangen bin. Ich meine, das Ideal ist, dass man einfach Zeit mit den Schauspielern hat und gemeinsam das richtige Blocking findet. Storyboards sind wirklich ein unvollkommener Ersatz für so etwas. Und manchmal hat man das Gefühl, dass man die Schauspieler in eine Box steckt, die Storyboard-Box. Aber diese Schauspieler sind oft schon ausgebucht und man hat nicht die Möglichkeit, vor dem Film viel Zeit mit ihnen zu verbringen. Man muss also wirklich versuchen, es so gut wie möglich mit dem zu machen, was man hat, in diesem Fall mit Stift und Papier. Es ist wirklich ein unglücklicher Ersatz. Im Idealfall wäre es für mich, und ich denke auch für Rob, so wie bei Mike Leigh: Wir hätten die Zeit, die man braucht, und dann würde man die Schauspieler besser leiten können, als dass man ihnen einfach nur sagt, wo sie stehen sollen. Bei Leigh arbeiten alle symbiotisch zusammen, bis eine Idee entsteht, die allen das gibt, was sie wollen. Vielleicht kommen wir eines Tages dahin, vielleicht gibt es einen Film, den wir so machen können. Wenn man lange genug mit den Schauspielern arbeiten könnte, die visuelle Struktur gleichzeitig mit dem Ton der Darbietungen erarbeiten könnte, so dass beide Dinge vollständig miteinander sprechen. Das wäre ideal. Im Laufe der Proben sagt man dann: »Sieh mal, ich habe gesehen, dass du dich für die Ecke da drüben interessierst, um diesen Teil der Szene zu spielen.« Und das bringt mich vielleicht auf die Idee, die Kamera an diesem Ort zu platzieren. Und wenn ich dann die Kamera dort ansetze, dann reagiert der Schauspieler vielleicht darauf und so weiter. Die Szene kann wie ein vollwertiger Organismus wachsen. Ich spreche von einem Ideal, aber tatsächlich ist das bei *Nosferatu* ein wenig passiert, wo wir, als die Schauspieler auftauchten, das Ganze noch nicht völlig durchdacht hatten – es gab 169 Szenen, das musste einfach passieren. Für den größten Teil des Films haben wir den Schauspielern gesagt, wo sie stehen müssen. Sie können sich vielleicht um ein paar Meter bewegen, aber die Filmsprache wurde bereits sechs Monate im Voraus festgelegt. Aber es gibt ein paar Szenen, die erst später im Drehplan standen, die wir noch nicht im Kopf hatten. Als die Schauspieler ankamen, hatten wir sie nur eineinhalb bis zwei Wochen für uns. Wir konzentrierten uns also auf diese Szenen aus der Perspektive des Blockings, basierend auf dem, was sie tatsächlich tun würden. Und wir haben sie zwei- oder dreimal überarbeitet, wenn ich mit neuen Ideen ankam. Ich würde gerne einen ganzen Film auf diese Weise drehen. Aber das kann man noch nicht.

GMELCH: Dein neuester Film mit Eggers ist *Nosferatu*. Was kannst du uns über die Kameraarbeit bei *Nosferatu* erzählen?

BLASCHKE: Ich möchte bescheiden bleiben, aber es ist die beste Arbeit, die ich je gemacht habe. Ich glaube, es ist das erste Mal, dass ich, selbst wenn ich jetzt aufhöre oder nach diesem Interview von einem Bus überfahren werde, sagen kann, dass ich stolz auf die Qualität dieser Arbeit bin. Das ist das handwerkliche Niveau, das ich zu erreichen hoffte, als ich noch Student war. Jetzt, mit diesem Film, kann ich sagen: Ich habe es erreicht. Es gibt natürlich noch mehr, was ich gerne machen würde, mehr Grenzen da draußen, die ich überschreiten möchte, aber ich bin sehr zufrieden damit. Ich habe viel weniger Fehler gemacht als noch bei *The Northman*. Aber wie auch immer, das sagt dir nichts. *Nosferatu* enthält viele Ideen aus *The Northman*, zum Teil deshalb, weil *The Northman* kein Dialogfilm war. Es ist also so, als ob man bei einer Art von Film etwas über das Blocking lernt und wie man es dann auf einen anderen Film mit vielen Dialogszenen anwenden kann. *Nosferatu* konzentriert sich auf ein Kammerspiel an vielen verschiedenen Orten. Übrigens gibt es sechzig Sets. Wie bringt man diese Blocking-Übung oder -These in diese Art von Szenen? Das war eine wichtige Frage. Und dann war da noch die Beleuchtung: Es gab eine unglaubliche Vielfalt an Lichtquellen. Es gab nicht nur Mondlicht draußen, sondern auch Mondlicht drinnen, was ein völlig anderes Beleuchtungsverhältnis und eine viel heiklere Übung mit extrem engen Belichtungsspannen ist. Und dann waren da noch Sonnenauf- und -untergänge in Innenräumen, die von Grund auf künstlich hergestellt wurden, Öllampen aller Art und viel Kerzenlichtarbeit mit echten Kerzen. Es gab also zwischen all diesen verschiedenen Beleuchtungsarten und großen Szenen und Kammerspielen sechzig verschiedene Sets und Drehorte. Die Vielfalt war und ist unglaublich. Wir hoffen, dass wir das alles zu einer Art romantischer Vision verschmelzen konnten.

GMELCH: Ich hoffe, dass du nach deiner Nominierung für *The Lighthouse* diesmal den Oscar erhältst!

BLASCHKE: (*lacht*)

GMELCH: In welchem Verhältnis steht der Film zu den beiden großen Klassikern des deutschen Kinos, *Nosferatu: Eine Symphonie des Grauens* (1922) von F. W. Murnau und *Nosferatu – Phantom der Nacht* (1979) von Werner Herzog?

BLASCHKE: Alles, was ich habe, ist ein Deutsch klingender Nachname, weißt du. (*lacht*) Nein, im Ernst, jede Beziehung zu den früheren Filmen ist die von Rob und nicht meine. Es gibt visuell keine Verbindung zwischen unserem Film und diesen Filmen. Unser Film ist ganz sicher ein eigener Film. Manche Leute nehmen an, er sei schwarz-weiß. Manche nehmen an, dass er in irgendeiner Weise expressionistisch sei. Das ist er aber nicht, er ist in Farbe. Ich meine, die Nachtszenen sind eine andere Sache, sie sind im Wesentlichen monochrom, aber sie sehen nicht expressionistisch aus. Sie versuchen, so auszusehen, wie sie für das Auge aussehen könnten, aber auf eine idealisierte, destillierte Art und Weise, verstehst du?

GMELCH: *Nosferatu* gilt als Eggers' langjähriges Lieblingsprojekt. Als Eggers, damals zehn oder elf Jahre alt, in einem Buch über Vampire ein Bild von Max Schreck als Graf Orlok aus dem Horrorklassiker *Nosferatu: Eine Symphonie des Grauens* von Murnau sah, war er fasziniert, und es löste etwas in ihm aus. Später, im Alter von 17 Jahren, hat er auch bei einer Schulaufführung von *Nosferatu* mitgewirkt. Wie waren die Dreharbeiten zu *Nosferatu*, wenn man das alles bedenkt? War Eggers besonders nervös oder aufgeregt?

BLASCHKE: Wir können uns beide ziemlich gut abgrenzen. Man konzentriert sich einfach auf die Aufgabe, um die es geht. Vielleicht versteckt er es wirklich gut. Ich meine, der Druck ist nicht so sehr meiner. Wenn wir zusammen Filme machen, ist er der Filmhistoriker. Ich bin ein bisschen naiv. Ich schaue weniger Filme. Ich bringe sozusagen die Frische mit, während er die, wie nennt man das gleich noch, die größere Perspektive einbringt. Das ist also unsere Dynamik.

Jetzt, wo ich mehr darüber nachdenke, hat er den Druck wohl doch sehr stark gespürt, aber er hat sich nicht aufgedrängt. Ich glaube, er weiß, wie besonders seine Position ist, und er hat nicht das Bedürfnis, diese zu verraten.

GMELCH: Eggers hat einmal *Bram Stoker's Dracula* (1992) von Francis Ford Coppola als ein Beispiel genannt, das diesen Spagat zwischen Atmosphäre und historischer Genauigkeit gekonnt schafft. Ich zitiere: »[Historische Genauigkeit] ist für das Filmemachen nicht so wichtig, eigentlich überhaupt nicht. Und man kann eine großartige historische Geschichte machen, ohne genau zu sein – Coppolas *Dracula* ist meiner Meinung nach einer der am besten gestalteten Filme, aber er ist überhaupt nicht genau. Aber das ist etwas, das ich mag, aus welchem Grund auch immer. Es reizt mich.« War dieser Ansatz und speziell Coppolas *Dracula* eine Inspiration für eure *Nosferatu*-Version?

BLASCHKE: Ich glaube, das ist geblieben. Ich habe den Film als Teenager im Kino gesehen. Seitdem habe ich ihn vielleicht noch ein weiteres Mal gesehen. Ich habe ihn also nicht für diesen Film explizit analysiert. Ich habe meine Hausaufgaben für Eggers gemacht, was immer er mir geschickt hat. Aber ansonsten bleibe ich gerne frisch. Aber weißt du, ein Einfluss von *Mirror* ist irgendwo da drin. Ich kann nicht anders. Dieser Film animiert mich immer ein wenig von irgendwo hinter den Kulissen. Ich glaube, das Gefühl dieses Films ist das, was bei mir hängen bleibt. Ich habe Coppolas *Dracula* nicht genau unter die Lupe genommen, aber es gibt da eine Atmosphäre, die sehr fesselnd war, als ich den Film sah, als ich jünger war, und ich bin mir sicher, dass das auf irgendeine unbewusste Art und Weise Teil der Atmosphäre von unserer *Nosferatu*-Version war. Vielleicht erkenne ich im Nachhinein einen Einfluss, ich weiß es nicht.

GMELCH: Wenn du dir alle deine Filme mit Eggers ansiehst, war der deutsche Expressionismus jemals ein ausdrücklicher Einfluss? Und was ist mit Georg Wilhelm Pabst oder Fritz Lang? Du hast vorhin *M* erwähnt. Hast Du vielleicht andere deutsche Einflüsse oder aus dem deutschen Kino?

BLASCHKE: Nein, aber deutsche romantische Malerei, ja, Caspar David Friedrich, natürlich. Ich mag die romantische Malerei im Allgemeinen, aber ich stehe mehr auf – sorry, dass ich hier jetzt amerikanisch bin – die Hudson River School. Aber ja, die Gemälde der deutschen Romantik sind in seinem [Eggers] Lookbook ganz sicher zu finden. Das war mehr die Richtung, in die wir gehen wollten, als sich auf die ursprünglichen Filme zu beziehen, um ehrlich zu sein.

GMELCH: Vielleicht als eine der letzten Fragen, da wir es hier ja mit einem deutschen Sammelband zu tun haben: Wie ist deine Beziehung zum deutschen Kino? Gibt es Lieblingsfilme oder -filmemacher?

BLASCHKE: Vielleicht Wim Wenders, denn er macht Americana [Sammelbegriff für Artefakte, Traditionen, Kultur und Geschichte, die typisch für die USA sind] besser als fast jeder amerikanische Regisseur. Und Murnaus handwerklich höchst anspruchsvolle Filme wie *Faust – eine deutsche Volkssage* (1926) und *Sonnenaufgang – Lied von zwei Menschen* (1927), die eine unvergleichliche Atmosphäre haben. Und natürlich Langs *M*, der mir geholfen hat, *The Lighthouse* zu finden.

GMELCH: Was hältst du von der Verwendung von Tieren in Eggers' Filmen?

BLASCHKE: Sie sind nervig beim Dreh, das ist sicher. (*lacht*) Nein, ich liebe Tiere für das, was sie sind (ich bin seit dreißig Jahren Vegetarier), sie sind einfach so, aber wenn man versucht, sie in das zu pressen, was die Menschen von ihnen erwarten: Das ist ein Problem.

GMELCH: Ja, ich denke, bei Dreharbeiten ist es kompliziert. Aber Eggers verwendet das mehr als andere Filmemacher; es ist praktisch eines seiner Markenzeichen. Kannst du etwas zu der Analyse sagen, die ich hier zitiere: »Eggers versteht die Einbeziehung von Tieren in seine Kunst-Horrorfilme als ein Element, das zusätzliches Unbehagen hervorruft – vor allem bei der jüngeren Generation von Zuschauern, die ausschließlich in Städten aufgewachsen sind, weit weg von Tieren und Natur.«

BLASCHKE: Es ist viel ursprünglicher. Man bringt die Natur und die Tiere ins Spiel. Es ist das Unbekannte. Man versteht sie nicht wirklich. Und obwohl sie ein Teil unseres Lebens sind, kennen wir sie nicht. Ich meine, ich habe hier eine Katze. (*lacht*) [Tatsächlich bewegt sich während des gesamten Interviews eine Katze hinter Blaschke.] Ich weiß nicht, was sie denkt, verstehst du? Und manchmal frage ich mich wirklich, warum wir in demselben Raum zusammenleben. Das ist die Schuld meiner Tochter. Aber ja, ich denke, für Rob hat es wahrscheinlich etwas damit zu tun, dass er zu etwas ursprünglich Unbekanntem vordringt, und die Natur als Magie sieht. Tiere könnten genau das repräsentieren.

GMELCH: Lass uns zur letzten Frage kommen: Was sind deiner Meinung nach die Zutaten für einen Eggers-Film? Seine Handschrift?

BLASCHKE: Natürlich das Geheimnisvolle und die Atmosphäre. Uns an einen anderen Ort zu versetzen. Nicht nur in andere Zeiten und an andere Orte, wo die Exotik liegt, sondern auch in andere Menschen und Denkweisen. Diese weit entfernten Menschen, die einem fremd erscheinen, zu denen man in Robs Filmen hoffentlich trotzdem eine Verbindung aufbauen kann. Oder man will es zumindest versuchen. Ich glaube, er mag es, Protagonisten zu haben, die zunächst fremd und exotisch erscheinen, und die Herausforderung, sie dem Publikum verständlich zu machen, wenn auch nur auf einer kleinen Ebene. Ich glaube, das befriedigt ihn sehr. Uns alle durch Raum und Zeit miteinander zu verbinden, so unterschiedlich wir auch sein mögen. Dahinter steckt ein großes Einfühlungsvermögen.

GMELCH: Vielen Dank, Jarin, für dieses ausführliche Gespräch!

BLASCHKE: Sehr gerne!

Horror versus Intellekt: Die Gratwanderung von Robert Eggers

J. W. Kähler

I – Intro

Für Berufseinsteiger im Fach Regie ist es nicht schwierig, sich in einer Nische einzufinden, doch umso schwieriger, wieder herauszufinden.

Lassen sich Horror und intellektueller Anspruch vereinen? Am Beispiel der Werke des US-amerikanischen Filmemachers Robert Eggers will dieser Essay untersuchen und zum Abschluss nachweisen, dass sich Horror und Intellekt keinesfalls ausschließen, sondern sich in den Werken von Eggers und anderen Filmemachern aus der Riege der neuen Hollywood-Regisseure sogar essenziell bedingen. Damit reihen sich Eggers' Produktionen in einen Kanon ein, der neben Elementen des Horror- und Shocker-Genres ebenso die Werke von etwa Ari Aster (*Hereditary*, *Midsommar*), Jordan Peele (*Get Out*, *Us*, *Nope*), Olivia Wilde (*Don't Worry Darling*) oder Alex Garland (*Auslöschung*) auszeichnet. Damit lässt sich im Gegenzug eine Abgrenzung zu den dediziert auf Horror ausgelegten Filmen eines James Wan (*Saw*, *Conjuring*, *Insidious*), Ti West (*X*, *Pearl*) oder Mike Flanagan (*Absentia*, *Doctor Sleep*, *Gerald's Game*) ziehen.

II – Der Filmemacher

Das filmische Werk von Regisseur Robert Eggers ist zum Zeitpunkt dieser Betrachtung noch verhältnismäßig neu, von geringem Umfang und dem breiten Publikum noch nicht in dem Maße bekannt wie die Werke von ebenso jungen und neuen Regisseuren, die in den letzten Jahren in Hollywood für Aufsehen gesorgt haben.

Eggers wird von Kritikern zu den Talenten des US-Kinos gezählt und konnte sich mit seinen ersten beiden Kinofilmen (*The Witch*, *The Lighthouse*) eine begeisterte Anhängerschaft aus Liebhabern des Horrorfilms erarbeiten. Seine dritte Produktion (*The Northman*) zielte bereits auf ein deutlich breiteres Publikum. Das spiegelte sich dann sowohl in Thema und Ausrichtung des Films als auch im Budget wieder. Mit fast neunzig Millionen Dollar war es die bisher teuerste Produktion, die Robert Eggers abgeschlossen hat. Ebenso war es die technisch und gestalterisch anspruchsvollste Aufgabe, die er und sein Kameramann Jarin Blaschke bei den Dreharbeiten zu bewältigen hatten.

Eggers erste Versuche, sich als Regisseur zu etablieren, sind zwei Kurzfilme: *Hansel and Gretel* (2007) und *The Tell-Tale Heart* (2008). Sie stammen aus seiner Zeit, als film- und regieinteressierter Kostümbildner und zeigen die typischen Merkmale der ersten Versuche eines Filmschaffenden mit extrem niedrigem Budget eigene Ideen umzusetzen, ja mehr noch, eine eigene Filmsprache zu finden. Der dritte Kurzfilm, *Brothers* (2015), erschien sogar erst nach Veröffentlichung seiner ersten kommerziellen Kinoproduktion. Von diesen filmischen Fingerübungen abgesehen, sind es drei professionell ausgeführte und aufwändig finanzierte Hollywood-Produktionen, die Eggers Ruf als Filmemacher definieren. Ein weiterer abendfüllender Spielfilm (*Nosferatu*) befindet sich in Produktion und wird voraussichtlich 2024 erscheinen.

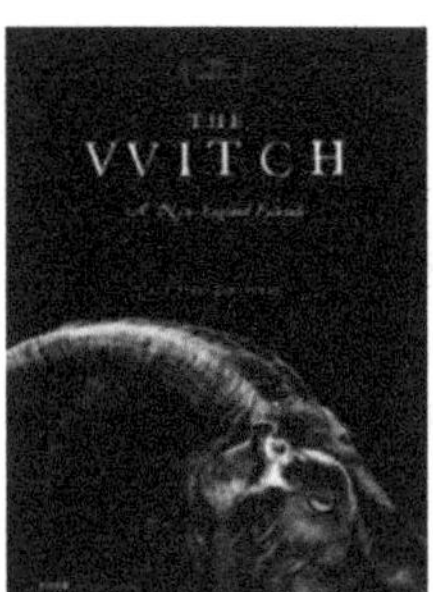

The VVitch/
The Witch
Release: 2015
Budget: 4 Mil. $
Ertrag: 40 Mil. $

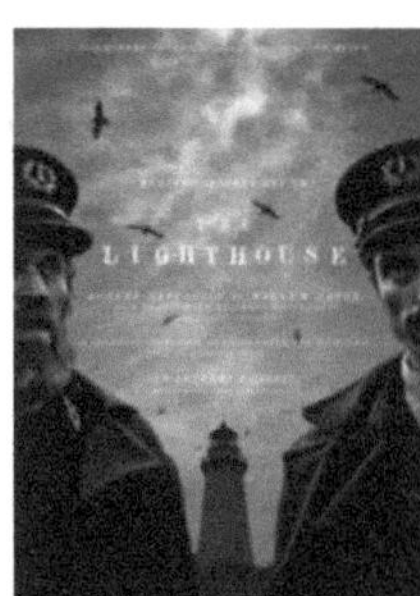

The Lighthouse/
Der Leuchtturm
Release: 2019
Budget: 11 Mil. $
Ertrag: 19 Mil. $

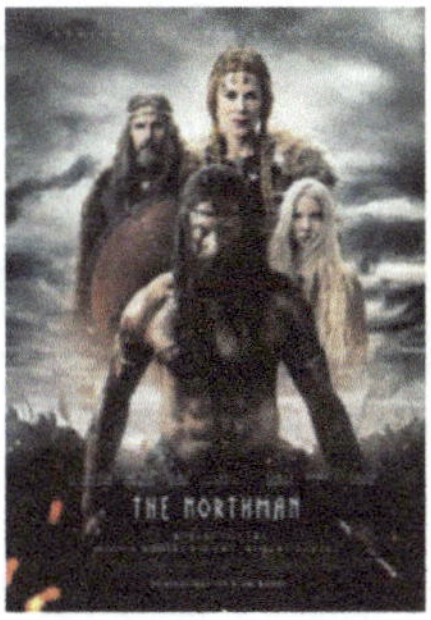

The Northman

Release: 2022

Budget: 90 Mil. $

Ertrag: 70 Mil. $

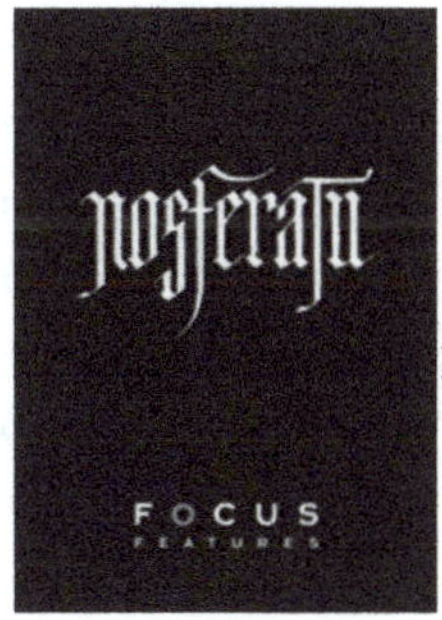

Nosferatu

Release: 2024

Budget: geschätzt ca. 40–50 Mil. $

Abbildungen 1 bis 4: Filmposter zu *The Witch* und *The Lighthouse* (Copyright Universal Pictures), Filmposter zu *The Northman* (Copyright 2022 Focus Features) sowie das Teaserposter zu *Nosferatu* (Copyright 2024 Focus Features)

Mit der Neuverfilmung des klassischen Dramas um den Vampir Nosferatu von F.W. Murnau aus dem Jahr 1922 macht sich Regisseur Eggers nach *The Witch* erneut einen Stoff zu eigen, der eindeutig dem Horrorgenre zuzuordnen ist. Kehrt Eggers damit zu seinen Wurzeln zurück? Die Antwort auf diese Frage dürfte interessant sein, wenn es um die Einstufung seines Gesamtwerks geht. Zudem bleibt die Frage im Raum, in welche Richtung sich Eggers entwickeln wird? Führt sein Weg weiter in die Nische der Grusel- und Gänsehautproduktionen oder kann er sich aus den Fesseln der filmischen Konventionen und Erwartungen des Publikums befreien? Das Interesse an Eggers viertem Film ist nicht nur bei Filmliebhabern, sondern inzwischen auch beim Durchschnittspublikum in erstaunliche Höhen gestiegen. Gerade wies letterboxd.com, die inzwischen beliebte Social-Media-Website rund um Kinofilme, Eggers' *Nosferatu* als eine der meisterwarteten Neuerscheinungen des Jahres 2024 aus (zweiter Platz, gleich nach dem zweiten Teil der *Dune*-Neuverfilmung von Denis Villeneuve).

Eggers hat seine ersten drei Filme kompakt und jeweils mit einem Artikel (*The*) im Namen bezeichnet. Das kommt in der englischen Sprache einem Statement gleich. Dies legt die Betonung auf das Faktische und weniger auf eine expressive, um Aufmerksamkeit heischende Titelgebung, auf die sich manche Hollywood-Studios verlassen, wenn es darum geht, mit genretypischen Produktionen beim Publikum bekannt zu werden. Es ist und bleibt ein Risiko, in der Welt des Filmemachens Fuß zu fassen. Die Herstellung von Kinofilmen ist eine der jüngsten Kunstformen, die der Mensch entwickelt hat, wenn man etablierte

Ausdrucksarten wie Musik, Malerei oder Bildhauerei zum Vergleich heranzieht. Selbst die Fotografie ist älter, wenn auch nur wenig, da sie die Grundlage der bewegten Bilder darstellt. Zugleich ist jedoch jede filmische Präsentation ein überaus aufwändiger und zudem personalintensiver Prozess, der ein Höchstmaß an Kollaboration erfordert. Das macht ihn so teuer und entsprechend risikobehaftet. Niemand kann verlässlich vorhersagen, wie die in laufenden Bildern erzählte Geschichte beim Publikum ankommt.

Das ist zwar nicht der Hauptgrund, aber doch einer der mitverantwortlichen Gründe, warum manch angehender Regisseur sich für einen Einstieg in ein klar definiertes Genre entscheidet, wenn er nicht sogar eine erzählerische Nische wählt, die sich vorzugsweise durch starke Konventionen auszeichnet. Nicht wenige Regisseure haben auf diese Weise ihre Karriere gestartet, auch wenn sie sich später durch einen deutlich breiteren erzählerischen Ansatz auszeichneten und in höchst unterschiedlichen Genres Erfolge feiern konnten. Sofort fallen in diesem Zusammenhang die großen Namen der Filmhistorie wie etwa Steven Spielberg, Martin Scorsese, Alfred Hitchcock, Peter Jackson und selbstverständlich auch Stanley Kubrick.

Diese Regisseure hat es wenigstens einmal ins Horror-Genre verschlagen, auch wenn es im Fall von Spielberg mit *Jaws – Der weiße Hai* eher aus dem Bereich Schocker und bei Scorsese mit *Shutter Island* vorwiegend aus dem Subgenre Psycho-Thriller kam. Hitchcock hat mit *Psycho* Filmgeschichte geschrieben und Kubrick mit *The Shining* einen Meilenstein in Sachen Literaturverfilmung abgeliefert. Jedoch sind die genannten Regisseure nicht im Genre des Horror gestartet und haben nur wenige Filme in dieser Kategorie beigesteuert, so dass man sie nicht zwingend in die Schublade der Schockproduzenten einordnen könnte.

Ein anderer sehr bekannter Regisseur gibt im Vergleich zu Robert Eggers ein passenderes Beispiel ab, da auch er in seinen Anfängen im Horror-Genre mit kleinen, aber nischenkompatiblen Produktionen für Aufmerksamkeit sorgte. Es handelt sich um Peter Jackson, der mit seiner *Herr der Ringe*-Verfilmung Weltruhm erlangte. Er begann seine Karriere mit Splatterorgien wie *Braindead*, *Bad Taste* und *Meet the Feebles*.

Auch Eggers hat für seinen ersten kommerziellen Film das Genre Horror gewählt, was für einen Erstling den Einstieg mit überschaubarem Budget ermöglichte. Zudem setzte er damit auf eine eingeschworene Fanbasis. Desweiteren geben die stark definierten Konventionen des Genres einen Rahmen ab, der sich meist mit den erzählerischen Vorlieben des Regisseurs deckt und seinen Ideen einen fassbaren Raum gibt.

Ein erfahrener Produzent und eine mutige Produktionsfirma tragen ihr Übriges dazu bei, eine passende Balance zwischen künstlerischer Freiheit und finanzieller Sicherheit zu gewähren. Dabei konnte sich Eggers im Fall von *The Witch* auf Chris Columbus und das Label A24 verlassen. Columbus, der sich seine Meriten vor allem als Regisseur von Großproduktionen wie den ersten beiden *Harry Potter*-Filmen oder *Kevin – Allein zu Haus* verdient hat, brachte genug Erfahrung für den angehenden Regisseur Eggers mit und das Team von A24 ist seit Gründung im Jahr 2012 mit seinem Gespür für außergewöhnliche Produktionen sowohl in Genrenischen als auch mit oscarreifen Stoffen bekannt geworden. Dabei reicht die Spanne von experimentellen Filmen wie *Lamb* des isländischen Regietalents Valdimar Jóhannsson bis zu oscargekrönten Werken wie *Moonlight* aus der Feder von Barry Jenkins oder *Everything Everywhere All At Once* von den beiden Daniels, Kwan und Scheinert.

Regisseur Ari Aster, der nicht nur Kollege, sondern ein guter Bekannter von Eggers ist, hat bei A24 ebenso sein Heim gefunden, wie auch andere inzwischen erfolgreiche Newcomer. Da fallen dem filmaffinen Publikum sofort die Namen Alex Garland (*Ex Machina*, *Auslöschung*, *Men*) ein oder auch Denis Villeneuve, der sein existentialistisches Psychodrama *Enemy* bei A24 unter Dach und Fach bringen konnte. Speziell im Genre Horror hat sich bei A24 einiges an Talent angesammelt. Immer wieder sorgen dort angesiedelte Produktionen für Aufsehen. Das ist inzwischen auch beim breiten Publikum angekommen. Man denke an Ari Asters Ausrufezeichen *Hereditary* und *Midsommar* oder auch *Talk to Me* von den Philippou Brüdern.

Der Vergleich zu anderen Regisseuren und deren ersten Werken zeigt, dass Robert Eggers durchaus ein respektabler Start in Hollywood gelungen ist, auch wenn er sich mit seinen ersten beiden Filmen eindeutig in die Genrenische der Horrorproduktionen eingereiht hat. Ebenso zeigen die Reaktionen der professionellen Kritiker, dass Eggers dabei trotz einiger Schockeffekte sehr wohl einen eigenen Filmstil zu etablieren versucht, als auch nicht davor zurückschreckt, dem etablierten Genre durch ungewöhnliche Inszenierungen neue Impulse zu verleihen.

Zudem reagierte das Publikum gerade trotz der eigenwilligen Regie und Design-Entscheidungen auf die Eggers-Filme wohlwollend. Beispielsweise konnte Eggers mit der Erstaufführung von *The Witch* beim Sundance Film Festival gleich auf den ersten Platz der beliebtesten Regisseure in der Sparte Drama einsteigen.

Im Vergleich von Kosten zu Einnahmen liegt sein Erstling wegen des überschaubaren Budgets von nur vier Millionen US-Dollar sowieso ungeschlagen auf Platz Eins seiner erfolgreichsten Filme, denn *The Witch* brachte es mit seinem Status als Independent Film auf stattliche 40 Millionen US-Dollar weltweite Einnahmen.

Nicht ganz so erfolgreich konnte Eggers seine zweite Produktion *The Lighthouse* im Kino platzieren. Dabei lag das Budget bereits deutlich höher als bei seinem Erstling (11 Millionen US Dollar), doch er konnte mit seinem weltweiten Einspielergebnis von fast 20 Millionen US-Dollar einen einigermaßen befriedigenden Ertrag einspielen. Die gestiegenen Kosten lagen ganz sicher nicht an den überbordenden Ausgaben für bekannte und berühmte Schauspieler, denn *The Lighthouse* ist per se ein Kammerspiel mit nur zwei Akteuren. Doch einige mutige Entscheidungen, die sich auf die gesamte Inszenierung niederschlugen, schraubten die Kosten in die Höhe. Mit dem außerordentlich authentischen Design und einer Produktion mit echten Kulissen auf einem Live-Set konnte Eggers noch deutlicher als bei *The Witch* seine sehr eigene und insbesondere akkurate Vision der Umsetzung von historischen Stoffen für die große Leinwand realisieren.

Dieses Konzept setzte Eggers ebenso für seinen dritten Film (*The Northman*) an. Historische Akkuratesse, Originalschauplätze und diesmal sogar ein großes Ensemble an hochkarätigen Starschauspielern schraubten das Budget des Films in Höhen von etwa 90 Millionen US-Dollar. Trotz überwiegend guter bis hervorragender Kritiken und des Verlassens der Nische Horror, konnte der Film an den weltweiten Kassen nur knapp 70 Millionen US-Dollar einspielen. Damit gilt er rein rechnerisch gesehen in Hollywood als veritabler Flop.

Betrachtet man den Weg, den Eggers mit seinen Filmen bisher gegangen ist, so fällt im Vergleich zu den bereits genannten etablierten Regisseuren und ebenso den anderen Newcomern in Hollywood auf, dass neben dem üblichen Start in der Nische und kleineren Budgets Eggers insbesondere mit diesem dritten Film vom Ansatz her ein ähnliches Ziel verfolgte, wie es beispielsweise Stanley Kubrick zu Beginn seiner Karriere getan hat. Auch Kubrick startete zunächst mit einigen Nischenproduktionen aus dem Bereich Film Noir (*The Killing*, *Killer's Kiss*) und brachte Ende der fünfziger Jahre mit *Wege zum Ruhm* (*Paths of Glory*) eine kleine, aber feine und zudem mit einem bereits etablierten, dem Regisseur jedoch sehr zugeneigten Hauptdarsteller (Kirk Douglas) einen erfolgreichen Film auf die Leinwände. Das ermöglichte Kubrick eine sehr große und teure Produktion anzugehen, die er dann mit *Spartacus* (wieder mit Kirk Douglas) realisierte. Allerdings war Kubricks *Spartacus* ein Riesenerfolg, der ihm sogar persönlich soviel einbrachte, dass er sich von Hollywood in weiten Teilen der Filmerstellung (Themenauswahl, Skript, Produktion) unabhängig machen konnte. Kubrick verlegte daraufhin nicht nur seine Produktionen, sondern sogar seinen Lebensmittelpunkt nach England, um sich dem Einfluss Hollywoods größtmöglich zu entziehen.

Man muss hier feststellen, dass Eggers ein solcher Weg zunächst nicht gelungen ist. Das ergibt sich nicht nur aus der Größe der Produktion und dem Zuschnitt auf ein breites Publikum. Vergleichbar sind ebenso Eggers' Entscheidungen über Schauspieler, Setdesign und Schauplätze, sowie insbesondere der historisch akkurate Anspruch an die Bildgestaltung. Auch hier lassen sich eindeutige Parallelen zu Kubrick ziehen, denn beide Regisseure vereint ein akribisches Gespür für die fast dokumentarisch anmutende Gesamtinszenierung, die sich immer aus dem historischen Kontext plus den Anforderungen des erzählten Stoffes ergibt.

Eine weitere Parallele stellt die thematische Wahl für Eggers' dritten Film dar. Sowohl *The Northman* als auch *Spartacus* bewegen sich in einem belegten historischen Umfeld, welches, trotz aller vorgegebenen und vom jeweiligen Regisseur akribisch recherchierten Details, genügend Freiraum für eine eigene Interpretation der Ereignisse lässt. Beide Filme vereint zudem die Tragödie der Hauptfigur. Der Unterschied liegt dabei im Wesentlichen auf der Prämisse der Filme. Kubrick setzte eher auf eine politische Aussage, während Eggers ganz der Vorlage der Amleth-Erzählung aus dem altdänischen Sagenkontext folgt und folgerichtig seinen Northman zu einem Familiendrama macht, welches zudem einen Diskurs über die individuellen Folgen von Hass und Rache beinhaltet;

ganz so wie es auch andere Interpretationen des gleichen Stoffes bereits getan haben (z.B. Shakespeares *Hamlet* oder Disneys *König der Löwen*).

Man kann feststellen, dass beide Filme im Vorfeld auf einen Kinotrend gesetzt haben, der dem Zeitgeist ihres jeweiligen Produktionsjahrs entspricht. Bei *Spartacus* waren es mehr oder minder akkurate Erzählungen aus der Zeit der Antike und des römischen Reiches inklusive der zahlreichen Bibelverfilmungen der 1950er-Jahre (unter Kritikern inzwischen als Sandalenkino verschrien). *The Northman* reiht sich dabei eher in die Gruppe der Filme und TV-Serien ein, die sich mit der frühmittelalterlichen Zeit in Nordeuropa befassen, vulgo auch als Wikingerzeit bekannt.

Abschließend lässt sich zu Themenauswahl und Veröffentlichungsstrategie feststellen, dass Robert Eggers durchaus erfolgreich in seine Karriere als professioneller Filmemacher gestartet ist. Eggers' Gewichtung auf historische Genauigkeit und umfassende Recherche lassen für einen jungen Regisseur bereits eine Prägung erkennen, die ihm nicht nur das Lob der Kritiker eingebracht hat, sondern ebenso vom Publikum dankbar aufgenommen wurde. Einzig im finanziellen Erfolg seines dritten Film hat sich dies nicht niedergeschlagen. Das mag vielleicht einer der Gründe sein, warum er mit seiner Umsetzung eines belletristischen Horrorstoffs zunächst wieder zu seinen Wurzeln zurückkehrt. Die Erzählung um den Vampir Nosferatu ist im Wesentlichen eine Abwandlung des bekannten Dracula-Motivs aus der Feder von Bram Stoker. Einerseits bleibt Eggers damit seinen eigenen Vorlieben für düsteres Kino treu, und ein anderer Vorteil liegt in der lizenzfreien Verfügbarkeit des Stoffes. Einen Rechtsstreit um Inhalt und Thematik von *Nosferatu* im Vergleich zu *Dracula* hatten bekanntlich die Stoker-Erben bereits im Zuge der Verfilmung von F.W. Murnau in den zwanziger Jahren des letzten Jahrhunderts angestrengt und sogar gewonnen. Damals mussten alle offiziellen Kopien des Films vernichtet werden. Das droht Eggers nicht mehr, denn der Stoff ist inzwischen gemeinfrei.

Was sich in Bezug auf die Strategie bei der Themen- und Genreauswahl in den letzten Jahren feststellen lässt, ist eine zunehmende Popularität von Stoffen, die sich zumindest durch einen gewissen Grusel- oder Schockfaktor auszeichnen, wenn sie nicht sogar ganz dem Horrorgenre zuzuordnen sind. Autoren und Filmemacher können ihre Geschichten inzwischen in einer Vielzahl an Subgenres platzieren. Im Horrorgenre regiert nicht mehr nur simpler Schrecken, der sich von der Kinoleinwand auf das Publikum übertragen soll, sondern es hat sich inzwischen eine erstaunliche Vielfalt an Nischen gebildet.[1]

Für ein weniger genreaffines Publikum sollte man die etwas einfachere Einteilung von Filmen nicht außer Acht lassen, die im Wesentlichen einer Idee und Aussage des bekannten Buchautors Stephen King folgt (Köbner, Vossen 2004, S. 10f.). Danach ergibt sich aus Sicht des breiten Publikums eine Dreiteilung in Schrecken (Imagination des Zuschauers), Horror (visuell und konkret erfahrbar) und Ekel (Gewaltexzess und Körperauflösung).

Als Ergänzung zu bekannten Einstufungen ist dabei in jüngster Zeit für einige Filme junger Autoren die Bezeichnung Art-Horror entstanden (Gmelch 2022). Darunter fallen nicht nur Filme von Robert Eggers. Auch sein Freund und Kollege Ari Aster lässt sich mit fast allen seiner Kurzfilme, aber vor allem Langfilmen wie *Hereditary* und *Midsommar* in dieser Nische einordnen. Gleichfalls betrifft dies auch Werke von Jordan Peele (*Get Out*, *Us*, *Nope*), die psychologische und gesellschaftliche Konflikte verhandeln oder den Film *Men* von Alex Garland, der sich dem tiefenpsychologischen Zwiespalt der Geschlechterbeziehung verschrieben hat.

In der englischsprachigen Analyseszene hat sich diesbezüglich der Begriff *Post-Horror* herausgebildet, der nicht nur den Charakter des künstlerisch gestalteten und somit als wertvoll plakatierten Films kennzeichnet, sondern sich zusätzlich einen mehr oder minder unverblümten Hauch von unabhängig produziertem Kino gibt (Church 2021). Dies verwischt die Grenzen zu intensiv vermarkteten Großproduktionen der führenden Hollywood Studios. Andererseits hat Robert Eggers selbst eine Einordnung seiner Werke *The Witch* und *The Lighthouse* mit der in den letzten Jahren ebenso populär gewordenen Genrebezeichnung *Elevated Horror* kategorisch abgelehnt.

Bezeichnend ist in diesem Zusammenhang, dass einige Charakteristika die Riege der Newcomer im Filmbusiness vereint. Sowohl Eggers als auch Aster, Peele und Garland sind dafür bekannt, dass sie ihre Geschichten selber verfassen. Sie ziehen es vor, ihre ureigenen Ideen zu verfilmen. Zudem setzen sie diese

1 In Seminaren für Film & Story vom Autor dieses Essays werden zwölf verschiedene Subgenres des Horror unterschieden: Geister, Monster, Okkult, Postapokalypse, Shocker, Slasher, Splatter, Survival, Torture Porn, Übernatürlich, Unheimlich, Zombie-Film.

vornehmlich in einer Form um, die an das aus den siebziger Jahren des letzten Jahrhunderts bekannte Autorenkino anschließt. Diese Phase des als Auteur-Cinema bekannt gewordenen Phänomens zeichnet sich durch die durchdringende Kontrolle des Regisseurs über fast alle Phasen der Produktion aus. Von der Idee über Skript und On-Set-Produktion bis zum Filmschnitt liegen alle kreativen Elemente unter der rigiden Kontrolle des einen verantwortlichen Filmemachers. Dies erinnert frappant an die Einstellung, die große Regisseure seit jeher auszeichnet. Man denke nur an das bereits genannte Beispiel Kubrick, der mit dieser Politik dem Einfluss von Hollywood größtmöglich entkommen konnte, aber auch aktuelle Filmschaffende wie etwa Christopher Nolan (obwohl in Tinseltown verblieben), der durch seine Filme wie *Tenet*, *Interstellar*, *Inception* oder *Dunkirk* zeigt, wie sich rigoroses Autorenkino inzwischen durchaus in der Produktionsmaschinerie von Hollywood etabliert hat. Damit ist nicht nur die erzählte Geschichte, sondern auch alle kreativen Aspekte der Inszenierung (insbesondere Dialoge, Design, Ton, Musik, Kamera und Schnitt) in der Hand des Regisseurs und zeigen nicht nur seinen eigenen Anspruch, sondern sind in besonderem Maße Ausdruck seiner intellektuellen Fähigkeiten.

Nach den Vergleichen mit anderen Regisseuren und dem kurzen Abriss über die Veröffentlichungsstrategie der ersten Werke von Robert Eggers, müssen wir seine Filme nun unter Gestaltungsaspekten betrachten, die weiteren Aufschluss darüber geben, inwiefern Eggers nicht nur als Regisseur, sondern insbesondere auch als Autor und Verantwortlicher für die Gesamtgestaltung auftritt. In der Filmanalyse gibt es dazu ein Begriffverständnis, welches sich einerseits als *Inszenierung* und andererseits als *Mis en Scène* etabliert hat (Kirsten 2020).

III – Der Bildermacher

Den deutschen Begriff *Inszenierung* wollen wir für diesen Essay nicht nur als adäquate Übersetzung des aus dem französischen stammende *Mis en Scène* verwenden, sondern als die etwas weiter gefasste Bezeichnung verstehen, die alle Aspekte der letztendlichen Ausprägung eines filmischen Werkes betrifft. Darunter fallen dann sowohl Auswahl und Kostümierung der Darsteller, wie auch

Drehorte, Kamera, Schnitt, Sound und alle sonstigen Ausdrucksformen, aus denen sich ein fertiger Film zusammensetzt.

Mis en Scène selber soll als Fachbegriff deutlich enger gefasst sein, da er sich nach seiner sprachlichen Herkunft eher auf die gestalterischen Elemente beim Dreh des Film bezieht. Das beinhaltet hauptsächlich das sogenannte ›in Szene setzen‹. Passenderweise ist dies die genaue Übersetzung, zumal der Regisseur im Französischen dazu als *Metteur en Scène* bezeichnet wird. Darunter fallen vordringlich Szenenauswahl, Kulissenbau, Kostümvorgaben und Ausleuchtung.

Das Bezeichnende an Eggers ist in diesem Zusammenhang, dass er seine berufliche Laufbahn zunächst als Kostümbildner im Theater- und Filmgeschäft startete. Schon vor Beginn seiner ersten eigenen Produktion hatte er sich demnach einen Namen gemacht und Erfahrungen gesammelt, die auf seine Werke seither großen Einfluss nehmen. Dies prägt seine Arbeitsweise grundlegender, als man sich es als Außenstehender vorzustellen vermag. Eine gründliche Recherche, die sich zudem durch eine ausufernde Detailversessenheit auszeichnet, ist ein Aspekt dieser Arbeitsweise. Das Eintauchen in Fakten und Details führt gerade bei historischen Stoffen zu einer Kenntnis über Zusammenhänge und Hintergründe, die dem gemeinen Publikum oft verborgen bleiben, ja selbst bei Fachkritikern nicht selten übersehen werden. Da hier besonders der Prozess von der Idee bis zum fertigen Skript angesprochen ist, geht es um alles, was die gesamte Gestaltung des späteren Produkts betrifft und in der Anfangsphase insbesondere den Autor als den Verfasser des Werkes betont. Hier zeigt Eggers besondere Fähigkeiten, da er Recherche und Schreibprozess in sich vereint und somit (zumindest mit seinen ersten drei Kinofilmen) eindeutig dem Autorenkino zuzuordnen ist. Die bei allen seiner Filme durchgängig enge Zusammenarbeit mit einem einzigen Kameramann (Jarin Blaschke) und einer einzigen Cutterin (Louise Ford) zeigt dann im Weiteren, wie Eggers alle Aspekte der Gestaltung hauptverantwortlich beeinflusst, um seinen Filmen letztlich den Stempel des eigenen Stils zu geben. Fast selbstverständlich erscheint dabei, dass Eggers auch mit seinem nächsten Film *Nosferatu* wieder auf Blaschke an der Kamera als auch auf Ford am Schneidetisch setzt, was aber produktionstechnisch durchaus als außergewöhnliche Kontinuität zu bewerten ist.

Eggers' Filme sind demnach Gesamtinszenierungen nach einem weit gefassten Begriff und somit Ausprägungen seiner individuellen und insbesondere intellektuellen Fähigkeiten. So haben sich bekannte Autorenfilmer vor ihm definiert, sei es Kubrick, Wilder, Nolan oder auch James Cameron, die mit eigenen Ideen und selbstgeschriebenen Stoffen reüssiert haben.

Aber auch nach dem Konzept des eng gefassten *Mis-en-Scène*-Begriffs ist Eggers als ehemaliger Kostümbildner in einer formidablen Rolle. Zu jedem seiner Filme hat er etliche Interviews über die Gestaltungsaspekte seiner Arbeit gegeben. Daraus spricht eine Versessenheit auf historische Details in der Vorbereitung und letztlich sogar in der Herstellung durch das In-Szene-Setzen am jeweiligen Drehort. Das zeigt sich beispielsweise in den Materialien, die für die historischen Kostüme seiner Puritanersaga *The Witch* extra aus speziellen Stoffen gewoben werden mussten, als auch in den mit historischen Werkzeugen hergestellten Kulissen und Aufbauten. Ähnliches wiederholte er bei *The Lighthouse*, wo er gleich den kompletten Leuchtturm exakt nach eigenen Vorstellungen errichten ließ. *The Northman* erlangte unter Eggers' akribischer Produktionsanlage und Verwendung von originalgetreuen Entwürfen bei Kostümen und Schauplätzen einen Look, der sich mit einer erfrischenden Echtheit von anderen filmischen Umsetzungen der Wikingerzeit unterscheidet. Beispielhaft sei hier Richard Fleischers 1958er Drama *The Vikings* angeführt oder die in letzter Zeit populär gewordene kanadisch-irische TV-Historienserie *Vikings*, die immerhin bereits sechs Staffeln aufweisen kann. Letztlich bieten beide Beispiele wie auch manch ähnliche Produktionen früherer Jahre nur ein mehr oder weniger zeitgemäß eingefärbtes Bild der historischen Wirklichkeit. Eggers bemüht sich in diesem Fall durch akribische Recherche und aufwendiges Set-Design entgegenzuwirken. Vieles davon mag dem durchschnittlichen Kinopublikum nicht zwingend auffallen. Die historisch korrekte, aber aus heutiger Sicht unmodische Gestaltung, kann sogar zu Irritationen beim Zuschauer führen. Vielleicht einer der Gründe, warum Eggers' *Northman* ein breiter Erfolg verwehrt blieb. Das heißt, möglicherweise waren die auffälligen hochgestylten Kostüme und das Make-up in der TV-Serie noch zu sehr in den Köpfen und vor allem in den Augen des Publikums.

Zur Gestaltung lässt sich abschließend sagen, dass Eggers damit nicht nur seinen Status als Independent Filmmaker unterstreicht, sondern weiterhin dem Anspruch des eher intellektuellen Elevated Cinema genügt (egal, ob es sich dann vom Genre her um Horror oder um ein Historiendrama handelt).

IV – Der Erzähler

Was die inhaltlichen Aspekte betrifft, eröffnet Eggers mit seinen Filmen eine ähnliche Interpretation wie schon durch die Gestaltung angedeutet. Die tiefe Recherche und Identifikation mit den historischen Stoffen ermöglicht es ihm, bestimmte Facetten der Handlung herauszustellen, die seine Filme im Wesentlichen auf zwei Arten prägen. Zum einen ist dies seine spezielle Sichtweise auf den jeweiligen Stoff, die, wie es für viele Autoren üblich ist, ganz dem eigenen Geschmack folgt und durch individuelle Erfahrungen geprägt wird. Dies ist allerdings trivial, denn folgerichtig hat jedes künstlerische Werk zunächst einmal die unvermeidliche Prägung seines ureigenen Schöpfers.

Interessanter wird es, wenn wir uns die Prämissen und Leitmotive seiner bisherigen Werke anschauen und zudem versuchen, hinter den Vorhang der visuellen Gestaltung seiner Filme zu schauen. Dann sehen wir die herausragende intellektuelle Prägung, die Eggers entweder durch genretypische Effekte oder publikumswirksame Plotkonstruktionen zu verbergen weiß. Eggers scheint sich des alten und immer wieder zitierten Mottos eines der Giganten des modernen Kinos überaus bewusst zu sein und zwar dem Ausspruch von Billy Wilder: »Du sollst nicht langweilen!« Kino ist neben aller Kunst, die es beinhaltet, ganz sicher vorrangig ein Unterhaltungsmedium und hierin besteht bei gehobenen Ansprüchen (Stichwort: Elevated Cinema) die außerordentlich schwierige Gratwanderung.

IV.1 – *The Witch*

Betrachten wir zunächst Eggers Erstling *The Witch*, so lässt sich feststellen, dass die grundlegende Idee zum Film zunächst von zwei Elementen bestimmt wird. Zum einen ist dies die individuelle Präferenz des Autors, der seine Vorliebe für gepflegten Horror zusammen mit Kindheitserinnerungen an das eigene Aufwachsen in ländlich abgelegener, von Wäldern dominierter Umgebung verarbeitet. Kindliche und märchenhafte Schreckensvorstellungen werden dabei ebenso verwendet wie bildliche, räumliche Impressionen, die sich aus der geographischen Umgebung seiner Reifung zum Erwachsenen speisen. Dies betrifft insbesondere Elemente wie Familie, Wald und ein düsterer Schrecken in Form einer Bedrohung aus eben jenem unbekannten Umfeld, welches tiefenpsychologisch vorwiegend mit dem Weiblichen und einer sexuellen Konnotation belegt ist: die Hexe.

Doch damit nicht genug. Was *The Witch* besonders prägt, sind zwei auffallend aktuelle Zeitbezüge, die sich unter der Oberfläche des historischen Geschehens verbergen. In der Handlung von *The Witch* geht es vordergründig um eine Puritaner-Familie, die unter strenger Glaubensausrichtung des Familienoberhaupts in einer Siedlerkolonie Neuenglands lebt. Da Vater William eine fast calvinistische Auslegung der Bibel bevorzugt, wird die Familie mit Mutter Katherine, Tochter Thomasin und Bruder Caleb, sowie den zwei jüngeren Geschwistern Mercy und Jonas aus der Siedlung verstoßen und sieht sich gezwungen, in der Wildnis eine unabhängige Existenz aufzubauen. Dies gelingt mehr schlecht als recht, denn so bibelfest Vater und Mutter das Regime der Familie und insbesondere die Erziehung der Kinder bestimmen, so überaus ungeeignet macht sie dies zur Bewältigung der praktischen Arbeit beim Überlebenskampf in der unkultivierten amerikanischen Wildnis. Zudem scheinen sie blind zu sein gegenüber den Gefahren, die einer einsamen Familie in diesem Umfeld drohen und die kommen bei weitem nicht ausschließlich aus der Nachbarschaft, sondern auch aus dem eigenen familiären Bereich. Ihre ältesten zwei Kinder, Tochter Thomasin und Sohn Caleb stecken nämlich mitten in der Pubertät. Thomasin, die älteste, wird durch ihre erste Menstruation gerade zur Frau und in Caleb erwachen die ersten pubertären Männlichkeitsregungen, die sich in Ermangelung eines geeigneten Ziels zunächst auf seine wohlgestaltete größere Schwester richten. Hauptfigur und einzige Überlebende des Dramas ist und bleibt jedoch Thomasin, auch wenn einige Handlungssequenzen ausführlich auf Sohn Caleb eingehen.

Des Weiteren bildet die im historischen Kontext sogenannte Witchcraft Crisis von 1692 den Hintergrund der Handlung. Bei diesem als Hexenprozesse von Salem bekannt gewordenen Phänomen haben sich sehr junge Protagonisten und weitere Heranwachsende unter den puritanischen Siedlern Neuenglands auf unrühmliche Weise hervorgetan, indem sie andere Mitglieder ihrer Gemeinde, ja sogar der eigenen Familie, als Hexen oder zumindest mit dem Teufel im Bunde beschuldigten. Das führte zu aufsehenerregenden Prozessen, da sich die Anschuldigungen bald wie eine Seuche ausbreiteten und nebenbei einige der Beschuldiger letztlich selber zu Beschuldigten wurden. Insgesamt kam es bis ins Jahr 1693 zu Verfahren gegen 144 Gemeindemitglieder, von denen die meisten Frauen waren (nur 38 Männer). Vierzehn Frauen und sechs Männer wurden nach Verurteilung hingerichtet und weitere verstarben in langer Haft.

Es gibt einige Romane und etliche Sachbücher sowie eine Anzahl von Filmen, die sich mit dieser Zeit des Siedlertums der frühen US-amerikanischen Geschichte auseinandersetzen. Das Buch *Der scharlachrote Buchstabe* von Nathaniel Hawthorne ist der bekannteste Stoff, er wurde bereits dreizehn Mal verfilmt. Die erste Umsetzung stammt aus dem Jahr 1926, in schwarz-weiß mit Stummfilmstar Lilian Gish, aber auch jüngere Filmemacher haben sich an dem Stoff versucht wie etwa Roland Joffe 1995 mit Gary Oldman und Demi Moore in Hauptrollen. Auch das puritanische Umfeld wurde schon mehrfach als Hintergrund in Kinoproduktionen genutzt, man denke nur an M. Night Shyamalans *The Village – Das Dorf* von 2004. Sowohl im *Scharlachroten Buchstaben* als auch in *The Village* geht es vordergründig um rigide Moralvorstellungen und bibeltreue Regeln, denen die erwachsenen Protagonisten unterworfen sind und gegen die sie aufbegehren. Letztlich zerschellen sie an diesem toxischen Sozialumfeld.

In Kombination mit Hexerei und Magie wurde hingegen bereits eine Unzahl von mehr oder minder billigen Unterhaltungsfilmen gedreht, die im Wesentlichen auf Schock- und Gruseleffekte setzen und global dem Horrorkino zuzurechnen sind. Dies beginnt mit dem Stummfilmklassiker *Häxan* von 1922 und zeigt unendlich viele Schattierungen von fast dokumentarischem Stil über surrealistische Ausflüge (*Suspiria*) sowie Trash (*Draculas Hexenjagd*) und Splatter (*Drag Me to Hell*) bis zu kindergeeigneter Disneyfizierung (*Hocus Pocus*).

Eggers' Werk *The Witch* zeichnet dagegen aus, dass er eine Kombination aus den zwei bereits angedeuteten Themen gefunden hat, die seinen Film von anderen Puritaner- und Hexendramen unterscheiden. Es ist die Betonung auf die Folgen eines übermäßig religiös bestimmten Sozialverhaltens einerseits und die durch die Pubertät initiierten Konflikte des Erwachsenwerdens. Ganz speziell geht es in diesem Fall um die Selbstermächtigung der heranwachsenden Frau und ihre Selbstbestimmung durch Ausbruch aus den Erwartungen und der Unterdrückung durch eine bestehende Sozialordnung. Das klingt verdächtig nach feministischem Manifest und Eggers hat nach Erscheinen seines Erstlings auch viel Lob von Feministinnen jeglicher Couleur bekommen. Seine Geschichte jedoch nur in diese Richtung zu interpretieren, würde dem Werk keinesfalls gerecht werden.

Um es kurz zu formulieren: Die Plotmaschine von *The Witch* wird unter der Haube der sichtbaren Aktionen der Schauspieler von zwei Prämissen befeuert. Zum einen ist dies das Scheitern im Überlebenskampf bei einer übermäßigen Ausrichtung der eigenen (individuellen/familiären) Entscheidungen auf der Basis von Glaubensannahmen. Zum anderen werkelt im Skript eine Plotkonstruktion, die im Wesentlichen eine Coming-of-Age-Struktur aufweist. Dabei kollidieren Jugendliche mit den Regeln der Erwachsenenwelt und passen sich entweder an und legen ihre Kindheit ab oder scheitern und finden entweder ihren eigenen Weg oder den Tod. Dies belegt einerseits die Gewichtung der Perspektive auf die einzige Überlebende, Tochter Thomasin, aber ebenso wichtig ist der Tod ihres Bruders Caleb.

Der weiblichen Protagonistin gelingt es, den Einflüssen des sie umgebenden rigiden Systems zu entfliehen, sie muss es im Zuge ihrer Selbstfindung sogar zerstören. Der männliche Protagonist, Sohn Caleb, scheitert nicht nur an der Adaption der puritanischen Regeln, sondern gerät durch die Konfrontation mit der Natürlichkeit einer anderen Lebensweise und insbesondere der Gegenüberstellung mit der Sphäre des Femininen in einen derartigen Zwiespalt, aus dem er sich nur durch einen selbst herbeigeführten Freitod retten kann. Der Schock der Erfahrung des Weiblichen (durch das Treffen mit der Hexe nach Verirrung im tiefen Wald), sowie die Unvereinbarkeit mit allem, was Caleb zuvor gelernt hat und durch was er von seinem Vater geprägt wurde, nimmt ihm förmlich die Luft zum Atmen. Er wird somit zum Symbol der zwanghaften Männlichkeit, die sich unter dem Joch der eigenen Glaubensvorstellungen jegliche Chance auf individuelle Entwicklung nimmt.

Thomasin hingegen befreit sich von sämtlichen Zwängen und Moralvorstellungen und entwickelt sich entgegen jeglicher Einschränkungen ihrer Glaubensgemeinschaft, seien sie nun puritanisch oder sogar calvinistisch ausgeprägt. Das Bild der Hexe, der Symbolismus des Waldes und die existenzialistischen Einflüsterungen des Teufels führen bei ihr zur Abkehr der vorbestimmten Lebensweise und zur Transformation in das Gegenteil all dessen, was Vater und Mutter durch ihre Erziehung erreichen wollten. Die Sozialisation durch Familie, Glaube und vorgelebtes Verhalten löst sich in Thomasin in zunehmendem Maße auf. Sie befreit sich von vorgegebenen Moralvorstellungen und Zwängen und löst sich am Ende in ihrer neuen Rolle als eine Hexe unter anderen Hexen im Wald auf. Ihr ekstatisches Lächeln der letzten Einstellung von *The Witch* spricht diesbezüglich Bände. Den aktuellen Zeitbezug durch feministische Kampagnen zur Selbstermächtigung der Frau hat Eggers hier mit Hilfe eines historischen Dramas filmisch implementiert.

Den anderen gewichtigen Zeitbezug sollte man bei aller Präsenz der Haupthandlung nicht unterschlagen, denn *The Witch* beinhaltet ebenfalls eine hochpolitische Komponente. In fast prophetischer Vorausahnung stellt der Film das Erstarken der Neuen Rechten in den Vereinigten Staaten und die Wahl des republikanischen Präsidentschaftskandidaten im Jahr 2016 heraus. Eggers' *The Witch* erschien im Jahr 2015 und die Vorbereitungen (Recherche, Skripting, Finanzierung) liefen schon seit geraumer Zeit davor.

Eine Parallele ist die Hexenjagd, die Kandidat Donald Trump im Wahlkampf auf Gegenbewerberin Hilary Clinton initiierte und die internetgestützt auf geleakte oder auslandsgesteuerte (Falsch-)Informationen baute. Während seiner Amtszeit und insbesondere danach behauptete Trump hingegen selbst bei jeder Kritik, Enthüllung, Anklage oder jedem Strafprozess bezüglich seiner Person, alles entbehre jeglicher Grundlage und wäre eine auf ihn gemünzte Hexenjagd. Der Bezug zur Witchcraft Crisis von 1692 wurde dabei bewusst wiederholt strapaziert.

Zahlreiche Untersuchungen und Analysen haben sich mit den damaligen Vorgängen befasst. Eine umfassende und als Standardwerk bezeichnete Studie von 1974 warf vor allem ein Licht auf den historischen Kontext, wobei die Autoren besonders die Unabhängigkeitsbestrebungen und Kriege der sich neu formierenden amerikanischen Nation sowie die Konflikte mit der indigenen Urbevölkerung thematisierten (Boyer, Nissenbaum 1974). Neuere Studien erforschen hingegen die Hexenjagd im Kontext ihrer wirtschaftlichen (Mixon 2015) oder soziokulturellen (Norton 2002) Dynamiken. Aber erst eine Analyse aus dem Jahr 2020 stellt die kindliche Entwicklung und pubertäre Verhaltensweisen in das Zentrum der Interpretation (West 2020).

Erstaunlicherweise thematisiert Eggers in *The Witch* auf prominente Weise exakt die intrafamiliären Konflikte, die dabei auftreten. Das vorwiegend sehr junge, unwissende Kind spielt dabei genau die tragende Rolle, die in der Geschichte den beiden Geschwistern Mercy und Jonas zufällt. Die Reden und Anschuldigungen, die sich aus purem juvenilem Streit zwischen den Jugendlichen entwickeln, sind dabei der Ausgangspunkt der schicksalhaften Entwicklung. Zum einen zeigen die Dialoge die kindlichen Argumente der Protagonisten (Geschwister gegen Thomasin) und besonders die Dummheit der gespiegelten Gegenrede. Wenn dabei in einem Streit die Worte fliegen, wird nicht mehr sinnvoll argumentiert, sondern ausschließlich die Aussagen der Gegenpartei umgepolt und als Echo zurückgegeben. In Sandkastenkonflikten kommt es zum Beispiel zu einer Beleidigung wie »Du bist doof« und die Antwort ist schlicht »Nein, du bist doof«. Der Zeitbezug ist frappant. Neben offensichtlichen und nachweisbaren Lügen ist dies eine der dialogtechnischen Stützen der Außenkommunikation vieler ultra-konservativer Mitglieder der republikanischen Partei und insbesondere von Ex-Präsident Donald Trump. Man darf somit zu Recht Eggers Film als unverhohlene Kritik und Zurschaustellung der perfiden und überaus polemischen Strategie konservativer US-Politiker lesen.

IV.2 – *The Lighthouse*

Mit seinem nächsten Film, *The Lighthouse*, geht Eggers noch einen Schritt weiter, was seine Ansprüche sowohl an eine unterhaltsame, jedoch gleichfalls intellektuell unterfütterte Geschichte angeht. Das Kammerspiel um zwei Leuchtturmwärter, die auf einer einsamen Insel monatelang in klaustrophobischer Zweisamkeit ausharren, hat bei Kritikern fast erwartbar geneigte Rezensionen hervorgebracht. Eggers eigene Filmsprache und insbesondere seine Designphilosophie stechen bei diesem Film sofort ins Auge, denn das ungewöhnliche Präsentationsformat in einem fast quadratischen Bild ist für das moderne Kino nicht nur extrem ungewöhnlich und selten, sondern ebenso auffällig und sorgt somit für Aufmerksamkeit. Zudem setzt es ein Ausrufezeichen, da es den gehobenen Charakter der Inszenierung betont. Die Wahl seines Kameramanns Jarin Blaschke für seltene historische Objektive in Verbindung mit dem rein in Schwarzweiß gehaltenen Bild addieren sich zu einer Gesamtinszenierung, die wie schon bei *The Witch* exakt das unterstützt, was das Thema der Geschichte bestimmt. Es galt, den Horror und die Psychosen, die jedoch diesmal aus der männerdominierten Zweierbeziehung stammen, in adäquate Bilder umzusetzen.

Doch ist es wirklich das, was auf den Filmplakaten bereits sehr früh nach Veröffentlichungstermin zitiert wird? Die ersten positiven Besprechungen kommen schnell nach den Vorab-Screenings für die Presse und werden seitdem auf dem offiziellen Plakat zum Film zitiert. Da wird einmal vom Aufeinandertreffen von Schauspieler Willem Dafoe versus Robert Pattinson gesprochen und die Geschichte wäre exakt so simpel und exzellent. Weiterhin wird dem Film das Prädikat einer zuweilen wahnwitzigen, aber auf jeden Fall düsteren Komödie voller Lagerkoller und Männlichkeitswahn zugeschrieben. Betrachtet man die spannungssteigernde Struktur der hervorragend durchgestylten Erzählung und insbesondere die verwendeten Symbole und Anspielungen, sowohl was bildliche Motive als auch Dialoge betrifft, so entlarven sich die ersten Kritiken recht schnell in ihrer seichten Interpretation und Oberflächlichkeit. Dies liegt sicher im Interesse des produzierenden Studios, da es den Film hochgradig vermarktbar macht. Es zeigt andererseits die viel größere Spanne der Gratwanderung, die Eggers mit *The Lighthouse* vollbracht hat, denn die intellektuelle Tiefe der Geschichte gibt überraschend mehr her, als dies bei *The Witch* der Fall war.

Vielerlei Themen sind dabei in die Erzählung von *The Lighthouse* in äußerst differenzierter Weise verwoben. Da ist zum einen die anfangs bewusst schleierhaft gehaltene Identität des jüngeren Protagonisten Ephraim Winslow, der sich später als Thomas Howard enthüllt. Nebelhaft bleibt bei aller Identitätstarnung, ob es sich bei den beiden Hauptfiguren, dem alten, erfahrenen Seebär Tom Wake und dem Jungfuchs Thomas Howard nicht sogar um ein und dieselbe Person handelt. Dann wäre das Drama letztlich ein eingebildetes Psychospiel, welches das Abgleiten in den Wahnsinn zelebriert. Folgerichtig wären Schuld und Sühne die herausragenden Interpretationspfade, die Howard beschreitet, da er sich selbst für den Tod des ehemaligen Kollegen Winslow verantwortlich fühlt und somit unterbewusst bestraft.

Weiterhin darf man die Nähe der verwendeten Symbole zu Heldenreisen und Legenden sowohl der Odinssage als auch zu Bibelerzählungen feststellen. Wiederholtes Auftauchen der Seemöwe sowie der Einäugigkeit erinnern an die Symbolhaftigkeit nordischer Sagen. Während das für Winslow/Howard unerreichbare Licht an der Spitze des Leuchtturms für eine göttliche Erscheinung steht, die auch eine geheime Offenbarung ähnlich einem Tabernakel sein könnte.

Zudem bestehen Parallelen zum Pantheon der griechischen Mythologie, da für Howard das Schicksal des Prometheus angedeutet wird und für Tom Wake Gleichnisse zur Figur des Proteus gezogen werden. Das betrifft vor allem visuelle Anspielungen, wenn der erfahrene Seemann Wake als muschelgekrönter Gott oder als tentakelbewehrter Feind inszeniert wird.

Damit sind noch längst nicht alle Referenzen umrissen. Ein weiteres prominentes Symbol hat Eggers in Form der einzigen Nebenrolle in diesem ansonsten dualistischen Kammerspiel integriert und zwar das Bildnis der Meerjungfrau. In seiner Erzählung sticht heraus, dass es auf eine besonders aggressive und für Männer gefährliche Version dieser märchenhaften Figur hinausläuft: die Sirene.

Zwei unterschiedliche Ausprägungen der mythologischen Erscheinung finden dabei im Film ihr Echo. Ursprünglich aus der griechischen Mythologie kommend, werden Sirenen zwar durchgängig mit ihren gefährlichen, verlockenden Stimmen charakterisiert, ihre unteren Extremitäten sind jedoch die von Greifvögeln (bildlich verwandt mit Harpyien). Mittelalterliche und christlich-biblische Interpretationen stellen im Gegensatz dazu überwiegend den fischgleichen Unterleib heraus. Die männergefährdende Verlockung und somit eine betonte sexuelle Konnotation ist in beiden Bildnissen immanent. Eggers visualisiert dies in seinem Film in mehreren traumgleichen, man könnte fast sagen surrealistischen Sequenzen. Als erstes taucht die Meerjungfrau nur als geschnitzte Holzfigur auf, die von Ephraim Winslow aus einem Versteck in einer Matratze befreit wird und die er fortan bei sich trägt. Das Bild der verführerischen Weiblichkeit in Beziehung zur Schlafstätte und seine Verbindung zum Traumreich wird hier bereits angedeutet. Das Geheimnis um eine versteckte und unterdrückte Sexualität der Hauptfigur wird ebenfalls etabliert. Später manifestiert sich dies deutlicher in einer Masturbationsszene, wobei erneut das holzgeschnitzte Symbol der Meerjungfrau aufgegriffen wird.

In einer Initialisierungsszene verknüpft Eggers dann die tatsächlich auftauchende Nebenfigur der Meerjungfrau als eine unter Wasser schwimmende Erscheinung, die in eine Sequenz der Traumabewältigung der von Robert Pattinson gespielten Figur verkapselt ist. Damit werden erneut eine Verbindung von Männlichkeit, geheimer beziehungsweise unterdrückter Sexualität sowie die damit verbundenen Schuldgefühle thematisiert.

Eine weitere Szene zeigt dieselbe Nebenfigur dann als Sirene, die an Land gespült wurde. Diesmal steht jedoch ihre beeindruckende Stimme im Vordergrund, die Winslow wie eine furchteinflößende Naturgewalt in Bann schlägt und mit der heranbrausenden, aufgewühlten See assoziiert wird, welche die Leuchtturminsel mit einem beständig stärker werdenden Sturm bedroht. Noch etwas später kommt es in der Erzählung wie es kommen muss und Eggers gibt mit der Kopulationsszene zwischen Winslow und der angelandeten Sirene reichlich Raum für vielerlei Interpretationen in Bezug auf die Themen Männlichkeit und Sexualität in Verbindung zu Versuchung, Verlockung, Verdrängung, Verhängnis sowie Unterdrückung und Schuldkomplex.

Im gleichen Kontext sind Passagen der angedeuteten Homoerotik zwischen den beiden Hauptakteuren zu lesen. Dazu gehören Verbrüderungstänze, die Nahkampfszenarios ähneln, aber bezeichnenderweise nur unter starkem Alkoholeinfluss stattfinden. In diesem Zusammenhang bemerkenswert ist eine Szene, in der Winslow seinen älteren Mitbewohner beim Schlafen durch eine Lücke im Dach beobachtet und man nicht genau beurteilen kann (Eggers inszeniert hier bewusst unscharf), ob der unbemerkt und heimlich betrachtete Thomas Wake sich hier im Schlaf aufreizend unzüchtig bewegt oder eventuell selber masturbiert.

Einerseits ist es die düstere, befremdende Atmosphäre, mit der Eggers und sein Kameramann Blaschke dieses historische Gleichnis inszeniert haben, die dem Publikum den beeindruckenden Erlebnisraum der Geschichte eröffnet. Durch die angesprochenen Symbole und verwendeten visionären Traumsequenzen besitzt der Film andererseits ein vielfältiges und mannigfach interpretierbares erzählerisches Fundament, das auch intellektuellen Ansprüchen gerecht wird.

IV.3 – *The Northman*

Größer, weiter und actionreicher, so könnte man kurz gefasst Robert Eggers' dritten Kinofilm umreißen. Dabei weist ihn das offizielle Begleitbuch zum Film als epischen Wikinger-Rache-Thriller aus (Abrams 2022). Alles an dieser Produktion ist nicht nur größer und aufwendiger, sondern auch teurer. Das höchste Budget, das Filmemacher Eggers bisher für ein Projekt investiert hat, kommt nicht von ungefähr. Es ist vielmehr eine Kombination aus der Detailversessenheit und historischen Genauigkeit, für die der Regisseur bei all seinen Filmen bekannt ist, und den Erfordernissen, die aus der Erzählung selbst entstehen.

Die Basis des *Northman* besteht aus der altdänischen Sage um Prinz Amleth, die bereits Shakespeare zu seiner Interpretation *Hamlet* inspirierte. Der junge Prinz einer frühmittelalterlichen Dynastie der Wikinger wird darin nicht nur seines Vaters beraubt, sondern auch noch um sein Erbrecht betrogen. Ein Usurpator aus der eigenen Sippe hat es auf den Thron abgesehen und so muss der eigentliche Erbe zunächst im Exil aufwachsen. Er kehrt jedoch zurück und rächt den Mord an seinem Vater. Die Anbindung der im Film erzählten Geschichte ist lose und es tauchen ebenso Elemente aus der Völsungensaga auf, die sich wiederum sowohl in der Geschichte um Beowulf spiegeln, als auch Ähnlichkeiten zum Nibelungenlied aufweisen.

Trotz des erzählerischen Freiraums, den sich Eggers hier genommen hat, ist sein Anspruch an die historische Korrektheit der Gestaltung mindestens ebenso groß wie bei *The Witch* oder *The Lighthouse*. Authentische Schauplätze, aufwendige Kostüme und detaillierte Sets tragen auch in seinem dritten Werk zu einer einzigartigen Atmosphäre bei. Thematisch überzeugt der Film sowohl als historisches Drama wie auch als Familiensaga, das bestimmende Motiv jedoch ist die Auseinandersetzung mit den Folgen des dargestellten Rachezyklus. Zwar erfüllt sich Amleths Verlangen nach Rache an seinem Peiniger, jedoch auf Kosten all dessen, was seine ursprüngliche Persönlichkeit ausmacht, inklusive all dessen, was sein Leben überhaupt lebenswert gemacht hat. Wird die Rache erfüllt, bleibt nur die Hölle der kompletten Vernichtung, jeglicher anderer Sinn tritt dahinter zurück. Im Film löst sich dies im Lavastrom des Jenseits förmlich auf, wenn Amleth letztlich gegen seinen Onkel Fjölnir in einem für beide Seiten zerstörerischen Kampf antritt.

Was Eggers filmische Version und somit ebenso intellektuelle Interpretation der ursprünglichen Sage angeht, so lässt sich feststellen, dass er mehr als jede andere Auslegung eine außerordentliche Perspektive der Männlichkeit zelebriert. Dies spiegelt sich nicht nur in den rauen Landschaftsbildern wieder, sondern insbesondere in der Handlung. Deftige Männerrituale und brutale Kämpfe werden auf drastische Weise inszeniert, die man bisher im Kino in Geschichten über Wikinger so noch nicht zu sehen bekam. Nicht umsonst gibt

Eggers in der bereits zitierten offiziellen Dokumentation zum Film zu, dass er jede Menge Inspiration aus dem Fantasy-Spektakel *Conan der Barbar* erhalten hat. Unter anderem wurde der junge Regisseur von einer Szene aus dem Film von John Milius aus dem Jahr 1982 inspiriert, in der Conan sein Schwert im Grab eines verstorbenen und längst vergessenen Fürsten findet und zunächst aus den Händen des mumifizierten Bewachers befreien muss.

Interessant ist in thematischer Hinsicht, dass Eggers mit *The Northman* bezüglich Handlung, Dialog und Bildgestaltung auf eine urtümliche Inszenierung setzt, die Gewalt und Brachiales mit Mythologischem zu verschmelzen sucht. Im Hinblick auf die Verbindung von Männlichkeit, Rache, Ehre, Ego und bestimmendes, unausweichliches Schicksal ist der Film dennoch – bei aller actionlastigen Handlung – ein deutlich tiefsinnigeres Oeuvre als man nach dem ersten Anschauen meinen könnte. Die Gewalt, die aus der männerdominierten Gesellschaft der Wikinger entsteht und sich durch die erbarmungslose frühmittelalterliche Umwelt sowie urtümliche Rituale speist, zeigt sich im Drama mit all seinen schicksalhaften Auswirkungen. Diese zerstören letztlich die Psyche der Beteiligten und nebenbei alle familiären Strukturen. Die mythologische Überhöhung ist dabei – ganz im Einklang mit dem historisch überlieferten Ausgangsmaterial – eingepreist, und Eggers zelebriert sie folgerichtig auf eine Weise, die das Publikum förmlich überrollt. Eine Eigenschaft des Films, die eingeschworene Fans und Kenner von Eggers, aber ebenso die Kritiker überzeugt hat, die jedoch möglicherweise dazu beitrug, dass sich die Begeisterung von Zuschauern, die einen Mainstream-Film erwartet hatten, eher in Grenzen hielt. Neben der historisch korrekten Ausgestaltung entgegen der aktuellen Fantasy-Trends vielleicht einer der Gründe, warum der Film letztlich an den Kinokassen nicht übermäßig erfolgreich war.

V – Fazit

Warum Robert Eggers als Liebling der Kritiker und Filmenthusiasten gefeiert wird, dürfte anhand der eindrucksvollen und ungewöhnlichen Inszenierung seiner Filme sowie der Vielfalt und der Tiefe der angesprochenen inhaltlichen Referenzen kaum überraschen. Als junger Regisseur des neuen Hollywood vereint er neben Ari Aster, Jordan Peele und Alex Garland zurzeit das Beste unter den Regisseuren des modernen Autorenkinos, die es sich nicht nehmen lassen, genau die Gratwanderung zu zelebrieren, die ein erfrischend neues, aber vor allem fesselndes Kinoerlebnis eröffnet. Einerseits Unterhaltung, die sich insbesondere durch klare Plot-Strukturen und Spannungsaufbau speist, als auch durch überraschende, ungewöhnliche und bisher nie gesehene Inszenierungen. Andererseits ist Robert Eggers inzwischen dafür bekannt, dass er seine Geschichten mit einer Vielfalt an Verweisen und intellektuellen Anspielungen unterfüttert, die sich so manches Mal erst nach mehrmaligem Anschauen erschließen. Insofern darf man ihm eine weitere gelungene Karriere als Filmemacher bei seiner ganz eigenen Gratwanderung zwischen Mainstream und Autorenkino, zwischen Horror und Intellekt wünschen und verbleibt gespannt und hochinteressiert, was seine nächsten Werke betrifft.

Literatur

Abrams, Simon: The Northman. A Call to the Gods. London: Titan Books 2022.

Boyer, Paul; Nissenbaum, Stephen: Salem Possessed. The Social Origins of Witchcraft. Cambridge: Harvard University Press 1974.

Church, David: Post-Horror. Art, Genre and Cultural Elevation. Edinburgh: Edinburgh University Press 2021.

Gmelch, Adrian: Art-Horror. Die Filme von Ari Aster und Robert Eggers. Marburg: Büchner 2022.

Kirsten, Guido: Mise en Scène. In: Malte Hagener, Volker Pantenburg (Hrsg.): Handbuch Filmanalyse. Wiesbaden: Springer VS 2020. S. 65–81.

Köbner, Thomas; Vossen, Ursula: Einleitung. In: dies. (Hrsg.): Filmgenres: Horrorfilm. Stuttgart: Reclam 2004. S. 9–27.

Mixon, Franklin: Public Choice Economics and the Salem Witchcraft Hysteria. New York: Palgrave 2015.

Norton, Mary Beth: In the Devil's Snare. The Salem Witchcraft Crisis of 1692. New York: Random House 2002.

West, Kristina: Reading the Salem Witch Child. The Guilt of the Innocent Blood. New York: Palgrave 2020.

Männer, die scheitern. Die Histosphäre als Reflexionsraum hegemonialer Männlichkeit bei Robert Eggers

Jenny Hagemann

Einleitung

»How easily we all become princesses again when the beasts take us for their wives.« (*The Northman*)

Es sind nur wenige Sätze, die Königin Gudrún in Robert Eggers' Wikinger-Film *The Northman* zu ihrem totgeglaubten Sohn Amleth spricht. Und doch stellen sie die gesamte inhaltliche Ausrichtung des Films machtvoll infrage. Amleth ist der Sohn eines Intrigen zum Opfer gefallenen Wikingerkönigs und hat die letzten Jahre seines Lebens mit der Planung seiner Rache verbracht. »I will avenge you, father, I will save you, mother, I will kill you, Fjölnir«, skandiert Amleth wieder und wieder, seit er als kleiner Junge vor der Machtübernahme seines Onkels Fjölnir floh. Als er jedoch seine von Fjölnir verschleppte Mutter zu befreien versucht, muss er erfahren, dass diese Amleths Vater, König Aurvandil, niemals liebte. Im Gegenteil: Voll Verachtung offenbart Gudrún ihrem Sohn ein Brandzeichen auf ihrer linken Schulter. Es kennzeichnet sie als eine durch Wikinger versklavte Person. Amleth und die Zuschauenden müssen erkennen, dass Aurvandil Gudrún nicht aus Liebe heiratete, sondern sie verschleppte und erst ehelichte, als diese schwanger war. Amleths Rachefeldzug gegen Fjölnir gerät somit ins Wanken.

Bei genauerer Betrachtung ist Eggers' Werk voll von Männlichkeiten, die in ihren Grundfesten erschüttert werden: In seinem Erstling *The VVitch* scheitert der Puritaner William darin, seine Familie vor den Heimsuchungen der titelgebenden Hexe zu beschützen. *The Lighthouse* konzentriert sich ganz auf zwei Männer, die als Leuchtturmwärter an den Herausforderungen ihres kargen Lebens auf einer sturmumtosten Insel scheitern. In *The Northman* scheitert der Wikinger Amleth schließlich daran, seine Mutter zu retten. Auffallend ist dabei Eggers' Vorgehen, seine Figuren stets in der Vergangenheit zu verorten und diese Vergangenheit mittels vielfältiger Techniken möglichst quellengetreu zu repräsentieren. Es lohnt sich daher, diesen Verstrickungen von Historizität und Männlichkeit nachzugehen.

Für die folgenden Überlegungen zum Bereich der Historizität möchte ich die Konzepte der Pastness sowie Histosphäre heranziehen. Die Idee der Pastness brachte Cornelius Holtorf 2017 in die Fachdiskussion ein (Holtorf 2017). Es beschreibt eine oftmals diffuse und nicht auf historische Korrektheit zielende Vergegenwärtigung ausgewählter Elemente der Vergangenheit in populärkulturellen Kontexten. Ziel und Funktion von Pastness können sehr unterschiedlich sein. Das Konzept bietet einen kulturwissenschaftlichen Zugang zu eklektischen, spielerischen oder auch sublimen Vergegenwärtigungsprozessen abseits von Geschichtswissenschaft, Public History oder Kulturerbe. Auf Film-Genres angewendet, öffnet Pastness den Zugang zu jenen Filmen, die weder Historienfilme noch Erinnerungsfilme darstellen – zu Filmen also, die wir nicht primär als Repräsentationen von Geschichte wahrnehmen, die jedoch gleichsam Vergangenheit verhandeln. Wer sich *Der Untergang* (2004) anschaut, tut dies mit einem gewissen Bewusstsein über den Film als eine Verarbeitung historischer Ereignisse. Es gibt keine übernatürlichen Elemente und auch keine anderweitigen genre-typischen Stilmittel, die von der Darstellung des Geschichtlichen fortführen. Wer jedoch *Inglorious Basterds* (2009) oder *JoJo Rabbit* (2019) schaut, rezipiert ebenfalls filmische Repräsentationen der NS-Zeit, tut dies jedoch durch die Mittel des Action- und Splatterfilms beziehungsweise der Tragikomödie. Niemand käme auf die Idee, einen der beiden Filme als Historienfilm zu bezeichnen, was zum Einen an deren Konter-Historizität liegt – bei Tarantino stirbt Hitler in einem Kino – und zum Anderen an deren humoristischer Übersteigerung – bei Waititi ist Hitler der imaginäre und dementsprechend oftmals kindlich auftretende Freund eines kleinen Jungen. Zusätzlich arbeiten beide Filme auf der Ebene der Musik mit Brüchen und Verfremdungen; neben einem Historizität-stützenden, eigens komponierten instrumentalen Score begleiten immer wieder auch Lieder aus der zweiten Hälfte des 20. Jahrhunderts das Geschehen. Gleichwohl spannen diese Filme einen Reflexionsraum für gegenwärtige Fragestellungen zu Antisemitismus, Faschismus, Rache und Gerechtigkeitsempfinden auf. Diese Funktion ist es auch, die die Vergangenheit bei Eggers' bisherigen Werken übernimmt: Sie ist ein Raum für die Darstellung, Verhandlung und Infragestellung gegenwärtiger Phänomene – insbesondere von Männlichkeiten, wie ich im Folgenden ausführen werde.

Was Eggers' Schaffen von anderen vergangenheitsbezogenen Genre-Filmen unterscheidet, ist sein Streben nach größtmöglicher Immersion durch historische Akkuratesse. Alle Ebenen seiner Filme greifen ineinander, um ein »Raum-Zeit-Gefüge [zu erschaffen], das eine historische Welt modelliert«. (Greiner 2018, S. 86) Dies ist es, was Greiner, Frey und Pauleit als filmische Histosphäre bezeichnen. Sie entsteht insbesondere durch Kulissen und die Wahl von Schauplätzen, durch Kostüme und Make-Up, durch Klänge und Musik. Wie erwähnt, wird die Histosphäre dezidierter Historienfilme üblicherweise nicht durch übernatürliche Elemente durchbrochen. Bei Eggers bilden diese übernatürlichen Elemente – Hexen, Meerjungfrauen, Untote und noch mehr Hexen – jedoch einen integralen Bestandteil der entwickelten Histosphäre. Eggers unterscheidet nicht zwischen der materiellen und imaginären Welt seiner Figuren, er führt vielmehr beide in zeitgenössisch passenden Bahnen zusammen. Ich werde anhand ausgewählter Aspekte seiner drei bisherigen Filme erläutern, wie Eggers dabei vorgeht und daran anknüpfend herausarbeiten, welche Aussagen beziehungsweise Fragen an gegenwärtige Männlichkeits-Diskurse damit verknüpft sind.

Für Letzteres rekurriere ich im weiteren Sinne auf das Konzept des Geschlechts (Gender) als Ergebnis interdependenter individueller wie kollektiver Konstruktionsprozesse (Butler 1991) sowie im Speziellen auf das Konzept der ›Männlichkeit‹ in Anlehnung an Connells Verständnis von ›hegemonialer Männlichkeit‹ (Connell 1999). Vielfach wiesen Stimmen innerhalb der Gender Studies auf die Grenzen dieses Konzepts hin, insbesondere auf die ihm innewohnende Tendenz der übermäßigen Vereinfachung komplexer Lebensweisen (Moller 2007). Nichtsdestotrotz bietet sich der Begriff für die Auseinandersetzung mit Eggers' Werk in besonderem Maße an, da Connell Männlichkeit als Ergebnis kultureller Praktiken definiert, die Menschen geschlechtsunabhängig hervorbringen. Es sind gerade diese Praktiken, die auf der Handlungsebene von Eggers' Figuren reflektiert und so interpretierbar werden. Connells Verständnis von hegemonialer Männlichkeit als kulturellem Ideal bietet wiederum Anknüpfungspunkte zur Interpretation des gezeigten Scheiterns, welches auf den Versuchen der Filmfiguren beruht, unterschiedlichste Konflikte durch das Streben nach eben dieser Männlichkeit zu lösen. Das Ideal entsteht nach Connell aber nicht aus sich selbst heraus, sondern durch die Abwertung all jener Eigenschaften und Praktiken, die als untergeordnet gelten und die Eggers' Figuren um jeden Preis zu vermeiden suchen – was letztlich zu ihrem Untergang führt.

Im Zuge dieser kulturellen Praktiken werden auch Aspekte verhandelt, die als konkretes Gegenteil von Männlichkeit, als Weiblichkeit, dargestellt werden. Wie genau sich Eggers Weiblichkeit annähert, wird insbesondere in *The VVitch* sichtbar, da er das Weibliche dem Männlichen dort am deutlichsten gegenüberstellt. Auch Weiblichkeit ist aus theoretischer Perspektive der Prozess und das Ergebnis sozio-kultureller Aushandlungen. Die ihr zugeschriebenen Qualitäten, Verhaltensmuster, Körperbilder und Eigenschaften zeichnen sich dadurch aus, hegemonialer Männlichkeit gegenübergestellt zu sein. Die vorliegende Analyse bzw. Interpretation soll sich daher letztlich nicht darin erschöpfen, die historische Korrektheit der Filme zu bewerten, sondern vielmehr herauszuarbeiten, wie der Eindruck selbiger erreicht wird und welche sozio-kulturellen Funktionen zur Reflexion gängiger Geschlechterideale er erfüllt. Für diesen Aspekt werde ich mich vor allem auf *The VVitch* konzentrieren, da Eggers hier in besonders intensivem Maße historische und gegenwärtige Geschlechterdiskurse miteinander verbindet. Anschließend werde ich auf die jeweils zentralen Verhandlungen von Männlichkeit in *The Lighthouse* und *The Northman* eingehen. Eine umfassende Analyse aller vergegenwärtigender Aspekte ist hingegen aufgrund ihres schieren Umfangs an dieser Stelle nicht möglich.

Ein puritanischer Albtraum vom radikal Weiblichen: *The VVitch*

Wie umrissen zielt mein zentrales Argument zur Interpretation der Filme von Robert Eggers darauf ab, dass die dort auffallend umfangreich konstruierte Pastness einen Diskussions- und Reflexionsraum für Geschlechterideale bildet. Dabei geht die dort dargestellte Vergangenheit oft weit über eine mehr oder minder diffuse Pastness hinaus; vielmehr verfolgt Eggers einen Ansatz zur Erzeugung einer stimmigen Histosphäre, der bei allen seiner bisherigen Filme sehr vergleichbar ist. Anhand seines Erstlingswerkes *The VVitch* lässt sich dieser Ansatz besonders gut nachvollziehen. Der Film erzählt die Geschichte einer puritanischen Familie, die, wie viele ihrer Zeitgenoss:innen, im ersten Drittel des 17. Jahrhunderts in die britischen Kolonien nach Neuengland emigrierte, um dort ihrer Verfolgung zu entgehen. Zwar hatte sich der englische Puritanismus im Diskurs der Reformation auch auf der Insel herausgebildet und etabliert, war jedoch nicht zur vorherrschenden Religion avanciert. So blieb die gleichfalls im Calvinismus geforderte Trennung von Kirche und Staat aus; fehlende Anpassung an den staatlich geförderten Anglikanismus wurde juristisch geahndet.

Es ist kein Zufall, dass Eggers seinen Hexen-Horror ausgerechnet in dieser Periode verankert; vielmehr verfolgt er heutige archetypische Hexen-Vorstellungen – Hexensabbat, Teufelsbund, Fliegen auf einem Besen, Verschlingen von Kindern, Gestaltwandlung – zu deren historischen Wurzeln zurück und bettet sie in ihren Kontext. Gleichzeitig bildet der Puritanismus gerade aufgrund der zahlreichen emigrierten Gläubigen und deren Ausgründungen puritanischer Siedlungen nicht nur eine der zentralen christlichen Strömungen des nordamerikanischen Kontinents, sondern er bildet auch einen besonders spannungsreichen Rahmen für die Auseinandersetzung mit dem, was laut eigenen Aussagen Eggers' zentrale Motivation bildete: die Angst vor Hexen, die er aus seiner eigenen Kindheit kannte. Nach puritanischer Lehre wird der Mensch in Sünde geboren. Fleiß, Abkehr von allem Weltlichen und eine besonders starke Orientierung am Wort der Bibel sind zentrale Momente dieser Glaubensrichtung. Die Hexe bildet im Gegensatz dazu die zentrale Kristallisationsfigur des unbehaglichen Anderen – sie wird, wie Wolfgang Behringer schreibt, zum »Inbegriff des antisozialen Verhaltens« (Behringer 2020, S. 32). Gleichzeitig kann sie als Heimsuchung im Derrida'schen Sinne gelesen werden: Der Glaube an gute wie böse Magie prägte das vor-aufklärerische, katholische Gemeindeleben, von dem sich reformatorische Glaubensrichtungen, wie eben Calvinismus und Puritanismus, abzugrenzen suchten. Vor diesem Hintergrund gerät die im Film gezeigte Heimsuchung durch Teufel und Hexe auch zu einer Heimsuchung scheinbar abgelegter Religionspraktiken und Weltverständnisse, die aller Frömmigkeit zum Trotz im Unterbewusstsein der Familie – pars pro toto für die Gesellschaft – fortleben (Derrida 1994).

Eggers erzeugt in seinem Film eine umfassende Histosphäre, um diese Angst vor der Hexe und dem, was sie repräsentiert, immersiv zu vermitteln.[1] Wir sollen nicht nur Figuren folgen, die glauben, von einer Hexe heimgesucht zu werden, wir sollen durch ihre Augen diese Erfahrung nachvollziehen. Hierfür kombiniert Eggers beinahe sämtliche Ebenen des Films. Für die Kulissen, die überwiegend aus dem kleinen Hof der Familie bestehen, konsultierte er sowohl Sachliteratur zum alltäglichen Leben im Neuengland der Frühen Neuzeit als auch Historiker:innen. Anschließend wurden sämtliche Gebäude und Anpflanzungen mithilfe zeitgenössischer Werkzeuge aufgebaut. Gleiches gilt für die Kostüme, die zwar aus Italien importiert, jedoch quellengetreu angepasst wurden. Eggers erlaubte keine Abwandlungen für die Sehgewohnheiten eines modernen Publikums, sondern strebte nach eigenen Angaben in sämtlichen Details nach höchstmöglicher historischer Akkuratesse. Diese Details bleiben dem Publikum teilweise visuell sogar verschlossen, weil Eggers auch über Licht und Ausleuchtung Pastness erzeugt. So führte Eggers aus, auch für die Ausstattung des Hexensitzes im Wald und für die Kostümierung des Teufels in menschlicher Gestalt auf zeitgenössische Quellen zurückgegriffen zu haben. Von den entsprechenden Schriftzügen im Heim der Hexe und der reichen Ausstattung des Teufels ist jedoch im Film kaum etwas zu erkennen, da Eggers auf künstliches Licht weitgehend verzichtete. Director of Photography Jarin Blaschke nutzte stattdessen besonders lichtempfindliche Kameratechnik (sogenannte Low-Key-Videographie), um auch bei Kerzenlicht drehen zu können. Dieses Stilmittel setzt sich bei *The Northman* fort. Hier zeigen sich freilich auch erste Grenzen filmischer Historizität, denn um zumindest eine ausreichende Beleuchtung für den Dreh zu erreichen, verbrennt die Familie im Film deutlich mehr Kerzen, als zeit- und standesgemäß üblich gewesen wären.

Eine weitere zentrale Ebene ist die auditive. Die Dialoge zwischen den Figuren nähern sich nicht einerseits inhaltlich zeitgenössischen Fragestellungen an – zum Beispiel bei einem Gespräch zwischen Vater William und Sohn Caleb, ob das Baby Samuel, das zu Beginn der Handlung von der Hexe entführt und

1 Die folgenden Ausführungen basieren auf Eggers' Angaben in der Fachpresse, im Bonusmaterial der Blu-Ray-Version sowie in Online-Featurettes und Interviews.

getötet wird, in die Hölle käme, da ja auch dieses in Sünde geboren sei. Andererseits transportiert auch die gesprochene Sprache Historizität: Am Ende des Films erklärt uns ein Schriftzug, große Teile der Dialoge entstammten historischen Quellen, besonders Hexerei-Verhandlungen. Dies gilt zum Beispiel für Calebs Monolog religiöser Verzückung kurz vor seinem Tod. Auch die Worte des Teufels an die älteste Tochter Thomasin, welche das für das Horror-Genre typische ›Final Girl‹ des Films darstellt und am Ende die einzige Überlebende sein wird, seien diesen Quellen entnommen. Der Teufel fragt daher: »Wouldst thou like to live deliciously?«, nicht: »Would you like to live deliciously?« Wir hören also den ganzen Film hindurch Annäherungen an historische Formen des Englischen. Auch bietet der Teufel Thomasin nicht Berge von Gold oder grenzenlose Macht, sondern den Geschmack von Butter, ein hübsches Kleid und die Möglichkeit, die Welt zu sehen.

Nur wenige Elemente im Bereich des Drehortes und der Ausstattung brechen mit Eggers' angestrebter Quellentreue. So handelt es sich bei dem Pferd, auf dem Thomasin in den Wald reitet, zwar um eine historische und typische Pferderassen des frühneuzeitlichen Neuengland, für die hofeigenen Ziegen gilt dies jedoch nicht. Auch drehte Eggers aus Gründen der Steuervergünstigung nicht in Neuengland, sondern in Kanada. Nichtsdestotrotz unterscheidet *The VVitch* bis zu diesem Punkt im Grunde genommen nichts von einem Historienfilm. Der zentrale Unterschied besteht, wie schon erwähnt, in der physischen Ausgestaltung und Darstellung des Übernatürlichen – der Hexe. Sie markiert den Film als Horrorfilm, trägt aber gleichzeitig entscheidend zu seiner Histosphäre bei. So tut diese Hexe nichts, was nicht zur Vorstellungswelt des frühen 17. Jahrhunderts passen würde; sie reitet auf einem Besen, tötet Kinder und Vieh, veranstaltet einen Hexensabbat, wandelt ihre Gestalt in einen Hasen und verführt den jungen Caleb. Ermöglicht wird ihr dies nicht durch eine ihr selbst innewohnenden Macht, wie sie für postmoderne Hexen-Narrationen typisch ist. Dies widerspräche theologischen Grundannahmen von der Unmöglichkeit der Ausübung von Magie ohne Zutun des Teufels, welche bereits seit dem Frühmittelalter belegt sind. Dementsprechend bildet der Bund mit dem Teufel – welcher, ebenfalls typisch, überwiegend die Gestalt des familieneigenen Ziegenbocks Schwarzer Phillip angenommen hat – den finalen Wendepunkt des Films. Wir sehen die letzte Überlebende Thomasin, welche vom Teufel verführt und aufgefordert wird, ihren Namen in sein Buch zu schreiben. Danach entledigt sie sich all ihrer Kleider, geht in den Wald, nimmt dort an einem Hexentanz teil und beginnt, zu schweben. Hierfür orientierte sich Eggers nicht nur an Schrift-, sondern auch Bildquellen des 17. und 18. Jahrhunderts, wie Goyas *Linda Maestra* von 1799. Nur hier, an einem Punkt, an dem es keine Quellen geben kann, erlaubt Eggers sich künstlerische Freiheit und lässt die Szene nach Vorbild des japanischen Butoh-Tanzes choreographieren.

Die imaginäre und metaphysische Ebene, auf welcher die gezeigte Auseinandersetzung mit Moral und Angst stattfindet, trägt jedoch nicht nur entscheidend zur Pastness des Films bei, sondern spannt den zu Beginn genannten Reflexionsraum für die kritische Auseinandersetzung mit hegemonialer Männlichkeit auf. Seinem Quellenmaterial und historischem Sujet entsprechend verkörpert die Hexe in *The VVitch* auch eine Heimsuchung durch das unterdrückte Weibliche, durch all das, was nicht christlich-männlich ist: Die Hexe ist hedonistisch, chaotisch, diesseitsbezogen. Sie ist die Anti-Mutter. Statt ihr Leben für ihre Kinder zu geben, nimmt sie das Leben fremder Kinder, um ihr eigenes zu verlängern. Die älteste Tochter Thomasin überzeugt gerade deshalb als Final Girl, weil sie am meisten unter dieser Dichotomie von Männlichkeit und Weiblichkeit und der ihr zugrunde liegenden Annahme von der Erbsünde Evas leidet: Als Kate feststellt, dass ihr silberner Becher fehlt, ist es zuerst Thomasin, die des Diebstahls beschuldigt wird – gleichwohl sich sofort die Frage aufdrängt, was ein junges Mädchen mitten in der Einöde mit einem silbernen Becher anfangen soll. Vater William verschweigt hingegen, dass er den Becher verkauft hat, um Fallen zum Jagen von Tieren anschaffen zu können. Es ist besonders aussagekräftig, dass William und Caleb im ersten Drittel des Films dann auch heimlich zum Jagen in den Wald gehen, denn die Verheimlichung deutet auf Scham hin: William schämt sich, die Familie aufgrund seines religiösen Disputs über die korrekte Ausübung des puritanischen Glaubens von der Siedlung verbannt und in die Einsamkeit gezwungen zu haben; er schämt sich für sein Unvermögen, die Familie in dieser selbst herbeigeführten Situation ernähren zu können. Diese Scham rührt wiederum von dem verinnerlichten, hegemonial-männlichen Ideal, als Vater und Familienoberhaupt allein für diese Versorgung verantwortlich zu sein.

In der Sequenz sagt Caleb zudem eine Litanei über seine eigene Erbsünde auf. Er hat diese offensichtlich auswendig gelernt und verinnerlicht, in Sünde geboren zu sein. Hieraus speist sich auch das ›Unbehagen‹ seines Geschlechts gegenüber dem weiblichen Körper seiner Schwester. Als er jedoch infrage stellt, ob der verschwundene Sam ebenfalls in Sünde geboren sei und deshalb in die Hölle komme, gibt dies nicht nur einen zeitgenössisch typischen Diskurs wieder. Entscheidend ist vielmehr, dass Calebs Vater ihm die Angst um seine Seele und die seines Bruders nicht nehmen kann, da er dem puritanischen Glauben folgt, nur Gott könne den Menschen richten. Das bedeutet: Die religiös geprägte Form von Männlichkeit, die die Figur des William verkörpert, scheitert daran, seinen Sohn bei dessen Trauerarbeit zu unterstützen, stattdessen belässt er ihn voller Verunsicherung in dieser Situation.

Als Thomasin aufgrund der Notlage der Familie fortgeschickt werden soll, beschließt wiederum Caleb, ihr zu helfen. Er tut wieder das, was sein Vater tat: Er geht in den Wald, um die Fallen zu überprüfen. Bei dieser Gelegenheit trifft Caleb erneut auf die Hexe im Wald, diesmal in Gestalt einer schönen jungen Frau. Dieser kann er wiederum nicht widerstehen, da er nicht gelernt hat, mit seiner erwachenden Sexualität umzugehen. Nackt kehrt Caleb im späteren Verlauf von seiner Begegnung mit dem Weiblichen zurück. Er ist verletzt und krank. Sein Verständnis von Männlichkeit, Rechtschaffenheit und Glauben konnte ihm nicht helfen, mit seinen Gelüsten umzugehen. Schließlich stirbt er – ob an einem Fieber oder einer Verhexung, ist an diesem Punkt beinahe irrelevant. Erneut scheitert die Familie daran, die Heimsuchung der Hexe abzuwenden.

Wie die Unklarheit um Calebs Todesursache so ist es für die hier skizzierten, durch den Film aufgeworfenen Fragen unerheblich, ob die gezeigten Hexen und der Teufel in dessen Realität tatsächlich existierten oder die Familie einer für Hexenverfolgungen nicht untypischen Massenhysterie zum Opfer fiel. Eggers wirft die zweite Möglichkeit zwar auf, da der von der Familie angepflanzte Mais von Mutterkorn befallen wird, welcher bei Verzehr durchaus wahnhafte Episoden hervorrufen kann. Für eine Interpretation von Eggers' Werk unter den hier genannten Gesichtspunkten zentral scheint mir jedoch, dass der gezeigte Wahn und die dargestellten Geschlechterrollen trotz aller Pastness Anknüpfungspunkte für die Gegenwart bieten. Immer deutlicher wird im Verlauf des Films, dass der Triumph des Teufels nur möglich wird, da der Pakt mit ihm Thomasins einzige Möglichkeit der Befreiung bildet. Eggers induziert damit die Frage, ob der Handlungsverlauf ein anderer wäre, glaubten William und Mutter Kate nicht an Thomasins Schuld, unterstützten sich in ihrer Trauerarbeit um den Säugling Sam und entwickelten Verständnis für eigene Ängste und Sorgen – kurz, praktizierten sie andere Formen von Männlichkeit und Weiblichkeit. Wäre es dann zu all der Gewalt gekommen?

Von der Unmöglichkeit des Männlichen: *The Lighthouse*

Diese Fragen setzen sich in Eggers' zweitem Film fort, werden weiterentwickelt und narrativ rund um das Thema aktueller Männlichkeit(en) zugespitzt. *The Lighthouse* kommt zu einem Zeitpunkt in die Kinos, als Vollbärte, Arbeiterhemden, das Singen von Shantys sowie Anker und Schiffe als Tattoo-Motive populär sind. Er hinterfragt damit die Glorifizierung des ›Seemanns‹ als ultimative Imagination des ›Arbeiters‹, schwelgt aber gleichzeitig in dessen visueller Anziehungskraft. Auch *The Lighthouse* erzeugt eine stimmige Histosphäre auf den Ebenen der Kulissen, Sprache, Figuren und deren Wahrnehmung der Welt, allerdings gibt es hier noch eine weitere Ebene, die kinematographische. Jarin Blaschke, auch hier für die Kameraarbeit hauptverantwortlich, drehte den Film im Format 1,19:1, wie es für die Kinofilme des frühen 20. Jahrhunderts üblich war. Zusätzlich verwendete er spezielle, teils historische und teils eigens angefertigte Linsen, um in einem besonders kontrastreichen Schwarz-Weiß drehen zu können. Blaschke und Eggers ging es jedoch weniger darum, den Effekt historischen Filmmaterials zu erzeugen, als vielmehr den Effekt einer historischen Handlung Ende des 19. Jahrhunderts zu generieren. Der verstärkte Fokus auf die visuelle Ebene des Films lässt sich unter anderem damit erklären, dass Eggers sich aufgrund der gewählten Periode nicht nur Schriften und Zeichnungen oder Gemälden, sondern auch Fotografien annäherte.

Dennoch transportieren Eggers und Blaschke auch auf dieser Ebene die historisch-zeitgenössischen Imaginationen ihrer Hauptfiguren, um eine Histosphäre zu generieren, die über die materielle Welt hinaus geht. Eggers stützt sich unter anderem auf die sogenannte ›Smalls Lighthouse Tragedy‹, welche sich 1801 zwischen zwei Wärtern eines Leuchtturms auf der namensgebenden Smalls-Inselgruppe westlich der walisischen Küste zugetragen haben soll. Einer der Wärter kam während eines Sturms ums Leben, während der andere – ohne Möglichkeit, die Leiche in dem Basaltfels der Insel zu begraben – seinen Dienst allein verrichten musste und schwere psychische Schäden davontrug. In emotional besonders intensiven Sequenzen sehen wir dementsprechend übernatürliche Elemente wie unheilbringende Möwen, Meerjungfrauen und Tritonen. Auch diesmal erleben wir die Handlung nicht nur mit den Figuren, sondern durch ihre Augen. Den Effekt erreichen Blaschke und Eggers auch durch eine Aufzeichnung dieser Sequenzen mit erhöhter Bildrate und übertragen das zunehmende Unbehagen ihrer Figuren so auf die Zuschauenden.

Auf der Ebene der Figuren, welche ich in diesem Abschnitt besonders hervorheben möchte, ist *The Lighthouse* komprimierter, einfacher als *The VVitch*. Er ist Eggers bislang dichtester Film, mit äußerst sorgfältigen, ästhetischen Bildern und ganz auf die Unmöglichkeit des hegemonial Männlichen konzentriert. Wie Thomasin, so ist auch die Figur des jüngeren Leuchtturmwärters Thomas Howard zunächst ein Verlierer im Spiel um Dominanz, Hierarchie und Macht. Wir sehen ihn schwere und oft unangenehme Arbeiten vollbringen, während der ältere sowie höhergestellte Thomas Wake sich nachts dem Licht des Leuchtfeuers hingibt und tagsüber furzend und masturbierend in seinem Bett liegt. Wake und Howard haben von Anfang an das Problem, hegemoniale Formen von Männlichkeit zu erstreben. Sie wollen ihre Konflikte allein lösen, misstrauen einander. Es gibt keine Familie, es gibt keine Mutter, keine Hexe, keine (partielle) Erlösung durch einen Pakt mit dem Teufel. Nur die schlichten Imaginationen des Weiblichen in Form der Meerjungfrau.

Als Howard das erste Mal Beschwerden über sein Arbeitsverhältnis äußert, reagiert Wake ungehalten aufgrund seiner infrage gestellten Autorität. Er stellt klar: Er hat die Macht, Howards Lohn zu kürzen, wenn er nur wollte. Der Abend vor dem unheilvollen Sturm ist zwar der herzlichste Abend zwischen den beiden, allerdings ist diese Herzlichkeit asymmetrisch. Während Wake nur freundlich ist zu einem weiteren seiner Gehilfen, reagiert Howard darauf mit einer Zurückhaltung, die darauf schließen lässt, er traue dem Frieden nicht oder empfinde Wakes Freundlichkeit als Hohn. Nur volltrunken, als der Sturm längst wütet und die Tage verschwimmen wie die Ränder der Filmbilder, liegen sich die beiden zärtlich in den Armen und singen sich gegenseitig etwas vor. Um das Unbehagen ihres Geschlechts – das durch die Performanz weiblich konnotierter Tätigkeiten wie Trösten und Tanzen ausgelöst wird – aufzulösen, wechseln sich sanftmütige und gewalttätige Momente ab.

Das gegenseitige Misstrauen nimmt in der Notsituation des Sturms weiter zu. Gleichsam steigt unser Misstrauen als Zuschauende gegenüber Wake. Das widersprüchliche Seemannsgarn, das er abends von sich gibt, lässt ihn unglaubwürdig erscheinen, untergräbt seine Autorität. Ein vertrauensvolles Gespräch mit dem zeitweise durchaus väterlich wirkenden Wake scheint Howard unmöglich, obgleich dieser von den traumatischen Erfahrungen seiner letzten Arbeitsstelle verfolgt wird. Stattdessen sucht Howard Erlösung in der perfekten Ausführung seiner Männlichkeit: hart arbeiten und so wirtschaftliche Unabhängigkeit als Garant umfassender Selbstbestimmung erlangen. Damit führt uns die Figur des Thomas Howard bildgewaltig vor, wie schädlich die zeitgenössische und heute nach wie vor wirksame Abwertung psychischer Hilfsbedürftigkeit sein kann. Gleichzeitig lädt das Scheitern Howards auf diese Weise ein, über die Grenzen und Fallstricke des nordamerikanischen Aufstiegs-Mythos vom ›Self-Made Man‹ nachzudenken: Aufsteigen ist schließlich nur möglich in einem Rahmen von Ungleichheit – von unten nach oben. Ungleichheit bedeutet letztlich, dass der Aufstieg des Einen den Abstieg des Anderen zur Folge hat. Verfolgen nun aber alle den Weg des Aufstiegs, gibt es zwangsläufig Gewinner und Verlierer in diesem Spiel. Howards und Wakes Scheitern entlarvt diese systemimmanente Widersprüchlichkeit.

Ein weiterer aufschlussreicher Aspekt der Handlung ist die Verwirrung zwischen den beiden Figuren, die dadurch entsteht, dass Howard zunächst einen falschen Namen verwendet – nämlich eben jenen Namen seines ehemaligen Vorarbeiters, der vor seinen Augen und durch Unterlassen seiner Hilfeleistung ums Leben kam. Diese Verwirrung wirkt auf den ersten Blick wie ein Verschwimmen der Ich-Grenzen Howards, wie ein Verschmelzen der beiden Figuren. *The Lighthouse* bietet dahingehend auch unabhängig von Geschlechterrollen Raum für Fragen nach Identität. Aus der für diesen Text gewählten Perspektive der Gender Studies lassen sie die ›zwei Thomases‹ aber auch dahingehend deuten: Die Individualität der Figuren ist nicht von Belang. Sie stehen für scheiternde Männlichkeit, für Männer, die scheitern. Im letzten Fünftel des Films sehen wir das Eine und hören das Andere: Howard halluziniert von dem von ihm verursachten Tod, Meerjungfrauen und oktopodenartigen Ungeheuern, imaginiert Wake gar als Tritonen. Als er Wake die zerbrochene Meerjungfrauen-Figur vorwirft – die er zu Beginn des Films in seiner Matratze fand, bis dahin bei sich trug, beim eigenen Masturbieren nutzte und als Quell seines Unglücks vermutet – erkennen wir in Wakes Miene Erfahrung und Einsicht. Als Älterer der beiden ahnt Wake, dass Howard den Verstand verliert. Wir zweifeln nun verstärkt an Howard und seiner Wahrnehmung der Insel. Dann jedoch behauptet Wake, Howard habe das Rettungsboot zertrümmert. In der Einstellung davor sahen wir jedoch nicht Howard, sondern Wake mit der Axt durch den Sturm hinken – ob aufgrund von Skorbut oder wegen eines Beinbruchs, was genau ihm zugestoßen ist, wissen wir nicht, da Wakes abendliche Erzählungen sich widersprechen, wie Howard hervorhebt. Es wird immer deutlicher, dass keinem von beiden zu trauen ist.

Natürlich wirft all das die Frage auf: Ist Wake real? Ist er eine Einbildung von Howard, der von seinen Schuldgefühlen heimgesucht wird? Ist Wake ein Mensch oder ein übernatürliches Wesen? Die Wahrheit scheint mir jedoch deutlich banaler: Wir sehen zwei Männern dabei zu, die aufgrund ihrer verinnerlichten Männlichkeitsideale an einer enormen Stresssituation scheitern. Der im Verlauf der Handlung immer stärker konsumierte Alkohol tut sein Übriges. Auch hier drängt sich die Frage auf: Wäre das gezeigte Unglück im Kontext alternativer Männlichkeitsdiskurse abzuwenden gewesen? Sind unsere populären Vorstellungen vom bärtigen Seemann wirklich so anschlussfähig und erstrebenswert? Oder wäre es nicht Zeit, nach anderen Vorbildern zu suchen?

Die Banalität männlicher Rachefantasien: *The Northman*

Bei *The Lighthouse* steigert Eggers das zerstörerische Moment hegemonialer Männlichkeit im Vergleich zu *The VVitch* noch einmal deutlich, was insofern konsequent erscheint, als dass *The Lighthouse* in einer historischen Periode angesiedelt ist, deren Geschlechter-Diskurse heutige Vorstellungen zu den Unterschieden von Mann und Frau bis heute prägen. Mit dem muskelbepackten

Prinz Amleth in *The Northman* führt uns Eggers eine weitere Steigerung des Männlichen vor und spiegelt damit seinem Publikum aktuelle, übersteigerte Männlichkeiten auf besonders intensive Weise. Auch hier erarbeitet Eggers auf Ebene der Kostüme, des Lichts, der Kulissen und Psychologie der Figuren eine extrem dichte Histosphäre, aber mehr noch nimmt er Trends und Themen der Gegenwart – hier den massiven Erfolg der Serie *Vikings* (2013–2020) und die Wiederkehr des fantastischen Mittelalters in den Mainstream durch *Game of Thrones* (2011–2019) – und führt diese zu ihrem logischen Ende. Zwar inszeniert Eggers den massigen Körper des Hauptdarstellers Alexander Skarsgård auf besonders effektvolle Weise. Doch anders als in *The Legend of Tarzan* (2016), für den Skarsgård bereits intensiv trainierte, übernimmt sein Körper in *The Northman* beinahe vollständig das Schauspiel, während Skarsgård sich mit gesenktem Kopf den Zuschauenden verschließt. Scheinbar allein sein Atlas-Muskel trägt durch die technisch eindrucksvollste Sequenz des Films: Als Mitglied einer Vorhut aus Berserkern überfällt Amleth eine Siedlung im Gebiet der Rus. Die quasi schnittfreie Plansequenz zieht die Zuschauenden in Amleths Welt, die Eggers auch hier durch seine weitreichenden historischen Kenntnisse erschafft. Gleichzeitig reiht sich Eggers' Darstellung der Wikinger in die bereits bestehenden populären Bilder vom ultra-brutalen, raubeinigen und selbstbestimmten Nordmann ein. Der Überfall ist auch eine besonders brutale Sequenz des Films; er trifft nicht nur die dortigen Krieger. Frauen und Kinder werden niedergestreckt und versklavt. Ein ganzes Langhaus voller Menschen wird abgesperrt und angezündet. Amleth und die übrigen Berserker sitzen apathisch und zitternd nach getaner ›Arbeit‹ beieinander, eindeutig physisch und psychisch erschöpft. Sie sind keine siegreichen Eroberer, sondern Werkzeuge des dort betriebenen Sklavenhandels.

Skarsgård ist auch insofern eine passende Besetzung für den Wikinger Amleth, als dass er dem breiten Publikum in den späten 2000er Jahren vor allem mit seiner Rolle als hoch-sexualisierter Vampir Erik in der Serie *True Blood* (2008–2014) bekannt wurde, diesen Status jedoch in seinen letzten beiden größeren Rollen – als gewalttätiger Ehemann in der Serie *Big Little Lies* (2017) – und als gewissenloser Geschäftsmann in *Succession* (2018) – systematisch hinterfragte. Vor allem die Serie *Big Little Lies* führt die Zuschauenden mit Skarsgårds attraktivem Aussehen und maskulinen Auftreten in die Irre, bevor die Handlung sein missbräuchliches Verhalten und die zugrundeliegenden psychischen Störungen offenbart. Diesen Ansatz verfeinern Skarsgård und die Filmschaffenden von *The Northman* weiter. Eggers verknüpft hier das Erstrebenswerte und Glamouröse – Wikinger! Muskeln! Eroberung! – mit dem Verabscheuungswürdigen – Gewalt, Sklaverei, Massenmord. Er tut dies allerdings nicht nur, um historische Akkuratesse zu verfolgen. Pastness ist, wie ausgeführt, niemals Selbstzweck in Eggers' Werken, sie gibt Anstoß, um über eigene Sehnsüchte und Vorstellungen zu reflektieren: Was macht die genannten Serien *Vikings* und *Game of Thrones* so erfolgreich? Warum entwickeln ausgerechnet diese eine so starke populärkulturelle Bedeutung und Strahlkraft, handelt es sich doch um Narrationen, in denen reihenweise Frauen und Vertreter nicht-hegemonialer Männlichkeit erniedrigt, unterdrückt, sexuell missbraucht, gefoltert und getötet werden? Warum kehrt der rücksichtslose, brutale, machtbesessene Mann ausgerechnet in der Form des glorifizierten Wikingers, Ritters oder Königs in die Populärkultur zurück?

2022 erschien *The Northman* mitten im Niedergang des Superhelden-Genres, das die letzten vierzehn Jahre Kino und Filmwirtschaft geprägt hatte. Bis zu dem eingangs zitierten Dialog zwischen Amleth und seiner Mutter Gudrún wirkt *The Northman* fast wie eine wehmütige Hommage an das Ende dieser Ära – nicht nur aufgrund der angesprochenen Fetischisierung des muskulösen, männlichen Körpers, sondern auch aufgrund seiner schlichten, geradlinigen Handlung, die sich ganz auf die Rache Amleths konzentriert. In Sequenzen wie jener, in der Amleth sich als wertvoller Sklave anbietet, indem er einen anderen Versklavten niederschlägt und wortlos anbrüllt, scheint Amleth durch seine hegemoniale Männlichkeit zu triumphieren. Schließlich findet er im letzten Drittel des Films in der ebenfalls versklavten Olga eine Partnerin, schwängert sie und sichert somit das Fortbestehen seiner Familie.

Die Erkenntnis, all dies entspringe nur Amleths kindlicher Interpretation von Fjölnirs Rebellion, stellt alles, was wir über den Film bis dahin zu wissen glaubten, auf den Kopf. Damit offenbart Eggers die Banalität von Amleths Rachefantasien. Auch Amleth ist ein Mann, der scheitert. Er scheitert daran, seine Mutter zu retten, da diese sich bereits im Pakt mit Fjölnir selbst vor Amleths Vater gerettet hat. Damit scheitert er letztlich fundamental darin, die ihn umgebende Welt und wie sie funktioniert, zu verstehen. Dass Amleth sich nach dieser

Offenbarung letztlich doch gegen das gemeinsame Leben mit Olga entscheidet und stattdessen im Kampf gegen Fjölnir mit diesem gemeinsam stirbt, führt uns erneut die zerstörerische Destruktivität hegemonialer Männlichkeit vor Augen – eine Thematik, die unter dem Begriff der ›toxischen Männlichkeit‹ in der Medizin, Psychologie und Soziologie aktuell stark diskutiert wird.

Wie Amleth, so führt Eggers auch sein Publikum in die Irre. Anders als in seinen vorigen Werken legt er zwar großen Wert auf historische Korrektheit, jedoch kann mit Blick auf seine Hauptinspiration, der dänischen Sage um Prinz Amlet, kaum noch von Quellentreue die Rede sein. In den Grundzügen orientiert sich die Handlung von *The Northman* zwar insofern an der Überlieferung durch Saxo Grammaticus aus dem frühen 13. Jahrhundert, als dass es sich um den Rachefeldzug des zu Unrecht von seinem Onkel verratenen Amlet handelt. Neben vielen weiteren Änderungen ist es aber besonders die Figur der Gudrún, die Eggers und sein Ko-Autor Sjón umkehren: Bei Grammaticus gibt Fjölnir nur vor, Aurvandil habe Gudrún nie geliebt und müsste von diesem befreit werden, um den Mord an seinem Bruder zu rechtfertigen. Gudrún fügt sich in der Vorlage dieser Lüge, um den heimlich seine Rache planenden Amlet zu schützen und ihm bei dem finalen Schlag gegen Fjölnirs Gefolgsleute zu helfen. Erst die durch das Drehbuch des Films aufgeworfene Frage, ob Fjölnirs Behauptung wirklich so abwegig scheint, öffnet die Erzählung für einen kritischeren Blick auf die Stellung der Frau und die Problematik der Sklaverei in diesem Kontext.

Resümee

In Bezug auf Anspruch und Detailliertheit suchen die Vergegenwärtigungen vergangener Zeiten in Eggers' Filmen sicherlich oft ihresgleichen. Durch den Einsatz verschiedenster filmischer Mittel – von der Sprache der Dialoge über die Belichtung hin zu Kulisse und Kostümen – erzeugt Eggers eine außergewöhnlich dichte Histosphäre, die das Publikum in vergangene Zeiten versetzt. Im Vergleich zu reinen Geschichts- oder Erinnerungsfilmen erweitert Eggers diese Histosphäre jedoch um die Vorstellungswelt seiner Figuren und bettet diese konsequent in die Filmhandlung ein. Gemeinsam mit einer puritanischen Familie fürchten wir uns vor Hexen und Teufel, mit Leuchtturmwärtern sichten wir Meerjungfrauen und misstrauen merkwürdigen Möwen, an der Seite rachsüchtiger Wikinger kämpfen wir mit untoten Kriegern um sagenhafte Schwerter. Das Übernatürliche ist Bestandteil dessen, was wir sehen, wie es auch Bestandteil der Lebenswelt der Figuren war.

Allerdings erschöpft sich die Pastness von Eggers' Filmen nicht im Eskapismus. Wir reisen nicht in die Vergangenheit, um der Gegenwart zu entkommen, sondern um über diese zu reflektieren. Dabei sind es insbesondere Fragen nach Sinn und Unsinn hegemonialer Geschlechterdiskurse, denen Eggers nachgeht. Während seine männlichen Figuren auf den ersten Blick faszinierend bis begehrenswert erscheinen, sind es gerade diese, die im Verlauf der Filme an ihrer Männlichkeit scheitern. Auf diese Weise wirkt die kritisch-reflektierende Funktion seiner Filme umso machtvoller. Damit erinnern uns Eggers' Filme letztlich daran, dass jedwede Vergegenwärtigung von Vergangenheit – ob nun filmisch oder nicht – immer nur Annäherung bleiben kann und niemals Selbstzweck ist, sondern spezifische Bedürfnisse der Gegenwart erfüllt.

Literatur und Quellen

Behringer, Wolfgang: Hexen: Glaube, Verfolgung, Vermarktung. 2. Auflage. München: C.H.Beck 2020.

Butler, Judith: Das Unbehagen der Geschlechter. Frankfurt am Main: Suhrkamp Verlag 1991.

Connell, Robert W.: Der gemachte Mann. Wiesbaden: VS Verlag für Sozialwissenschaften 1999.

Derrida, Jacques: Specters of Marx: The State of the Debt, the Work of Mourning and the New International. New York/London: Routledge 1994.

Greiner, Rasmus: Auditive Histosphäre. Sound Design und Geschichte. In: Pauleit, Winfried; Greiner, Rasmus; Frey, Matthias (Hrsg.) Audio History des Films. Sonic Icons – Auditive Histosphäre – Authentizitätsgefühl. Berlin: Bertz + Fischer 2018. S. 86–125.

Holtorf, Cornelius: Perceiving the Past: From Age Value to Pastness. In: International Journal of Cultural Property 2017.24 (4). S. 497–515.

Moller, Michael: Exploiting Patterns: A Critique of Hegemonic Masculinity. Journal of Gender Studies 2007. 16(3). S. 263–76.

Tiersymbolik und -motivik in den Filmen von Robert Eggers: Unheil und Mythologie

Adrian Gmelch

Wenn man Zuschauer fragt, was ihnen bei einem Film von Robert Eggers als erstes einfällt, dann lautet die Antwort nicht selten: »Dieser schwarze Ziegenbock da« oder »Möwen, ich sage nur Möwen«. Tiere bekommen in den Filmen in der Tat eine omnipräsente und wichtige Rolle zugeschrieben – und das scheint auch beim Publikum einen nachhaltigen Eindruck zu hinterlassen. Black Phillip, der schwarze Ziegenbock aus *The Witch* (2015), avancierte zum eigentlichen Star des Films. Selbst ein X-Account (damals Twitter) in seinem Namen wurde angelegt und ihm wurde gar eine eigene Funko-Pop-Figur gewidmet (was ein untrügliches Zeichen dafür ist, in der Popkultur angekommen zu sein). »Black Phillip hat sich in den USA zu einer Sensation entwickelt, es gibt ›Black Phillip‹-T-Shirts und -Tattoos – ich denke, das hängt auch damit zusammen, dass er echt ist, denn die Menschen sind es nicht mehr gewöhnt, echte Tiere auf der Leinwand zu sehen«, versucht sich Eggers diesen Erfolg, diese Begeisterung über seine »Tiere« zu erklären. (Arnold 2016) Die überragende Präsenz der Möwen in *The Lighthouse* (2019) führte in der Presse zu artikelartigen Titeln wie diesen hier: »Sorry, Robert Pattinson… the real star of *The Lighthouse* is a bunch of rare trained seagulls.« (CBC Arts 2019) A24, die Produktionsfirma des Films, veröffentlichte eine Version des Posters des Films, auf dem einzig in Großaufnahme eine Möwe zu sehen ist. »Print him. Frame him. Do not kill him« – so lautete die Beschreibung dazu.

Die Fragen, die sich aus all diesen Beispielen ergeben: Was hat es mit den Tieren in den Filmen von Robert Eggers auf sich? Was für eine Symbolik und Motivik verstecken sich hinter den prominent platzierten Geschöpfen? Welche

Rollen kommen ihnen zu? Gehen wir diesen Fragen auf den nächsten Seiten explizit und ausführlich auf den Grund.

I – Tiere als Boten des Unheils

Unheil und Unbehagen sind feste Bestandteile der Filme von Robert Eggers. Sie entstehen einerseits aus dem (persönlichen) Unwohlsein der Protagonisten, also von *innen* mittels eines psychologischen Ansatzes (der hier nicht weiter vertieft werden soll), andererseits aber auch von *außen*, also von der externen Umgebung – und zwar vor allem in der Form von Tieren. Dieses von Eggers gern verwendete Motiv führt zu einer externen Bedrohung, ja eben einem Unheil, das die bereits seelisch zerfressenen Charaktere in ein noch größeres Unbehagen stürzt und den Weg für weitere existenzielle Ängste ebnet. Die Verwendung von Tieren als stilistisches Mittel und Motiv von nahendem Desaster und Unglück in Filmen ist natürlich nicht neu; viele Regisseure haben auf dieses Stilmittel zurückgegriffen. Um zwei berüchtigte Beispiele zu nennen: In dem Horror-Filmklassiker *Die Vögel* (1963) von Alfred Hitchcock werden Vogelschwärme zu einem Synonym von Angst und Schrecken, als diese anfangen, amerikanische Kleinstädte mit tödlichen Luftattacken zu überziehen, und in *Der weiße Hai* (1975) von Steven Spielberg bekommen es Urlauber an einem Badeort auf einer Ferieninsel an der US-Ostküste mit einem menschenfressenden Weißen Hai zu tun – und brechen in Panik aus. Im Genre des Horrorfilms gelten solche Werke als eigenes Subgenre und werden als Tierhorrorfilm (im Englischen mit »natural horror« etwas weiter gefasst) bezeichnet. Unter diesem Begriff ist eine ganze Reihe an sonderbaren bösartigen und blutrünstigen Tieren in Horrorfilmen zu finden; die Palette reicht von Bienen (*Der tödliche Schwarm*, 1978) und Bären (*Grizzly*, 1976) über Fledermäuse (*Bats – Fliegende Teufel*, 1999) und Schweine (*Pigs*, 1972) bis hin zu Ratten (*Willard*, 1971), Schafen (*Black Sheep*, 2006) oder Spinnen (*Arachnophobia*, 1990). In diesen Filmen ist das Tier aber meist als der Hauptantagonist und Gegenspieler konzipiert. Es ist das wichtigste dramaturgische Element des Films, ohne ihn würde es den Film überhaupt nicht geben. Die Geschichte zieht ihre Berechtigung genau daraus. Eggers hingegen bedient sich in seinen Filmen dieser stilistischen Tiermotive auf eine eigene, innovative, weniger invasive Art und Weise, was es notwendig macht, diesen Aspekt separat zu betrachten. Tiere sind nicht die Hauptfiguren der Filme – wie die Beispiele aus der Einleitung eigentlich vermuten lassen würden –, sondern stets »nur« Nebenprotagonisten, die die eigentliche Handlung vorantreiben und Teil der Atmosphäre der Filme sind. Deshalb ergibt es auch keinen Sinn, Eggers' Filme zum Tierhorrorgenre zuzuordnen. Ganz im Gegenteil. Dieses Tiermotiv als Unbehagen ist nämlich ein fester Bestandteil eines anderen Subgenres, des Art-Horror-Films, zu welchem man auch Eggers zählen darf. Andere Art-Horror-Beispielfilme wären etwa Ari Asters Filme *Hereditary* (2018, Stichwort: Taube) und *Midsommar* (2019, Stichwort: Bär) oder auch *Enemy* (2013) von Denis Villeneuve, *Nanny* (2022) von Nikyatu Jusu oder *Huesera* (2022) von Michelle Garza Cervera, bei denen jeweils Spinnen als bedrohliches Motiv eingesetzt werden. Aber zurück zu den Tieren bei Robert Eggers: Tiere sind hier vor allem Vorboten des Unheils. Um diesen Aspekt ausführlich zu beleuchten, sehen wir uns seine Filme unter diesem Gesichtspunkt genau an.

Eggers' Kurzfilme: Küken und Kühe

Bereits in den frühen, weniger bekannten Kurzfilmen *Hansel & Gretel* (2007) und *Brothers* (2015) setzt Eggers Tiere in wichtigen Nebenrollen ein, die als Vorläufer für spätere Charaktertiere in seinen Spielfilmen gesehen werden können. Obwohl ihre Präsenz aufgrund der Kürze der Filme begrenzt ist, sind sie dennoch wegweisend für spätere Tierfiguren wie Ziegenbock oder Möwen.

In der eigenwilligen Schwarzweiß-Adaption des Märchens *Hänsel & Gretel* der Brüder Grimm, begegnet dem Zuschauer ein ungewöhnliches Szenario mit… Küken. Die Brotkrumen, die Hansel als Markierung auslegt, um den Weg aus dem labyrinthischen Wald zurück zum sicheren Elternhaus zu finden, werden nämlich von Küken aufgepickt und gegessen. Dieser unerwartete Akt führt dazu, dass Hansels Plan, den Krümeln zu folgen, scheitert. Die Geschwister finden sich verloren und gefangen im Wald wieder, während die Hexe die verbleibenden Krümel nutzt, um sie zu ihrem ach so süßen Hexenhaus zu führen. Diese ruchlosen Küken spielen somit eine entscheidende Rolle für den Verlauf der Geschichte, obwohl sie nur kurz auftauchen.

Auch in *Brothers* kommen Tiere in ersten wichtigen Rollen vor. Der Film beginnt mit dem Krähen eines Hahns, der die Brüder weckt (böser Hahn!), und dem Muhen von Kühen, das im Hintergrund zu hören ist. Dieses animalische Sounddesign wird knapp über eine Minute lang beibehalten. Anschließend sind die Brüder zu sehen, wie sie versuchen, die Kühe auf der Weide in Bewegung zu bringen, sie schreien sich an. Das Vorhaben geht schief, die Kühe befreien sich aus der Umzingelung der Brüder und laufen davon. Der größere Bruder wird dafür von der Mutter oder Oma (nicht ganz klar) in die Ecke gestellt, weil er es war, der das Seil der Kuh in der Hand hatte... keine gute Ausgangslage für den darauffolgenden Ausflug zum Schießen in den Wald, der eine dramatische Wendung nimmt!

Diese frühen Filme von Eggers nutzen Küken und Kühe also nicht nur als Elemente der Handlung, sondern als (in)direkte Vorboten des kommenden Unheils.

Tier-Trio in *The Witch*

In Eggers' erstem Spielfilm *The Witch* kommen drei Tiere vor, die eine unterschwellige Bedrohung darstellen und eine erhebliche Rolle in der Geschichte spielen. Zunächst trägt der immer wieder gezeigte Hase im Umfeld des puritanischen Bauernhauses zu einer unheimlichen Atmosphäre bei und lockt die Protagonisten ins Verderben. Er dient nicht nur als Hinweis auf die omnipräsente Hexe – eine Idee, die im puritanischen Glauben verankert ist, der besagt, dass Hexen die Fähigkeit zur Gestaltwandlung haben und unter anderem die Form eines Hasen annehmen können –, sondern er ist auch ein Symbol für heidnische Fruchtbarkeit und sinnliche Begierde. Diese doppelte Symbolik spiegelt sich in der Handlung wider, insbesondere in Bezug auf die Figuren Caleb und Thomasin. Ihre erwachende Sexualität, die in einer puritanischen Familie als gefährlich und sündhaft angesehen wird, ist durch die Anwesenheit des Hasen symbolisch dargestellt. Besonders prägnant ist die Szene, in der Caleb dem Tier in den Wald folgt, was ihn direkt in die ›Klauen‹ der Hexe führt, die die Gestalt einer verführerischen jungen Frau angenommen hat. Diese Begegnung markiert einen Wendepunkt für Caleb, dessen Unschuld und Neugier ihn in ein schreckliches Schicksal führen. Der Hase als ein Sinnbild für die Versuchung der Lust und die Gefahren der Sexualität verleiht dem Film dadurch eine zusätzliche Ebene der Bedeutung, die zeigt, wie tiefgreifend die Angst vor und die Auseinandersetzung mit Sexualität und Sünde in der puritanischen Gesellschaft verwurzelt waren. Im Film wird der Hase damit zu einem mächtigen Symbol, das sowohl die ständige Bedrohung durch das externe Böse als auch die inneren Konflikte der Charaktere, geprägt von ihrer strengen religiösen Erziehung, widerspiegelt.

Das zweite Tier, das in *The Witch* eine Schlüsselrolle spielt, ist der Rabe. Eine besonders eindringliche Szene zeigt die Mutter, die sich entblößt und zulässt, dass ein Rabe an ihren Brüsten pickt, bis Blut fließt. Ob diese Szene einen Alptraum oder eine tatsächliche nächtliche Begebenheit unter dem Einfluss der Hexe darstellt, bleibt der Interpretation des Zuschauers überlassen. Die Wahl des Raben als Motiv ist jedoch keinesfalls zufällig. In historischen Kontexten wird dieser Vogel oft als Begleiter von Hexen und als Omen des Todes gesehen. Diese Assoziation rührt teilweise daher, dass ein Rabe in der Nähe einer Frau früher als Zeichen ihrer Verhexung galt. Ebenso wurde das Tier aufgrund seiner Affinität zu Aas mit dem Tod in Verbindung gebracht und als schlechtes Vorzeichen angesehen. Es war sogar üblich, zum Schutz vor Unglück tote Raben oder Krähen an Haustüren zu nageln. Im Film symbolisiert der Rabe, der an den Brüsten der Mutter pickt, das bösartige Unheil, das sich von der Familie ernährt. Die Mutter, die sich dem Vogel hingibt, verkörpert den extremen, fanatischen Glauben der Eltern, der sie unwissentlich in die Fänge der Hexe treibt. Diese nutzt die Gelegenheit und verarbeitet das Neugeborene gleich einmal zu Hexensalbe. Diese Darstellung des Raben als Metapher für das Unheil, das sich in der Familie ausbreitet, verstärkt die düstere und bedrohliche Stimmung des Films und verdeutlicht die verzweifelte Situation, in der sich die Familie befindet.

Das dritte Tier in *The Witch*, dem eine besondere Rolle zukommt, ist der schwarze Ziegenbock (Black Phillip) als Verkörperung des Teufels. Der Ziegenbock steht in der späteren Tradition tatsächlich für Unkeuschheit und den Teufel, jedoch vor allem in Europa und nicht so sehr im puritanischen Neuengland. Hier nimmt sich Eggers ein paar historische Freiheiten für eine bessere Dramaturgie heraus. Malcolm Gaskill, Professor für frühneuzeitliche Geschichte an der University of East Anglia in Norwich, liefert eine mögliche Erklärung dafür, wieso es zum Symbol des teuflischen Ziegenbocks in Europa kam: »I guess the goat-devil features so prominently in European iconography because of the horns and weird eyes, but also because of the association with predatory sexual potency and energy.« (Bloomer 2016) Der Ziegenbock im Film fällt nicht nur aus dem Rahmen, weil er schwarz ist, sondern auch, weil er sich stets unruhig verhält und gerne Macht demonstrierend durch die Gegend springt. Seine Anwesenheit führt dadurch zu einem gewissen Unbehagen beim Zuschauer, das dann kulminiert, wenn das Tier plötzlich anfängt, Thomasin anzusprechen. Und die Verwandlung des Ziegenbocks in eine menschliche Person am Ende des Films lässt ihn endgültig zur Kultfigur werden. Er ist es auch, der den Vater mit seinen Hörnern tötet und Thomasin schließlich die »Freiheit« als Hexe schenkt. Eggers greift hier visuell auf einige Abbildungen von schwarzen Ziegenböcken in Gemälden von Francisco Goya zurück (vor allem *Hexensabbat* [1798] und *Aquelarre* [1821–1823]), die die Inkarnation des Teufels bei einem Hexensabbat darstellen und dort die Hexen um sich versammeln. Auch Black Phillip ist am Ende beim finalen Teufelstanz der Hexen im Wald dabei, steht genüsslich neben den wild in der Luft fliegenden nackten Frauen. Diese Anwesenheit des Ziegenbocks erinnert eben stark an *Aquelarre*, bei dem Satan in Gestalt eines Ziegenbocks als Silhouette im Mondlicht über einen Hexenzirkel voller Frauen wacht. (vgl. Gmelch 2022) »In European engravings and painting[s] that depict the witches' sabbath – that is, the remote meetings where witches were supposed to gather to pay homage to Satan – the devil is often depicted as a goat or a goat-like man«, erklärt Gaskill. (Bloomer 2016) Genau dieses Motiv hat sich Eggers zu eigen gemacht.

Böse Möwen in *The Lighthouse*

Im Gegensatz zu *The Witch* setzt Eggers in *The Lighthouse* nicht auf eine Vielzahl an Tieren. Statt sich auf drei verschiedene Tiere als Leitmotive zu konzentrieren, fokussiert er sich diesmal voll und ganz auf eines, und zwar Möwen. Diese Seevögel bringen den beiden Leuchtturmwärtern das Unheil. Wieso das so ist, wird gleich in der ersten Hälfte des Films von dem alten Wärter Wake erklärt: Wenn man eine Möwe töte, bringe dies Tod und Verderben über einen, da die Tiere die Seelen toter Seefahrer in sich tragen würden.[1] Als der junge Wärter

1 Die Inspiration zu Wakes Erklärung, eine Möwe zu töten bringe Unglück, geht auf den britischen Romantik-Dichter Samuel Taylor Coleridge (1772–1834) zurück. Er

Winslow die einäugige Möwe, die ihn seit seiner Ankunft auf der Insel nervt, in einem Wutanfall umbringt, besiegelt er damit das unglückliche Schicksal der Protagonisten, welches sie sogleich in Form eines erbarmungslosen Sturmes einholt. Die Möwe ist daher ein Schlüsselaspekt des Films, da sie verdeutlicht, wie Klaustrophobie und Paranoia zu Gewalt und einem Abstieg in den Wahnsinn führen können. Die Möwe ist in ihrer Symbolik in etwa vergleichbar mit dem, was der schwarze Bock in *The Witch* ist. Möwen werden als Vögel der See gesehen, die einen besonderen Bezug zur Seefahrt und den Seefahrern haben. Wie Wake Winslow/Howard erklärt, glaubt man, dass sie als deren verkörperte Seelen sowohl als Helfer in Seenot als auch als Rächer auftreten können. Im Fall von Eggers' Film nehmen sie hier die Rolle des Rächers ein. Wenn man sich meiner Interpretation des Films anschließt, dann ergibt das Verhalten der einäugigen Möwe besonders viel Sinn.[2] Sie birgt die Seele des verstorbenen zweiten Leuchtturmwärters (alias Winslow). Dieser sucht nun Howard heim, der den Tod mit verschuldet hat. Ihre Aufgabe ist es, ihn zu ärgern und an die Tat zu erinnern. Mal stellt sie sich ihm demonstrativ in den Weg, mal klopft

---

war Teil der Lake Poets (einer Gruppe englischer Lyriker aus dem Lake District); die Ballade *The Rime of the Ancient Mariner* (1798, dt. *Der alte Seefahrer*) gehörte zu seinen bekanntesten Werken. In ihr erzählt ein alter Seemann einem jüngeren sein letztes Seefahrtabenteuer, bei der die Tötung eines Albatros für die gesamte Besatzung eines Schiffes eine Katastrophe bedeutete und der Seemann gezwungen war, den toten Albatros als Zeichen seiner Schuld um den Hals zu tragen.

2 Die Interpretation des Autors lautet: Thomas Howard (so der eigentliche Name des Lehrlings) und Ephraim Winslow befinden sich beide als Leuchtturmwärter auf der Insel. Howard verschuldet den Tod von Winslow (eventuell fällt dieser vom Leuchtturm, darauf deutet eine Szene, in der Howard sich selbst auf dem Leuchtturm liegen sieht, verzweifelt und in Tränen). Er bleibt alleine zurück, Schuld und Kummer zerfressen ihn. Die einäugige Möwe stellt die »Wiedergeburt« der Seele von Winslow da. Als Howard diese tötet, löst dies einen fatalen Sturm in seinem Geist aus und er dreht völlig durch. Wake existiert nur in seiner Einbildungskraft, er ist sozusagen das Unterbewusstsein, welches Howard vor der grausamen Wahrheit beschützen möchte (nur er darf ans »Licht«). Howard will den Tod Winslows von sich weisen und erfindet deshalb die Geschichte rund um den Holzfäller. Der Tod ist umso frustrierender für ihn, als er sich zu Winslow sexuell hingezogen fühlte. Wenn er es schließlich in den Turm schafft, dann wird ihm im allwissenden Licht klar, was er tatsächlich getan hat und dass der Tod Winslows seine Schuld war. Seine Erkenntnis mündet in einem verzweifelten, monströsen Schrei, der akustisch von der Tonspur verzerrt wird und dadurch noch eindringlicher wirkt.

sie absichtlich an die Fensterscheibe. Die Möwe ist wie das Unterbewusstsein von Howard, welches sich verzweifelt melden möchte. In diesem Sinne ist die Möwe auch eine Verkörperung der Freiheit, nach welcher er sich sehnt. Wenn er die Möwe jedoch schließlich tötet, dann tötet er damit auch die letzte Hoffnung, seine Tat verarbeiten zu können und damit die innere Freiheit wieder zu erlangen. Was folgt, ist eine physische wie psychische Verwüstung. Unheil und Unbehagen, welche die Möwen verkörpern, entstehen auch durch deren dominante Präsenz in der Überzahl. Am Ende des Films füllen sie Himmel und Erde, kreischen wild und zerpflücken die Leber des leidenden Winslow/Howard. Der Sieg der Möwen über den Menschen ist hier mehr als deutlich und lässt den Zuschauer mit einem mulmigen, unsicheren Gefühl zurück. Der Mensch ist ein vergängliches Wesen; der Möwenschwarm hingegen, diese Königsvögel der Meere, sind dauerhaft. Niemand wird sie bezwingen können.

Eine kurzes Zwischenfazit: Eggers setzt die Einbindung von Tieren in seinen Filmen als Mittel ein, um zusätzliches Unbehagen zu erzeugen. Diese Tiere sind weit mehr als nur Hintergrundelemente; sie spielen eine zentrale Rolle in der Dramaturgie und im Narrativ seiner Werke. Als wiederkehrendes Leitmotiv tragen sie maßgeblich zur Verstärkung der unheimlichen, bedrohlichen Atmosphäre bei, die für Eggers' Filme so charakteristisch ist.

Die Anwesenheit dieser »bösartigen« und gefährlichen Tiere bezieht sich aber nicht nur auf den Plot und die Protagonisten, sondern auch direkt auf den Zuschauer. Eggers' Inszenierung hebt nämlich die Entfremdung des Menschen gegenüber dem Tier hervor – vor allem der jüngeren Generation der Zuschauer, die ausschließlich in Städten aufgewachsen ist, fernab von Tieren und der Natur. Für sie haben diese »wilden« Geschöpfe etwas Geheimnisvolles, Rudimentäres, Altertümliches, ja vielleicht sogar Bedrohliches. In dem Einführungsgespräch dieses Sammelbandes erklärte Jarin Blaschke, der Stammkameramann von Robert Eggers, dazu ganz passend: »Es ist viel ursprünglicher. Man bringt die Natur und die Tiere ins Spiel. Es ist das Unbekannte. Man versteht sie nicht wirklich. Und obwohl sie ein Teil unseres Lebens sind, kennen wir sie nicht. [...] ich denke, für Rob [Robert Eggers] hat es wahrscheinlich etwas damit zu tun, dass er zu etwas ursprünglich Unbekanntem vordringt und die Natur als Magie sieht. Tiere könnten genau das repräsentieren.« Das Unwohlsein entsteht beim Zuschauer aus der Tatsache heraus, dass er mit diesen wilden Tieren aus seiner Vergangenheit konfrontiert wird und deren Verhalten nie ganz nachvollziehen kann. Der Zuschauer hat es bei Eggers auch immer mit einer beseelten Natur bzw. einem denkenden Tier zu tun, das er weder ausbeuten noch als kuschelige Harmlosigkeit (be-)nutzen kann. Das Tier hat seine ganz eigenen (finsteren) Pläne. Durch diesen Kontrollverlust wird die selbsternannte ›Krönung der Schöpfung‹ in ihren Grundfesten erschüttert. Das Tier bleibt dem Zuschauer ein Rätsel. In seinem modernen Alltagsleben zwischen öffentlichen Verkehrsmitteln, Autos, Büroarbeit, Routine, Shoppen usw. haben solche archaischen Tiere keinen Platz mehr. Die einzigen Wegbegleiter sind »gezähmte« Haustiere, Hunde und Katzen. »If you're a part of this urban intelligentsia, you're not around animals all the time the way people were in the past. So animals become a part of the folklore. The folklore and the mythology comes out of the characters – but there are also the animals«, weist Eggers darauf hin und liefert dabei gleich einen Baustein für eine weitere Interpretation seiner Tiersymbolik (Ifeanyi 2019). Denn Tiere in den Filmen verankern die erzählte Geschichte in der Tat auch immer ein Stück weit in der Mythologie. Damit wären wir auch schon bei unserem zweiten Punkt angelangt.

II – Tiere als Teil der Mythologie

Stichwort: Mythologie. Das mag nämlich der allumgreifende Schlüssel zu Eggers' Tiersymbolik und -motivik sein. Bei den Art-Horror-Filmen *The Witch* und *The Lighthouse* waren die Tiere einerseits Unheilbringer, aber andererseits haben sie die Mythologie des Films auch erst entstehen lassen. Diese beiden Filme, die märchenhafte Züge tragen – ähnlich wie Eggers' Kurzfilm *Hansel & Gretel* –, schöpfen aus Sagenwelten und volkstümlichen Überlieferungen. Sie greifen auf die symbolträchtigen Rollen von Tieren zurück, wie dem Hasen oder dem Raben. Diese mythologische Verankerung der Tierfiguren in Eggers' Filmen bereichert die symbolische Ebene der Geschichten. Indem der Filmemacher auf die reiche Tradition sagenhafter Tierdarstellungen zurückgreift, verleiht er seinen Werken eine zusätzliche Dimension, die sie sowohl zeitlos als auch kulturell resonant macht. Eggers erklärt sein Vorgehen: »If you're not afraid of seagulls and ravens, you're kind of foolish. But I don't have a bird phobia. It's just that the raven is part of *The Witch*'s mythology and the seabirds are part of this [*The Lighthouse*'s] mythology. In other traditions, a raven is a positive animal. With *The Lighthouse*, Samuel Taylor Coleridge certainly helped us out with his albatross. But I didn't know that the reason you're not supposed to kill a seabird is because [they contain] the souls of sailors which were lost at sea.« (Caffrey 2019) Passten die Tiere in den ersten beiden Spielfilmen noch in die Mythologie der Geschichten als Vorboten des Unheils, so ist dies bei *The Northman* anders. Hier sind die Tiere wieder ein äußerst wichtiger Teil der Mythologie, aber diesmal sind sie im Gegenteil positive Elemente, mehr Hoffnungsträger als Unheil und Bedrohung. Drei Tiere tauchen im Film immer wieder auf: Raben, Füchse und Wölfe (bzw. Bären).

Raben in *The Northman* haben eine andere Funktion als noch in *The Witch*, beide Male sind sie jedoch Teil der Stimmung des Films, gehören in dessen Welt. Als Unheil bei letzterem und als Beschützer und Wegweiser in ersterem. Gleich die zweite Einstellung im *Northman* zeigt zwei Raben, die im Meereswind fliegen. Damit werden sie zu Beginn als wichtiges Leitmotiv eingeführt. Bei den Vögeln, die die Schiffe von König Aurvandil zurück nach Hause führen bzw. begleiten, handelt es sich gleichzeitig um eine Anlehnung an Odins[3] Raben Hugin und Munin, die in die weite Welt hinaus fliegen und ihrem Meister alle Art an Informationen überbringen.

Nach dem Tod des Rabenkönigs Aurvandil, Amleths Vater, sind die Vögel beim Rachefeldzug des Sohns immer wieder im Hintergrund zu hören, ihr Krähen und Krächzen sind Teil des Sounddesigns des Films. Amleths schwarze Begleiter sind nie weit. Nachdem er von seinen Peinigern aufgehängt und gefoltert wurde und schließlich alleine gelassen wird, erscheinen Raben und machen das Seil, das Amleth gefangen hält, mit ihren Schnäbeln locker. Als er endlich frei zu Boden fällt und erschöpft zusammensackt, kümmern sich die Vögel um ihn. Wenn Amleths Schinder etwas später zurückkommen, um ihn ein für alle Mal zu töten, ist dieser nicht mehr da. Stattdessen werden sie in der Folter-

3 Odin ist der Göttervater in der nordischen Mythologie, im Film ist dieser symbolisch gesehen allgegenwärtig, von der Darstellung der Berserker bis zu den Raben, die sich auf den Dächern von Fjölnirs Häusern versammeln. Odin wird auch als »Rabengott« bezeichnet (Kneale 2017).

Scheune von eben diesen Raben überrascht, quasi überfallen – Erinnerungen an die Vogelattacken aus Hitchcocks *Die Vögel* werden hervorgerufen – und sie rennen panisch hinaus. Ein andermal bemerkt Amleth einen Raben, der ihn anzusehen scheint und dabei verführerisch den Kopf dreht. Darin mag er den Geist seines Vaters erkennen, den er rächen möchte. In der keltischen Mythologie wurden Raben in der Tat auch als Quelle der Macht gesehen, da sie zwischen den Welten der Lebenden und der Toten wandeln konnten und daher oft als Boten zwischen den beiden Welten dargestellt werden. (Kneale 2017) Eggers übernimmt diese Deutung. An einer Stelle im Film flüstert Königin Gudrún, Amleths Mutter, ihrem Fjölnir entlarvend ins Ohr: »The progeny of Aurvandil lives still. I fear he was led here be the raven-spirit of your dead brother.«

Auch ein (Polar-)Fuchs spielt in Amleths Racheepos eine entscheidende Rolle. Ihm fällt das Tier zum ersten Mal im Lager von Fjölnir auf, in das er sich als Sklave hineingeschlichen hat. Der Fuchs ist blau (»blue fox«) und reißt nachts ein paar Hühner. Wenig später im Film folgt Amleth dem Tier nachts aus dem Lager hinaus in die hügelige Wildnis. Dabei werden sie wieder von Raben begleitet. Der Fuchs bringt ihn zu einem Zauberer, der Amleth den »Weg« zu seiner neuen Waffe – dem magischen Schwert Draugr – zeigt. Mit diesem wird er später das Lager terrorisieren und am Ende des Films gegen Fjölnir kämpfen. Dank gilt dem Fuchs! Ein andermal stimmt Amleth nachts in das Heulen des Tieres ein; gemeinsam, vereint, schreien sie in die Dunkelheit. Daraufhin greift Rakki, Fjölnirs Hund, seinen Meister an, der ihn notgedrungen töten muss – auch alle anderen Hunde im Dorf werfen sich auf ihre Besitzer. Wieso aber nun einen Fuchs als Symbol wählen? Das Tier ist eng mit der nordischen Mythologie verbunden. Schon in germanischen Volkserzählungen wurde oft davon berichtet, dass der Fuchs, durch seine besondere Schläue, verirrte Wanderer oder Reisende wieder sicher auf den rechten Weg geführt habe. Ganz wie Amleth, der durch den Fuchs seinem Ziel einen Schritt näherkommt – und sich davon eben nicht entfernt. Und in der nordischen Mythologie ist ein Fylgja ein übernatürliches Wesen oder ein Geist, der eine Person in Verbindung mit ihrem Schicksal oder Glück begleitet. Mehrfach wird das Wesen durch einen Fuchs symbolisiert. (Jones 2022) Auch dies passt zum Film. Der blaue (!) Fuchs wiederum ist ein Grundpfeiler der isländischen Folklore – und zweifellos eine

Anspielung von Eggers' Co-Autor Sjón, dem isländischen Dichter, der ein mythenbeeinflusstes Buch mit dem Titel *The Blue Fox* (2003) geschrieben hat.

Nicht zuletzt dienen Wolf und Bär als Leitmotive. Beide werden hier in einem Zug genannt, da sie für ein und dasselbe stehen: Amleths Kampfeslust und blutrünstige Rache. Viele Jahre nach der Ermordung seines Vaters ist aus Amleth ein kräftiger Krieger geworden, der mit einer Berserker-Bande plündernd durch das Land der Rus (Wikinger) zieht. Vor dem nächsten Kampf jaulen die Krieger wie Wölfe um ein Lagerfeuer herum. Der vermeintliche Anführer brummt einen Text dazu, der Amleths animalischen Zustand zwischen Wolf und Bär widerspiegelt: »Your bear minds burn in the bodies of men. Sons of the wolf Fenrir break free from your flesh. Wolves will howl in the storm of Odinn. Warriors will fall as the Bear claw strikes. [...] The Father of War commands us – transform your skin brothers, slaughter-wolves, Berserkers, become your fury!« Nach einem triumphalen Angriff auf ein Rus-Dorf wird Amleth, der wie ein Raubtier wild heulend und beißend im Wolfspelz auf seine Feinde gestürzt ist, nachts indirekt von einem umherstreunenden Wolf in eine Scheune im Ort gelockt, wo ihn eine Seherin erwartet, die ihn als Prinzen erkennt und an sein Versprechen erinnert, seinen Vater zu rächen und seine Mutter, Königin Gudrún, aus den Händen Fjölnirs zu befreien. Ein Versprechen, das er zwischenzeitlich fast vergessen hatte.

Indem Eggers mit den Wolf- und Bärenmotiven spielt, liefert er eine Interpretation der nordischen Kriegstraditionen: Der heute weitläufigere Begriff »Berserker« ist eng mit der nordischen und germanischen Mythologie verknüpft und bezieht sich auf Krieger, die in einem Zustand extremer Wut und Unverwundbarkeit kämpften, entweder als Krieger des Bären (Berserkers) oder als Krieger des Wolfes (Ulfhednar). Erstere gelten als Berserker im eigentlichen Sinne. Sie glaubten, die spirituelle Kraft des Bären in sich zu tragen, was ihnen außergewöhnliche Stärke und Zähigkeit im Kampf verlieh. Es wird angenommen, dass sie Bärenfelle trugen, um sich mit dem Geist des Bären zu verbinden. Die Ulfhednar waren eine andere Art von Kriegern, die dem Wolfgeist verbunden schienen. Sie glaubten, dass sie im Kampf die Kräfte eines Wolfes annahmen. Sie trugen Wolfsfelle und galten als besonders furchtlos und grausam. (Rees 2012) In beiden Fällen spielte der Glaube an die Verbindung mit einem Tiergeist eine zentrale Rolle. Diese Kriegergruppen waren für ihre

Furchtlosigkeit, ihre physische Stärke und ihre Trance-ähnlichen Zustände im Kampf bekannt, was sie zu legendären Figuren in der nordischen Geschichte und Mythologie machte (siehe dazu den Beitrag von Jan Niklas Hochfeldt in diesem Sammelband). Durch die Kombination der Fähigkeiten des Bären- und des Wolfkriegers in Amleths Charakter schafft Eggers im Film eine einzigartige Synthese. Der Bär steht für Stärke, Mut und Zähigkeit, während der Wolf mit Wildheit, Instinkt und unerbittlicher Jagd assoziiert wird. Die spirituelle und moralische Bedeutung dieser Tiere in Amleths Rachefeldzug gegen Fjölnir verleiht seiner Heldenreise eine tiefere Dimension. Sie repräsentieren die verschiedenen Aspekte seiner Persönlichkeit: Der Bär steht für seine Kraft und Entschlossenheit, während der Wolf seine taktische Klugheit und seine Fähigkeit, in einer feindlichen Umgebung zu überleben, symbolisiert. Eggers' Ansatz, Amleth sowohl die Fähigkeiten des Bären- als auch des Wolfkriegers zu verleihen, offenbart eine kreative Interpretation der nordischen Kriegstraditionen. Als Fjölnir den erwachsenen Amleth als Sklaven zum ersten Mal sieht (ohne ihn zu erkennen), nimmt er vor allem den »Bären« in ihm wahr, doch auch den »Wolf« scheint er zu erkennen: »By name alone, you can tell he's as strong as a bear. But if you're as untrustworthy as a wolf I swear I'll put you down myself.« Bei seinem finalen Rachefeldzug, bevor er den Krieger tötet, der ihn als Kind beinahe umgebracht hätte, haucht Amleth diesem zu: »The cub you once hunted ate off your nose. Now, the wolf is grown. He hungers for the rest!«

Literatur und Quellen

Arnold, Frank: Interview mit Robert Eggers über seinen Film »The Witch«. In: *epd Film*, 24. Mai 2016, abgerufen am: 24.01.2024. https://www.epd-film.de/meldungen/2016/interview-mit-robert-eggers-ueber-seinen-film-witch

Bloomer, Jeffrey: Why Are Goats Associated With the Devil, Like Black Phillip in The Witch? In: *Slate*, 26. Februar 2016, abgerufen am: 21.01.2024. https://slate.com/culture/2016/02/goats-and-the -devil-origins-black-phillip-in-the-witch-isnt-alone.html

Brothers. Regie: Robert Eggers. Code Red Productions, Parts and Labor 2015.

Caffrey, Dan: Conversations With Consequence: Filmmaker Robert Eggers. In: *Consequence.net*, Oktober 2019, abgerufen am: 21.01.2024. https://consequence.net/2019/10/conversations-with-consequence-robert-eggers/

CBC Arts: Sorry, Robert Pattinson… the real star of The Lighthouse is a bunch of rare trained seagulls. In: *CBC*, 17. Oktober 2019, abgerufen am: 21.01.2024.

Gmelch, Adrian: Art-Horror. Die Filme von Ari Aster und Robert Eggers. Marburg: Büchner Verlag 2022.

Hansel & Gretel. Regie: Robert Eggers. Palehorse Productions 2008.

Ifeanyi, KC: Why won't that one-eyed seagull leave Robert Pattinson alone? In: *Fast Company*, 19. Oktober 2019, abgerufen am: 21.01.2024. https://www.fastcompany.com/90412880/why-wont-that-one-eyed-seagull-leave-robert-pattinson-alone

Jones, Pollyanna: Understanding the Fylgjur of Norse Mythology. In: *Exemplore*, 03. August 2022, abgerufen am: 21.01.2024. https://exemplore.com/magic/Understanding-the-Fylgjur

Kneale, Alastair: Ravens in Celtic and Norse Mythology. In: *transceltic*, 17. Juni 2017, abgerufen am: 21.01.2024. https://www.transceltic.com/pan-celtic/ravens-celtic-and-norse-mythology

Rees, Owen: Going berserk: The psychology of the Berserkers. In: *Medieval Warfare*, Vol. 2, No. 1, Viking expansion in the eleventh century (2012), S. 23–26.

The Witch – Die Renaissance der *hecse*. Eine kulturhistorische Motivanalyse

Matthias Reismann

Einleitung

Während sich im Kino längst ein modernes Hexenbild etabliert hat, bringt Robert Eggers in *The Witch: A New-England Folktale* (2015) das Sujet der Hexe in einer Ursprünglichkeit zurück, die an Darstellungen Albrecht Dürers oder Hans Baldungs denken lässt. Die Charakteristik des Filmes wird dabei maßgeblich von einer Vielzahl historischer Motive und Bezüge geprägt, die von intensiven Recherchen zeugen und den Zuseher:innen einen Einblick in die Welt der Frühen Neuzeit bieten. Während einige dieser Motive längst Teil des kulturellen Gedächtnisses sind und auf den ersten Blick klar lesbar erscheinen, ist es uns bei zahlreichen anderen, aufgrund unseres gegenwärtigen Weltverständnisses, nicht mehr möglich sie zu entschlüsseln. Was heute abstrakt oder widersprüchlich wirkt, war immanenter Teil der neuzeitlichen Lebensrealität, die wissenschaftliche Erkenntnis, Religion und Magie als rationale Werkzeuge zur Weltbewältigung verstand. Um die ursprüngliche Bedeutung der historischen Motive in *The Witch* zu beleuchten, werden in diesem Beitrag zwei zentrale Hexentraktate herangezogen, die die krude argumentative Logik zeitgenössischer Autoren offenlegen. 1486 erschien mit Heinrich Kramers *Hexenhammer* (lat. *Malleus Maleficarum*) das folgenreichste Werk, das wie sein jüngeres italienisches Pendant *Compendium Maleficarum* (Francesco Maria Guazzo, 1608) die Charakteristik eines Handbuchs zur Hexenverfolgung aufweist.

Während das Sujet der Hexe in der Neuzeit noch untrennbar mit Unheil und dem Teufel verbunden war, ist es heute längst zur Projektionsfläche moderner Vorstellungen avanciert. Genau dies führt zu unterschiedlichen Interpretationen der Handlung von *The Witch* und trägt zur spannenden Vielschichtigkeit des Filmes bei. Dieser Beitrag bietet eine spezifische Lesart von Robert Eggers *The Witch* an, die den Fokus auf die historischen Motive im Film richtet und ihre ursprüngliche Bedeutung mit den Darstellungen im Kontext der Handlung verknüpft.

A New-England Folktale

Bis heute gilt die Stadt Salem im US-Bundesstaat Massachusetts als Synonym für die Geschichte der Hexenverfolgung in Amerika. Nach zahlreichen Literatur- und Filmadaptionen dienten die »Salem Witch Trials« (1692) auch Robert Eggers als historische Referenz für *The Witch*. Mit der zeitlichen Anberaumung der Handlung des Filmes tritt Eggers einem hartnäckigen Missverständnis entgegen, das den Höhepunkt der Hexenverfolgungen fälschlicherweise im vermeintlich finsteren Mittelalter verortet und nicht, wie tatsächlich, in der Neuzeit mit absoluten Verfolgungsspitzen um 1680 (Behringer 2020, S. 36).

Der östliche Küstenteil zwischen den Bundesstaaten Connecticut im Süden und Maine im Norden stellt den Ursprung der britischen Besiedelung Nordamerikas im 17. Jahrhundert dar. Im Rahmen der »Great Migration« besiedelten britische Puritaner, die größtenteils vor religiöser Verfolgung in Europa flohen, die neu erschlossenen Gebiete und gründeten 1626, nördlich von Boston, die Stadt Salem. Begleitet wurde die Erschließung und Urbarmachung des Gebiets von häufigen Auseinandersetzungen zwischen den sogenannten Pilgervätern und den ansässigen Native Americans. Auf ein Beispiel für friedliches Zusammenleben, das in *The Witch* aufgegriffen wird, verweist Marion Gibson in ihrem Werk *Witchcraft*: »As in Virginia seventy years before, Salem villagers greatly feared conflict with local Native Americans, although the Naumkeag band of the Massachusetts people who lived around Salem were peaceable neighbours« (Gibson 2023, S. 116). Nach einem Konflikt um die richtige Lebensweise und Auslegung der Schrift, verlässt William mit seiner Familie die puritanische Siedlung. Aus der rückwärtsgewandten Perspektive der sich entfernenden Familie sind innerhalb der Siedlungsbefestigung für einen Moment Native Americans zu sehen, bevor sich die Tore endgültig schließen.

Maßgeblich geprägt wurden die sozialen Strukturen der Siedlungen von der fundamentalistischen Weltanschauung der Puritaner, die sich auf den Calvinismus unter dem Ausschluss aller römisch-katholischen Anteile der Lehre bezog und ausnahmslos alle Bereiche des Lebens durchdrang. Bernd Roeck weist in *Der Morgen der Welt* auf die Gründe für die Kompatibilität von Calvinismus und Neuzeit hin. »Der Welterfolg des Calvinismus hatte damit zu tun, daß seine Lehren gegen die Unwägbarkeiten und Bedrohungen, die mit der heraufziehenden Neuzeit kamen, einen übermächtigen Gott zu mobilisieren vermochten. Calvins Gott war größer als selbst das Abstraktum Platons und hatte dennoch individuelle Schicksale im Blick« (Roeck 2017, S. 776). Den Mittelpunkt dieses theologischen Konzepts bildet die Prädestinationslehre, die von einer Vorherbestimmung ausgeht, wobei sich Gläubige bis zum Zeitpunkt ihres Todes darüber im Unklaren befinden, ob sie von Gott erlöst oder ewig verdammt werden. Auch William kann Caleb seine quälende Angst vor der Hölle nicht nehmen, als dieser ihn im Wald auf dem Weg zu den Tierfallen nach seinem eigenen und Samuels Seelenheil fragt. Im Gegensatz dazu zeugen Calebs präzise einstudierte Antworten auf die Fragen seines Vaters von einer strikten wörtlichen Auslegung der Schrift (sola scriptura), wie sie in der puritanischen Praxis vorgesehen war.

Eggers zeichnet in *The Witch* das bäuerliche Leben einer, von der Gesellschaft ausgeschlossenen, puritanischen Familie nach, deren Existenz maßgeblich von den Lebensumständen der Frühen Neuzeit bestimmt wird. Klimatisch ungünstige Bedingungen (Kleine Eiszeit), die ihren Höhepunkt in einem anhaltenden Temperatursturz am Übergang vom 16. zum 17. Jahrhundert erreichten, Viehsterben, Ernteausfälle und die daraus folgende Lebensmittelknappheit prägten die Epoche. Wissenschaftlichen Fortschritt, Religion, Magie- und Aberglaube begriff man als äquivalente Mittel zur Weltbewältigung.

Die gesellschaftliche Rolle der Frau stützt sich dabei auf die Überbetonung ihrer Unterlegenheit gegenüber dem Mann, die der patriarchalen Bibelrezeption des Mittelalters entspringt und am Höhepunkt der Hexenverfolgungen zur Höchstform aufläuft.

femina

»Wiederum [ist sie] bitterer als der Tod, weil der körperliche Tod ein offener und schrecklicher Feind ist, die Frau aber ein heimlicher, sich einschmeichelnder Feind« (Kramer 2011, S. 237).

Dass die Hexenverfolgungen der Neuzeit von bemerkenswerter Misogynie zeugen, obwohl ebenso Männer angeklagt und verurteilt wurden, ist keine neue Erkenntnis. Allerdings schien »das Weibliche« die ergiebigere Projektionsfläche gewesen zu sein. Das Fundament dazu boten Auszüge der theologischen Lehrmeinung des Mittelalters, die die untergeordnete Rolle der Frau gegenüber dem Mann besonders betonten. Der Mann wurde als das Haupt der Frau (vir caput mulieris) dargestellt, was in der scholastischen Tradition mit Thomas von Aquin gipfelte, der die Frau als etwas Mangelhaftes, Zufälliges und Passives bezeichnete und ihre Daseinsberechtigung in der Rolle der Gehilfin des Mannes sah (Becker et al. 1977, S. 20).

In *The Witch* steht ebenfalls eine weibliche Protagonistin im Zentrum aller Anschuldigungen. Als Thomasin mit Caleb am Fluss ist, um die Kleidung ihres Vaters zu waschen, erhascht der Junge einen Blick auf das Dekolleté der Schwester. Obwohl er der Versuchung hinzusehen nicht widerstehen kann, wendet er seinen Blick, als Thomasin dies bemerkt, schnell wieder ab. Einerseits deutet dieses Bild auf Calebs aufkeimende Sexualität als sündhaften Trieb im Kontext des fundamentalistisch puritanischen Weltbildes hin, andererseits verweist es auf die im Mittelalter und in der Neuzeit unter Klerikern weit verbreitete Vorstellung, die Frau wäre in ihrem Wesen generell sinnlicher und zügelloser als der Mann, was sie zur personifizierten sexuellen Verführung werden ließ. So wird auch Caleb unter sirenenartigen Gesängen von der lasziv wirkenden Hexe mit üppigem Dekolleté und mithilfe der Gestalt eines Hasen immer weiter zu sich in den Wald gelockt, wo sie ihn schließlich küsst. Der Dominikaner und Inquisitor Heinrich Kramer (Institoris) verortete sogar die Fähigkeit zur Hexerei an sich in der Unersättlichkeit der fleischlichen Lust der Frau (Levack 2020, S. 135). Im *Malleus Maleficarum* versuchte er sein Theorem pseudoetymologisch zu untermauern. Den Begriff ›femina‹ (Frau) leitete er dabei aus der Zusammensetzung der lateinischen Begriffe ›fides‹ (Glaube) und ›minus‹ (weniger) her. Aufgrund ihres weiblichen Geschlechts sei die Frau moralisch ungefestigter, schwächer im Glauben und demnach anfälliger für die Verführung durch den Teufel (Kramer 2011, S. 21). Damit war die krude Idee der Frau als lasterhafte Verführerin und zugleich schwache Verführbare vollkommen.

Dem Motiv der Verführung des Mannes durch die Frau liegt ein archetypisches Ereignis biblischen Ursprungs zugrunde, auf das in *The Witch* mit dem Symbol des Apfels eingegangen wird – der Sündenfall. In der Schöpfungsgeschichte wird Eva im Garten Eden von der Schlange dazu verleitet, von den verbotenen Früchten des Baumes der Erkenntnis zu essen und sie gibt auch Adam davon. »Da sprach Gott der Herr zu der Frau: Warum hast du das getan? Die Frau antwortete: Die Schlange hat mich verführt; da habe ich gegessen!« (Gen 3, 13). Die Schlange wird zumeist, wie auch im *Katechismus der katholischen Kirche*, mit dem Teufel als Verführer assoziiert (Metzger 2012, S. 88). Obwohl im Buch Genesis die Frucht des Baumes der Erkenntnis nicht näher benannt wird, wird sie in der christlichen Ikonographie häufig als Apfel dargestellt, was an der Doppeldeutigkeit des lateinischen Begriffes ›malum‹ (Apfel/Übel) liegen mag. So wurde er zum bezeichnenden Symbol für den Sündenfall, der Trennung der Menschen von Gott durch die Vertreibung aus dem Paradies und folglich auch für die Erbsünde. Kurz vor seinem Tod, als Caleb von Krämpfen und Visionen geplagt wird, würgt er einen Apfel hoch, der als Indiz für seine Verführung durch die Hexe und die daraus entstandene Schuld gedeutet werden kann. Dieser Verführung nicht widerstanden zu haben, ruft in Caleb ein Schuldbewusstsein hervor, dessen Ursprung naheliegenderweise in seiner puritanischen Sozialisation zu suchen ist.

Religiöser Wahn

Visionen, Wahnvorstellungen, Besessenheit und vor allem Exorzismen sind gegenwärtig immer noch fester Bestandteil des christlichen Glaubensspektrums und werden im Horrorgenre laufend thematisiert. Aufgrund seiner Sozialisation ist Calebs Angst vor Lasterhaftigkeit und Hölle, die in dem Gespräch mit seinem Vater im Wald deutlich wird, omnipräsent. Trotzdem äußert er Zweifel am Konstrukt der Erbsünde, die ihm und Samuel anhaften soll. Williams Erklärungsversuche zeugen von manifesten fundamentalistischen Überzeugungen, die die Komplexität des Daseins durch vorgefertigte Phrasen zu beantworten versuchen, nicht aber die tiefsitzenden Schuldgefühle und Ängste seines Sohnes lindern. Nach seiner plötzlichen Rückkehr aus den Fängen der Hexe plagen Caleb Krämpfe, epileptische Zuckungen und Visionen, die unwillkürlich an die Symptome einer Besessenheit denken lassen. Mercy beschuldigt Thomasin daran schuld zu sein, dass der Teufel in Caleb gefahren wäre, weil sie eine Hexe sei. Grund für seinen Zustand dürfte allerdings der Kuss der Hexe sein. Der katholische Theologe und Satanologe Josef Dvořák verweist in seinem Standardwerk *Satanismus* auf die historische Deutung solcher Symptome. »Epileptische Anfälle wurden seit je als religiöse Ausnahmezustände interpretiert (Epilepsie ist ›morbus sacer‹, die ›heilige Krankheit‹) und – wegen der nach dem Anfall auftretenden Schuldgefühle – mit Kriminalität in Verbindung gebracht« (Dvořák 2001, S. 223). Den Begriff Kriminalität kann man in Calebs Fall durch Sünde ersetzen, die Verführbarkeit meint. Der Wiener Psychoanalytiker Wilhelm Stekel führte 1908 für von ihm behandelte Neurotiker mit derartigen Anfällen die Termini »Hysteroepileptiker« bzw. »Pseudoepilepsie« ins Feld, wobei er sich auf Alfred Adlers »Sicherungstendenzen« bezog. Im Anfall, so Adler, überwältige das kriminelle Unbewusste das moralische Bewusste, wobei der Anfall selbst ein Verbrechen – oder einen Sexualakt, der ein Verbrechen sein könne – ersetze. Nach Stekel löse häufig die Angst vor der Strafe Gottes hysteroepileptische Anfälle aus und symbolisiere Schuld, Strafe und Sterben. Bei allen von ihm behandelten Fällen von Pseudoepilepsie wies er einen stark ausgeprägten, gefühlsbetonten religiösen Komplex nach (Dvořák 2001, S. 225 f.).

Um Caleb vor Besessenheit und Tod zu retten, versammelt sich die Familie um sein Krankenlager und betet gemeinsam für ihn. Neben dem Psalm 23 (Hirtenpsalm) wird in dieser Szene auch das Vaterunser gebetet, das einen Exorzismus (»Herausbeschwörung« – »und erlöse uns von dem Bösen«) beinhaltet. Auch die Zwillinge scheinen während Calebs Dahinscheiden Anzeichen von Besessenheit aufzuweisen, was sich allerdings schnell als Vortäuschung herausstellt, als William droht, Jonas zu erschlagen und dabei auf die biblische Geschichte um Abraham verweist, der aus Gottesfurcht dazu bereit gewesen wäre, seinen einzigen Sohn Isaak zu opfern. Kurz vor seinem Tod bekennt Caleb in verändertem Geisteszustand plötzlich seine Liebe zu Christus, was als Verweis auf die Überlegenheit Gottes gegenüber dem Teufel verstanden werden kann, da letzterer im christlichen Verständnis auch nur ein Geschöpf ist und nichts gegen den Willen Gottes bewirken kann (Metzger 2012, S. 89). Ebenso verweist Calebs deliriöses Bekenntnis auf die alttestamentarische Figur Kaleb, die sich bei der Erkundung Kanaans durch besonderes Gottvertrauen hervortat. Besonders in den Hexenprozessen von Salem stellten sogenannte spektrale Beweise (Träume, Visionen) eine ausreichende und folgenschwere Grundlage für Anklagen dar (Schnurr 2022, S. 121).

Schadenzauber

Symptomatisch für die Lebensbedingungen der Familie in *The Witch*, ist der Ausfall der Ernte. Bei der Begutachtung des Maisfeldes bemerkt William, dass die gesamte Frucht verdorben ist. Schuld daran sind schlechtes Wetter, unfruchtbarer Boden sowie der Verdacht, der Ort selbst wäre verflucht. Wie in *The Witch* wurde in der Neuzeit die Frage nach den Gründen für bedrohliche Lebensbedingungen oft mit Aberglaube beantwortet, der allzu oft Hexen und deren Schadenzauber dafür verantwortlich machte. Befeuert wurde dieser Aspekt vor allem durch die Überbetonung des Schadenzaubers (maleficium) im *Hexenhammer*. Bereits in der, dem Traktat vorangestellten, päpstlichen Bulle *Summis desiderantes affectibus* (›In unserem sehnlichsten Wunsche‹) wird die Gewichtung dieses Motivs deutlich: »Jüngst ist uns nicht ohne außerordentliche Betrübnis zu Gehör gelangt, daß [...] Personen beiderlei Geschlechts ihr eigenes Seelenheil missachten und vom christlichen Glauben abweichend durch ihre Zaubersprüche, [Zauber]gesänge und durch Beschwörungen [...] die Geburten der Frauen, die Brut der Tiere, die Feldfrüchte, Männer, Frauen, Lasttiere, Weiden, Getreide und andere Früchte der Erde verderben, ersticken und zugrunde richten« (Kramer 2011, S. 102). In Analogie dazu lassen sich auch im Kontext von *The Witch* verschiedene Ursachen für den Ernteausfall in Betracht ziehen. Außer den naheliegenden Natureinflüssen käme auch das Werk der Hexe infrage, die, nach Kramer, durch einen Pakt mit dem Teufel von diesem dazu befähigt worden wäre, Ernten durch Schadenzauber zu vernichten. Neben dem allgemein bekannten »Hexenschuss« sind es vor allem das Zusammenbrauen von Winden und Wolken, die die Ernte durch Hagel und Blitze schädigen, und das Herbeiführen von Unfruchtbarkeit bei Menschen und Nutztieren, die unter dem Sammelbegriff »Schadenzauber« Eingang in zahlreiche Hexentraktate gefunden haben.

In diesem Zusammenhang stehen auch zwei, auf den ersten Blick rätselhafte, Szenen im Ziegenstall. Nachdem Caleb von seiner Begegnung mit der Hexe im Wald nackt und völlig geschwächt zurückgekehrt ist, sperrt William seine anderen drei Kinder in den Stall. In der Nacht sind es die Zwillinge, die die Hexe plötzlich beim Melken der Ziege entdecken. Hinter dieser Szene, die als Effekthascherei missverstanden werden könnte, verbirgt sich das vermeintliche »maleficium« des Milchdiebstahls. Dabei kann eine Hexe den Milchfluss eines Nutztieres angeblich hemmen oder mit einem Melkeimer zwischen ihren Beinen an einem beliebigen Ort ein Werkzeug oder Messer in die Wand stecken, aus dem nach der Anrufung des Teufels die Milch einer zuvor auserwählten Kuh fließt. »Was vom Diebstahl der Milch zu halten ist? Wenn nach der Weise gefragt wird, in der sie das zu bewirken vermögen, so kann man antworten, daß, [...] die Milch bei jedem beliebigen Tier nach der Natur des Menstruationsblutes ist, sowie auch anderer Ausfluß bei der Frau, wenn ein solcher Ausfluß nicht infolge irgendeiner Krankheit, entweder aus der Anlage der Natur oder infolge einer akzidenziellen Krankheit gehemmt wird, dann wird er [der Ausfluss] bisweilen durch Schadenzauber gehemmt oder aufgehoben« (Kramer 2011, S. 483f.). Bemerkenswert ist der Vergleich von Milch und Menstruationsblut, der auf den Theologen Albertus Magnus zurückgeht. In ihrer Gestaltung weist die Szene, in der Thomasin, unter den Anschuldigungen der Zwillinge, die Ziege im Stall melkt und Blut anstatt Milch aus deren Zitzen kommt, eine frappante Ähnlichkeit mit dem Zitat Kramers auf.

Symbole und Tierverwandlungen

Tiere waren seit jeher in allen Kulturkreisen Projektionsflächen und Symbole mit unterschiedlichen Bedeutungen. In *The Witch* tauchen neben dem Ziegenbock Black Phillip auch weitere Tiere auf, die der Akzentuierung einzelner Motive dienen, oder von dem/der Zuseher:in dahingehend interpretiert werden können. Nach Calebs Tod ist es ein Rabe, der in Katherines Vision an ihrer Brust pickt. Dem Tiersymbol Rabe wurden viele unterschiedliche Bedeutungen zugeschrieben. Hier kann er allerdings als Metapher für den herannahenden Tod, der die Familie alsbald ereilen wird, verstanden werden. Auch der am Tag darauf noch sichtbare Blutfleck auf Katherines Nachthemd deutet auf ein diesbezügliches Stigma hin. Der silberne Becher ist ein ebenfalls eng mit ihr verknüpftes Symbol. Im Christentum steht der Kelch als Sinnbild für das letzte Abendmahl und die Heilsgeschichte der Erlösung und erfuhr, unter anderem durch die mittelalterliche Artus-Sage (Heiliger Gral), ein hohes Maß an Popularität. William stielt das wertvolle Familienerbstück seiner Frau, um es gegen Tierfallen für die Jagd einzutauschen und lässt zudem zu, dass der Verdacht des Diebstahls auf Thomasin fällt. Durch seine Schuld verschwindet das Symbol der Erlösung aus der Familie – und das herannahende Unheil scheint unabwendbar zu werden.

Dass die Hexe in ihrer Gestalt wandelbar ist, verrät ihre, im Gegensatz zum Rest ihrer Erscheinung, stark gealtert wirkende Hand, die während des totbringenden Kusses nach Calebs Kopf greift. Die Szene findet in der Finsternis des Waldes statt, der den Kontrast zur Zivilisation herstellt und somit zum Ort des Verborgenen und Geheimnisvollen wird. Das Auftauchen des Hasen scheint untrennbar mit der Hexe in Verbindung zu stehen und bleibt doch rätselhaft. Dass sie imstande wäre, sich in das Tier zu verwandeln, erscheint naheliegend und doch weist die zeitgenössische theologische Lehrmeinung diese Vermutung zurück. Im *Compendium Maleficarum* widerspricht der italienische Priester Francesco Maria Guazzo der Vorstellung, dass Hexen sich in Tiere verwandeln können, verweist aber gleichzeitig darauf, dass es sich um ein diabolisches Trugbild handle, da der Teufel selbst in den Tiergestalten stecke. »But, as I have already said, no one must let himself think that a man can really be changed into a beast, or a beast into a real man; for these are magic portents and illusions, having the form but not the reality of those things which they present to our sight. For the devil, as I have said elsewhere, deceives our senses in various ways. Sometimes he substitutes another body, while the witches themselves are absent or hidden apart in some secret place, and himself assumes the body of a wolf formed from the air and wrapped about him, and does those actions which men think are done by the wretched absent witch who is asleep« (Guazzo 2011, S. 51). Demnach ist es nicht die Hexe, die Caleb in Gestalt des Hasen in den Wald lockt, oder Williams Gewehr, beim Versuch das Tier zu erlegen, manipuliert, sondern der Teufel selbst. Wahrscheinlich ist er es auch, der Caleb kurz vor seinem Tod in seinen Fieberträumen in Gestalt verschiedener Tiere, die ihm arg zusetzen (Kröte, Katze, Krähe, großer schwarzer Hund, Wolf), erscheint. Allerdings ließe das unüberschaubare Feld der Tiersymbolik darüber hinaus noch eine Vielzahl anderer Deutungen zu. Im Gegensatz zum weitverbreiteten Volksglauben verurteilte die Mehrheit spätmittelalterlicher Autoren (*Canon Episcopi*) die Tierverwandlung wie auch den Hexenflug als häretisch und tat ihn als illusorisch ab (Levack 2020, S. 57 f.).

Black Phillip

Satan, Luzifer, Mephisto, Antichrist, Leibhaftiger, Höllenfürst, Asmodeus, Belial, Beelzebub etc. Die Liste der Namen für den Teufel und der mit ihm assoziierten Dämonen scheint nicht enden wollend. Für *The Witch* hat Eggers ein im kulturellen Gedächtnis fest verankertes Synonym gewählt – der Teufel, in Gestalt eines schwarzen Ziegenbocks namens Black Phillip. Es ist anzunehmen, dass Eggers die Wahl des Namens seines heimlichen Protagonisten nicht dem Zufall überlassen hat. Seine Wurzeln hat der Name Phillip im Griechischen und bedeutet so viel wie Pferdefreund (›philos‹/Freund + ›hippos‹/Pferd). Denkt man daran, dass der Teufel häufig in Form einer Gestalt mit Bock- oder Pferdefuß dargestellt wird, erscheint die Wahl des Namens durchaus schlüssig. Die Ursprünge dieses Sujets reichen bis in die Mythologie der klassischen Antike zurück. Pan, halb Mensch, halb Ziegenbock, ist der Gott der Natur, der Hirten und des Waldes. »Von Pan und seinen Satyrn bekommt der Teufel die Hörner, die als Symbol für Potenz und Herrschaft stehen, seine Behaarung, den ›Bockfuß‹ und den Gestank« (Metzger 2012, S. 16). Diese Merkmale sind es, die die uns geläufige Ikonografie des Teufels bis heute maßgeblich prägen. Die lange positiv konnotierten Attribute (Fruchtbarkeit, sexuelle Potenz, Rausch und Enthemmung) dieser dionysischen Gottheit erfuhren, vor allem durch christliche Autoren des Mittelalters, die darin eine Verführung hin zur Wollust zu erkennen glaubten, eine Verunglimpfung und wurden auf die Figur des Teufels projiziert. Folglich kann auch Dionysos selbst, Gott des Rausches und der Ekstase, als antikes Vorbild für den Teufel herangezogen werden (Metzger

2012, S. 16). Der Bock als Metapher für Sünde und Schuld findet sich auch im Matthäusevangelium in Zusammenhang mit dem Jüngsten Gericht wieder: »Die Schafe wird er rechts von sich aufstellen und die Ziegen links« (Mt 25, 33). Auf der rechten Seite Gottes werden sich demnach die Gläubigen, die ins Himmelreich auffahren, wiederfinden, auf der linken hingegen jene, die in die ewige Verdammnis gestürzt werden. In zahlreichen zeitgenössischen Darstellungen des Hexensabbats ist zu sehen, wie Personen in einem Ritual den Anus eines Bocks küssen. ›Osculum infame‹ (Kuss der Schande) wurde diese Vorstellung von der Huldigung des Teufels genannt. Unterstellt wurde dieses Ritual in Gerichtsprozessen nicht nur Hexen, sondern auch Waldensern und anderen der Häresie Verdächtigten. Kramer verweist zudem im *Malleus Maleficarum* darauf, dass sich gottlose Frauen beim Ausflug von Dämonen in Gestalt verschiedener Tiere (rückwärts, nach Satan hin gewandt) durch die Lüfte tragen lassen würden (Kramer 2011, S. 385). Neben dem Ritt auf dem Besen wurde das Fliegen auf dem Bock zum weitverbreitetsten Sujet der Hexen-Ikonographie zu Beginn des 16. Jahrhunderts.

Teufelspakt und Hexensabbat

Als Voraussetzung für den Flug zum Hexensabbat gilt der vermeintliche Pakt zwischen Hexe und Teufel, wie ihn auch Thomasin schließt. Nachdem ihre Familie mit dem Mord an ihrer Mutter endgültig ausgelöscht ist, offenbart sich ihr der Teufel in Form des schwarzen Ziegenbocks. Bemerkenswert ist, dass Thomasin es ist, die sich an Black Phillip wendet und nicht umgekehrt, wie man vermuten würde, wenn man an die Rolle Satans als Versucher denkt, wie beispielsweise in der biblischen Geschichte um Hiob. Im Rahmen des Filmkonzepts erscheint es naheliegend, dass auch Thomasins Name Raum für Interpretation bietet. In der Bibel wird der Apostel Thomas als Ungläubiger oder Zweifler dargestellt, da er erst an die Auferstehung Jesu glauben kann, nachdem er die Male der Kreuzigung selbst gesehen und berührt hat. In *The Witch* ist es Thomasin, die an der Autorität und den Fähigkeiten ihres Vaters zweifelt. Zudem ist sie, nach Kramer, als Frau angeblich schwächer in ihrem Glauben und schlussendlich wendet sie sich auch endgültig vom Guten ab und wird empfänglich für die Verführung durch den Teufel. Mit William hat Black Phillip zuvor noch seinen gottesfürchtigsten Widersacher aus dem Weg geräumt, dem selbst die fundamentalistische Puritanersiedlung nicht fromm genug erschien. Nach der Ermordung ihrer Mutter ist Thomasin völlig auf sich gestellt und wendet sich als letzten Ausweg an das Böse. Erst nach mehrmaliger Aufforderung antwortet ihr Black Phillip und tritt als klassischer Versucher auf, der sie mit ihren innersten Begierden lockt: Wouldst thou like to live deliciously? Mit dieser Frage tritt der Teufel nicht nur als Versucher, sondern auch als Widersacher gegen die asketische Lebensweise des Puritanismus auf. Die Erfüllung dieser Begierden verlangt allerdings eine Gegenleistung, durch die sich Thomasin in ein Abhängigkeitsverhältnis begibt. Im *Compendium Maleficarum* beschreibt Guazzo das Verhältnis zwischen Wunsch und Erfüllung und somit zwischen Hexe und Teufel folgendermaßen: »The way to the pact between the devil and witches and the vow of service and allegiance seem to be prepared by some sympathy in wickedness between the witches and the devil, which gives rise to a familiarity approaching friendship, and so to a gradual feeling of confidence; and this begets in the weaker party a certain presumptuousness and boldness in making requests from the stronger, and in the stronger some pleasure in fulfilling his federate's requests« (Guazzo 2011, S. 17).

Als Gegenleistung für die Erfüllung ihrer Wünsche fordert der Teufel von Thomasin, dass sie ihren Namen in sein Buch einschreibt, womit sie den Pakt besiegelt und sich ihm verpflichtet. Ein Buch als Symbol für das Bündnis zwischen Hexe und Teufel taucht auch in Quellen zu den »Salem Witch Trials« auf. In den diesbezüglichen Prozessprotokollen ist von Zeug:innen zu lesen, die Beschuldigte bezichtigten, ihnen in spektraler Form erschienen zu sein, um sie davon zu überzeugen, sich in das Buch Satans einzuschreiben. »She'd been hounted by the spectral form of Martha Corey ›by which apparition she was sometimes … tempted to put her hand to [sign] the Devil's book‹. She had often seen Martha at ›the Devil's sacrament‹ and now Martha was signing up demonic converts right in front of her. George Jacobs, too, had appeared spectrally ›bringing the book for her to set her hand unto‹. Satan had ›two books‹ in which ›there was many lines written‹. Sometimes he brought a book to her himself in the form of a ›black man‹« (Gibson 2023, S. 119). Der Hinweis auf den ›black man‹ verdeutlicht zudem die Sichtweise weißer Kolonialisten auf die in New England lebenden Native Americans und People of Color. Angedeutet wird dies in *The Witch* mit dem schwarz gekleideten Teufel in Menschengestalt, der Thomasin dabei hilft, ihren Namen in sein Buch einzuschreiben. Davor erscheint auch der tote Caleb seiner Mutter in ihren Visionen mit einem Buch in Händen, was darauf hindeutet, dass seine Ängste wahr geworden sind und er ebenfalls im Bund mit dem Satan ist. Andererseits kann das Symbol Buch hier auch als »das eine Buch« (Die Bibel) gedeutet werden, das für die Erlösung durch Gott im Tod steht (vgl. Kapitel »Religiöser Wahn«).

In der Frühen Neuzeit hielt der Klerus den Teufelspakt für den wesentlichen Bestandteil schwarzer Magie, der Hexen und Hexer überhaupt erst zu dieser befähige. Der angebliche Pakt bestand aus der Lossagung von Christus und allen Heiligen und der Huldigung des Teufels. Sein Seelenheil überschrieb man dem erscheinenden Teufel, wie Thomasin, angeblich häufig durch die eigene Unterschrift (Soldan u. Heppe 1986, S. 137f.). Entscheidend für unsere Vorstellung von Teufelspakt und Hexensabbat ist die historische Genese dieser Motive, die im Laufe der Zeit mosaikhaft zusammengesetzt und ergänzt wurden. »Mit der Quellenkritik wurde deutlich, dass erst während der Jahrzehnte um 1400 aus früher bereits bekannten Bestandteilen jene elaborierte Hexenvorstellung zusammengebaut worden ist, zu welcher neben dem theologisch notwendigen Teufelspakt der strafrechtsrelevante Schadenzauber gehörte, weiter die bereits von Thomas von Aquin sanktionierte geschlechtliche Vermischung der Hexe mit den Dämonen (Teufelsbuhlschaft) sowie der Flug durch die Luft [...] zum Besuch der großen Hexenversammlung (Hexentanz, Hexensabbat)« (Behringer 2020, S. 36). Damit war ein Bild der Hexerei geboren, hinter dem man eine neuartige Teufelssekte vermutete und das Verfolgungen und die damit einhergehenden Prozessen legitimierte.

Das Ende des Filmes zeigt, wie sich Thomasin, nach Entledigung ihrer Kleider und der Besiegelung des Paktes, mit Black Phillip auf die Kuppel eines bewaldeten Hügels begibt, wo bereits ein Coven nackter Hexen um ein Feuer tanzt und magische Sprüche skandiert. Wenig später schwebt sie mit den anderen im Schein der Flammen in den Nachthimmel. Diese letzte Szene zeigt eine mögliche Vorstellung vom Hexensabbat, zu dem auch das Motiv des Hexenfluges zählt.

Am Beginn des Filmes sieht man die Hexe im Wald, wie sie den plötzlich verschwundenen Samuel in einem Mörser verarbeitet, sich selbst sowie einen

Besenstiel mit der blutigen Masse einreibt und anschließend dem Vollmond entgegenfliegt. Hier greift Eggers auf eine Vorstellung zurück, die untrennbar mit dem Hexenflug verbunden ist – die Hexensalbe. Auch im *Malleus Maleficarum* findet sich eine Anmerkung zur vermeintlichen Zusammensetzung und Anwendung der Salbe. »Die Art des Ausfahrens ist folgende: denn wie zuvor klar geworden ist, müssen sie [die Hexen] sich eine Salbe aus den Gliedern von Kindern, besonders der von ihnen vor der Taufe getöteten, zubereiten und nach der Anleitung des Dämons irgendeinen Sessel oder ein [Stück] Holz einreiben, worauf sie sofort in die Lüfte getragen werden [...]« (Kramer 2011, S. 392). Kramers Verweis auf ungetaufte Kinder als Zutat für die Hexensalbe lässt Calebs Angst um seinen jüngsten Bruder nachvollziehbar erscheinen. Auch Samuel blieb das Sakrament der Taufe verwehrt, was ihm nach christlicher Überzeugung den Eintritt in das göttliche Himmelreich unmöglich macht (Kramer 2011, S. 475).

Die ursprüngliche Vorstellung, dass heidnische Frauen mit der Göttin Diana auf Tieren durch die Lüfte flögen, tat der Klerus lange als Volksglaube ab. Dies änderte sich in der ersten Hälfte des 15. Jahrhunderts, als angesehene Theologen im Kampf gegen die aufkeimende Häresie den nächtlichen Flug in Schriften bezeugten und dieser somit Eingang ins Kirchenrecht fand (Schnurr 2022, S. 53f.). Der nächtliche Flug diente nicht nur dem Zurücklegen weiter Strecken, sondern auch dem Flug zum Hexensabbat, den man sich als orgiastische und blasphemische, in seinen Ritualen einem Gottesdienst ähnliche Zusammenkunft vorstellte. Hexen flögen dabei angeblich auf Besen und Tieren durch die Lüfte, würden sich mit Dämonen sexuell vereinigen, ihrem alten Gott, der Kirche und den Sakramenten abschwören, ungetaufte Säuglinge würden zu Salben verarbeitet, geweihte Hostien beschimpft, bespuckt und geschändet und Heilige sowie die Jungfrau selbst verhöhnt werden (Hammes 1977, S. 77). Dass sich detaillierte Schilderungen und sogar Namen von Teilnehmenden an diesen nächtlichen Orgien in Verhörprotokollen wiederfinden lassen, ist angesichts der vorgesehenen Anwendung der Folter im Rahmen der Hexenprozesse wenig verwunderlich.

Was genau auf Thomasins erstem Hexensabbat geschieht, bleibt dem/der Zuseher:in verborgen. Dass sie sich zu ihrem ersten Flug mit Black Phillip auf eine bewaldete Anhöhe begibt, kann allerdings als eine Anspielung auf den

Blocksberg verstanden werden, auf dem sich Hexen angeblich zum Tanz trafen und mit dem bis heute der Brocken im Harz (Mittelgebirge Harz, Sachsen-Anhalt) assoziiert wird.

Fazit

Die Vielschichtigkeit der Erzählung in *The Witch* ermöglicht unterschiedliche Interpretationen und Deutungsansätze. Die signifikante Dichte an historischen Sujets zeugt von intensiver Recherche und legt eine Lesart mit Fokus auf historische Bezüge nahe. Für die im Film enthaltenen Motive wie Schadenzauber, Tierverwandlung, Teufelspakt und Hexensabbat lassen sich historische Quellen heranziehen, die Aufschluss über deren ursprüngliche Bedeutung im Kontext der Neuzeit geben und ein tieferes Verständnis der damit in Zusammenhang stehenden Szenen ermöglichen. Entschlüsselt man die Symbolik und wirft einen Blick auf die historischen Hintergründe, eröffnet sich dem/der Zuseher:in ein Psychogramm der Neuzeit, das die Verhaltensweisen und Handlungen der Protagonist:innen nachvollziehbarer erscheinen lassen. Die gesellschaftliche Triebfeder der Hexenverfolgungen war Missgunst, was das Motiv der Hexe in *The Witch* zu einer Metapher für die Spaltung der Familie macht, ohne dadurch den Verweis auf zeitgenössischen Hexen- und Magieglaube per se zu ersetzen. Wie in *The Witch* dargestellt, standen in der Neuzeit Religion und Magieglaube in keinem Widerspruch, sondern wurden als rationale Mittel zur Weltbewältigung begriffen. Zudem stellt Eggers Volksglaube und theologische Lehrmeinungen als eine Vermengung dar, die die neuzeitliche Gedankenwelt prägte und bereits im Untertitel des Filmes angesprochen wird. Auf den zweiten oder dritten Blick lassen sich immer mehr historische Motive erkennen, die in die Handlung des Filmes eingebettet sind und fast schon den Anschein erwecken, Eggers fordere sein Publikum dazu auf, den Ursprüngen auf den Grund zu gehen.

Literatur

Behringer, Wolfgang: Hexen. Glaube, Verfolgung, Vermarktung. 7., aktualisierte Auflage. München: C.H.Beck 2020.

Die Bibel: das Alte Testament, Schlachter-Übersetzung – Version 2000; das Neue Testament und die Psalmen – Neue Genfer Übersetzung; [Gott spricht. Heute.]. Immenstaad: Bolanz 2012.

Dvořák, Josef: Satanismus. Schwarze Rituale, Teufelswahn und Exorzismus; Geschichte und Gegenwart. 2. Auflage. München: Heyne 2001.

Becker, Gabriele/Brackert, Helmut/Brauner, Sigrid/Tümmler, Angelika: Zum kulturellen Bild und zur realen Situation der Frau im Mittelalter und in der frühen Neuzeit. In: Becker, Gabriele/Bovenschen, Silvia/Brackert, Helmut (Hrsg.): Aus der Zeit der Verzweiflung. Zur Genese und Aktualität des Hexenbildes. Frankfurt am Main: Suhrkamp 1977. S. 11–128.

Gibson, Marion: Witchcraft: A History in Thirteen Trials. London: Simon & Schuster 2023.

Guazzo, Francesco Maria: Compendium Maleficarum. San Diego: The Book Tree 2011.

Hammes, Manfred: Hexenwahn und Hexenprozesse. Frankfurt am Main: Fischer Taschenbuch Verlag 1977.

Kramer, Heinrich (Institoris): Der Hexenhammer. Malleus Maleficarum. Neu aus dem Lateinischen übertragen von Wolfgang Behringer, Günter Jerouschek und Werner Tschacher. Herausgegeben und eingeleitet von Günter Jerouschek und Wolfgang Behringer. 9. Auflage. München: dtv 2011.

Levack, Brian P.: Hexenjagd. Die Geschichte der Hexenverfolgungen in Europa. 6. Auflage. München: C.H.Beck 2020.

Metzger, Paul: Der Teufel. 2. Auflage. Wiesbaden: Marixverlag 2016.

Roeck, Bernd: Der Morgen der Welt. Geschichte der Renaissance. 2. Auflage. München: C.H.Beck 2018.

Schnurr, Eva-Maria (Hrsg.): Das Zeitalter der Hexenverfolgung. Angst und Aberglaube am Beginn der Neuzeit. München: Penguin Verlag 2022.

Soldan, Wilhelm Gottlieb/Heppe, Henriette: Geschichte der Hexenprozesse. Ungekürzte Fassung. Bd. 1. Kettwig: Magnus Verlag 1986.

Grenzüberschreitung mit Zaunreiterin: Eggers' Waldschreck in *The Witch*

Daniel Hercenberger

Verbannung ins Exil

Der Prolog aus Robert Eggers' Film *The Witch – A New-England Folktale* von 2015 beginnt mit einer Grenzüberschreitung: In der Mitte des 17. Jahrhunderts wird die junge Protagonistin Thomasin zusammen mit ihrer puritanischen Familie aus einer Pioniersiedlung Neuenglands verbannt und ins Exil geschickt.

In einem Point-of-View-Shot von Thomasin sieht man, wie sich das große Eingangsportal der sicheren puritanischen Karawanserei für die gesamte Familie verschließt. Der Winter naht und die streng religiöse Familie muss nun eigenständig, ohne jegliche Form von Sicherheit und finanzieller Mittel in der unbesiedelten und im wahrsten Sinne des Wortes gottverlassenen Ödnis Neuenglands auf sich allein gestellt in einem neuen Refugium überleben. Die Mutter beginnt leise zu singen, als die Kutsche der siebenköpfigen Familie in der Abenddämmerung notgedrungen in den unerschlossenen Wald rollt. Die Kamera bleibt dabei in einer Totalen am Rande des Dorfwalls wie ein stiller Beobachter stehen, während sich die Kutsche allmählich vom Standpunkt des Betrachters in die Ferne des umliegenden Waldes entfernt. Währenddessen bahnen sich langsam dissonante Klänge – kontrastierend zum beruhigenden Gesang der Familienmutter – an und lassen mit Blick auf den düsteren Wald unheilvoll Infernales erahnen. Diese atonale Film-Musik kündigt bereits eine Destabilisierung der Sicherheit an, während diegetisch durch den sakralen Gesang der Mutter versucht wird, dieses besorgniserregende und lebensbedrohliche Momentum der Verbannung zu verdrängen. Das Einzige, was ihnen nun bleibt, ist Kraft aus ihrem Glauben zu schöpfen, obgleich sie sich (wohlwissend) in einen Zustand desolater Deprivation begeben. Der geneigte Zuschauende weiß in diesem Moment freilich mit Blick auf die rezeptionelle Erwartungshaltung und durch die unheilvoll anmutende Musik, dass die titelgebende Hexe jenseits der Waldgrenze lauert und zu allem Überdruss die Familie heimsuchen und terrorisieren wird. In diesen wenigen Einstellungen des Prologs wird somit sehr geschickt seitens Eggers die Transgression zwischen der thematischen Einheiten Sicherheit (in Form von religiösem Halt als Fundament der Sinngebung; durch den Gesang der Mutter) versus Magie und Okkultismus (und damit Unsicherheit und Unruhe; durch die Filmmusik) eingeläutet.

In dieser von dunkler Naturmystik durchdrungenen Anderswelt wird sich gleichsam die Transformation Thomasins zur Hexe vollziehen, weshalb sich die Lesart des Filmtitels ebenfalls auf den dramaturgischen Werdegang der Protagonistin von einer gläubigen Puritanerin zur Anhängerin des Teufels im Zuge einer inneren Katharsis beziehen könnte. Thomasin wird sich durch diese Grenzüberschreitung in den Wald aus dem kirchlich-dogmatisch zivilisatorischen Korsett einer religiösen Fundamentalistin befreien. Die Grenzüberschreitung vollzieht zum Ende des Films einen ironischen Zirkelschluss: Thomasin hat nach dem Tod oder Verschwinden ihrer Familienmitglieder den Pakt mit dem Teufel geschlossen und überschreitet fatalistisch, aber dennoch selbstbewusst, die Grenze zum Wald und wird Teil dieser Anderswelt. Nach der Unterschrift im Buch des Teufels wird die Grenzüberschreitung in den Wald bar jeglicher Kleidung und damit bar zivilisatorischer Zwänge durch die nachfolgende Teilnahme am numinosen Hexensabbat vollzogen. Erst durch die Loslösung gesellschaftlicher Zwänge, durch den Tod der Familienmitglieder und des ihr keinen Halt und Sicherheit gegebenen christlichen Glaubens wird sie – gleich einem Coming-of-Age-Drama – im Coven zur titelgebenden Hexe und damit zur liminalen Figur. Es stellt sich in der Waldeinsamkeit heraus, dass die Religion letztlich nur eine Farce ist, weil sich alle Mitglieder der Familie als Sünder entpuppen werden. Denn durch die Isolation werden sündige Gedanken oder sündhaftes Verhalten der Familienmitglieder provoziert, welche von der Hexe aufgegriffen und für ihre Zwecke instrumentalisiert werden. Thomasin kann sich durch den Anschluss an den Coven aus diesem Gefüge emanzipieren und erst in der Anderswelt ihren Tribalismus damit neu formieren. Die Hexe war hierfür (gleich des Herolds der Heldenreise gemäß Campbell und Vogler)[1] letztlich nur die Bringerin des Abenteuers. Das für Thomasin allerdings erst jetzt richtig beginnt, wenn vor den Augen des Filmpublikums der Abspann rollt. Im Endeffekt musste die Hexe hierfür aktiv nicht sonderlich viel bewerkstelligen, sondern letztlich nur Handlungsimpulse aus dem Unsichtbaren heraus provozieren. Es gilt daher herauszufinden, inwiefern Eggers hier die Hexe bildlich und dramaturgisch inszeniert und an welchen Tropen gängiger Genres und Motive er sich mithin bedient.

Monströse Grenzgängerin

Die Hexe lässt sich zunächst qua ihrer Eigenschaften und Taten bezeichnen: *Maledicia* (im Englischen *Witchcraft*) war im Spätmittelalter und der Frühen Neuzeit eine verwendete Bezeichnung für Hexen (Levack 1995, S. 16). Es handelt sich gemäß des Volksglaubens also um eine teuflische Zauberin, um alte und hässliche, schadenstiftende Weiber, die mit dem Teufel im Bunde stehen und damit (antichristliches) Chaos, Ungemach und Tod bringen. Werden die realhistorischen Ereignisse rund um Hexen und Hexenverfolgungen betrachtet, war es leicht (unter dem Einfluss des Christentums und seines Teufelsglaubens, in Verbindung mit einer generellen Diffamierung der Frau) den Frauen Zauberhandlungen zum Schaden ihrer Mitmenschen, einen Pakt mit dem Teufel und sexuellen Umgang mit ihm zu unterstellen. Es gelang schon im 14. Jahrhundert, kleine Hexenverfolgungen zu inszenieren, die sich mehr und mehr ausbreiteten und unter dem Einfluss der Hexenbulle (Papst Innozenz VIII., 1484), noch mehr aber durch den *Hexenhammer*, der 1487 erschien, sich über ganz Europa und Übersee ausbreitete und zahlreiche Opfer forderte (Beltz 1993, S. 202).

Die Hexe selbst ist aber auch etymologisch bereits ein Wesen des *Dazwischen*, eine Bewohnerin der Grenze. Überschreitet man im Volksglauben die Grenze auf ihr Territorium wird man höchstwahrscheinlich den Tod finden. Der Begriff *Hexe* beruht auf dem westgermanischen Wort *Hag* für *Hecke*. *Hagzissa* bedeutet

1 Siehe: Vogler, Christopher: *The Writer's Journey: Mythic Structure for Writers*. Wiese Productions, Studio City. Kalifornien, 1998.

entsprechend ein sich in Hecken oder auf Zäunen aufhaltendes Wesen. Daher wird sie oft mit *Zaunreiterin* übersetzt (Schneidewind 2008, S. 119).

Die Hexe wird also zunächst in der sinistren Peripherie (hier bei Eggers im Wald als *terra incognita)* situiert. Als Schwellenwesen, als die absolute Ausnahme, überschreitet die Hexe gemäß der Definition eines Monsters das von Jacques Derrida formulierte Gesetz der Gattung und schafft sich einen anderen Raum, nämlich den Zwischenraum (Meier 2017). In diesem verortet, vermag sie diesseitig implementierte Systeme zu stören (hier also das religiöse und familiäre Gefüge) und gegebenenfalls Dritte in ihren Raum zu assimilieren (Thomasin, ihren Bruder Caleb sowie ihre kleinen Geschwister). Die Hexe entzieht sich damit eindeutigen Kategorisierungen. Damit ist sie auch das ultimative Fremde: Sie negiert jegliche Form von Ordnung (Zivilisation und Religion), aber auch Naturgesetze (Hexensabbat mit Levitation) oder Strukturen menschlicher Sozialisation im Sinne eines durch die Theologie völlig dogmatisierten Alltags der Puritaner (Meier 2017). Der Zwischenraum in diesem Film ist der unerschlossene Wald jenseits urbaner Strukturen, in welchem die Hexe okkulte Praktiken ausüben kann. In der grauen Tristesse des monotonen Niemandslands entpuppt dieser Wald sich für die Familie, die an dessen Rand wohnt, als diabolischer *Locus horribilis*.

Waldschreck

Der Wald fungiert hier folglich als rurale Demarkationslinie zwischen den Polen Zivilisation und Wildnis, in welchem sich die Hexe verbirgt und nur darauf wartet, dass Unbescholtene die Linie in ihr paganes und von dunklen Mächten durchzogenes Reich überschreiten.

In Wäldern hat der heilige Raum, den der Religionsphilosoph und Mythenforscher Mircea Eliade der Sphäre des Profanen gegenübergestellt, eindrucksvoll Gestalt angenommen – eingebettet in das frühe Bewusstsein der Menschen, das sich in Form volkstümlicher Märchen, Sagen und Legenden dauerhaft bewahrt und überliefert hat (Heger 2010, S. 68). Eliade schrieb dazu, dass ein Charakteristikum traditionsgebundener Gesellschaften der ihnen selbstverständliche Gegensatz zwischen dem Gebiet, das sie bewohnen, und dem unbekannten und bestimmten Raum, der dieses umgibt, sei (Eliade 1957, S. 18). Ihr Gebiet ist die *Welt*, also unsere Welt, der Kosmos; das übrige ist nicht mehr Kosmos, sondern eine Art *andere Welt*, ein fremder, chaotischer Raum, in dem Gespenster, Dämonen und Fremde hausen (Eliade 1957, S. 18).

In *The Witch* dringt die puritanische Familie eben in jenen nicht mehr zum Kosmos gehörenden Zwischenraum der Hexe (Wald) ein, wo die Mächte des Guten (im Sinne des Glaubens an Gott) rigoros entkräftet werden. Die Dynamik dieser beiden Pole wird deshalb im Film ganz im Sinne des Horrors zugunsten der Hexe (und des Teufels) ausgelotet. Gott hat hier im vom Teufel beherrschten Chaos mit der Hexe als seine Marionette im Diesseits keine Chance. Womit allerdings wie gesagt auch ein bittersüßer kathartischer Ausgang für Thomasin formuliert wird, die nach all den Strapazen und Verlusten den ihr aufgezwungenen Regelsystemen des Kosmos freiwillig entsagt und sich dem Raum des Chaos hingibt. Gott hat ihr und ihrer Familie offensichtlich keineswegs irgendwie geholfen. Daher findet sie ihre Erfüllung im Chaos.

Der Kosmos wird indes durch die Hexe als Agent Provocateur erschüttert. Damit werden Realitäts- und Sicherheitssysteme mit einem von puritanischer Struktur geprägten heiligen Alltag (also dem *Ordo Universi*, also die von Gott gesetzte Ordnung) ins Wanken gebracht, der Glaube zutiefst erschüttert, die Hoffnung auf das Überleben in der deprivaten Anderswelt gnadenlos vom Chaos durchbrochen. Das Chaos – und damit dessen Inkarnation als Hexe – beschreibt das zerstörerische Bestreben dieser von Gott gesetzten Ordnung im kosmischen Rahmen der Zivilisation. Der Wald markiert dezidiert die Abwesenheit des Heiligen und konfrontiert die Filmfiguren mit einer diabolischen Welt. Das Unheilige erscheint in Form der Hexe und des Teufels nicht nur als extramundanes Chaos von außen, von dem es sich abzugrenzen gilt, sondern auch als Teil des Kosmos beziehungsweise der als Bild der menschlichen Gesellschaft und Existenz angelegten erzählten Welt. Zum einen in Form der Familie, die dem Wahn und der Hysterie verfällt. Zum anderen in Form von Thomasin, die aktiv ihre Mutter (in Notwehr) tötet und an der Grenze zwischen Kosmos und Chaos (Waldgrenze und Ziegenstall) von Teufel und Hexe assimiliert wird (Stürzer 2012, S. 299f).

Ähnlich wie Tieck, den Gebrüdern Grimm oder Eichendorff begann im frühen 19. Jahrhundert die mythisch-atmosphärische Aufwertung des Waldes zum

Bedeutungsträger (Heger 2010, S. 65). Seitdem ist der Wald wieder von phantastischen Kreaturen und angsteinflößenden Phänomenen geprägt, die Christianisierung, Aufklärung und Realismus erfolglos zu entmachten versuchten (Heger 2010, S. 65). Das Motiv des bedrohlichen Waldes, in welchem allerlei Schreckensgestalten hausen, ist bereits aus Volkssagen, Legenden und tradierten Märchen bekannt, und Filme wie das schwedische Machwerk *Border* (2018) thematisieren die Existenz von phantastischen Kreaturen (wie menschenähnliche Trolle im Schweden der Gegenwart) in diesem mythischen Wirkungsraum. Auch im Märchen ist der Wald »nicht Zuflucht, sondern grausam verhängtes irdisches Exil« (Mayer-Grampe 1999. S. 9). Man denke in diesem Zusammenhang beispielsweise auch an die Grenzüberschreitung von *Gretel und Hänsel* im gleichnamigen feministisch angehauchten Film von Oz Perkins aus dem Jahr 2020, der eine innovative Neuinterpretation des allseits bekannten Märchenstoffs bietet. Auch hier avanciert der Wald wie in *The Witch* zu einer eigenen Welt jenseits der bekannten Konditionen zivilisatorischer Existenz (Heger 2010, S. 68).

Eggers mystische Wald-Inszenierungen stehen dabei im Kontext ähnlich tradierter Stoffe. Dazu zählen filmische Darstellungen von Mythen (wie die zahlreichen Robin-Hood-Filme oder aktuell *The Green Knight* von David Lowery aus dem Jahr 2021) oder Märchen (wie z.B. *Das Kalte Herz* von Paul Verhoeven aus dem Jahr 1950) und Phantastik (wie die Wälder in *Ladyhawk* [1985] oder *Krabat* [2008]). Natürlich ist der mythisch aufgeladene Wald deshalb nicht von ungefähr als Setting für das Horrorgenre mit seinen sinistren Kreaturen und Monstren prädestiniert und nicht selten beginnen Nachwuchs-Filmemacher ihre ersten horriblen Werke im Wald vor der Haustür zu drehen. Beispielsweise der von Ben Franklin und Anthony Melton gedrehte Youtube-Hit, mit nunmehr über 21 Millionen Aufrufen (Stand 2024), namens *The Birch* von 2016. Dieser ca. fünfminütige britischer Kurzfilm handelt von einem schikanierten Jungen, der durch ein altes Baumwesen im Wald in Zusammenhang mit einem alten Buch seiner Familie blutige Rache an seinem Peiniger nimmt. Auch hier fungiert der Wald als Raum, in denen normative Strukturen außer Kraft gesetzt werden und phantastisch-bizarre Wesen des Waldes ihr Unwesen treiben. In diesen labyrinthischen Konstrukten der Natur könnte hinter jedem Baum der Tod lauern oder unterbewusste innere Dämonen hervorgerufen werden. Zuletzt inszenierten diesen Aspekt eindrucksvoll Max Seeck und Joonas Pajunen in ihrem finnischen Horror-Drama *The Knocking* von 2022. Aber auch Filme wie Francis Ford Coppolas *Twixt* (2011), Jason Zadas *The Forest* (2016) und Nico van den Brinks niederländischer Folkhorror *Moloch* aus dem Jahr 2022 thematisieren den Wald als wirkmächtigen Raum des *Dazwischen*. Hier treffen die Welt der Lebenden und die Welt der Toten zusammen. Der Wald ist strukturlos, dunkel und unübersichtlich. Besonders trefflich wird dies seitens Eggers in einer Einstellung direkt nach dem beschriebenen Szenenbild im Epilog dargestellt. Unmittelbar nachdem die Kutsche der Familie den Wald angesteuert hat, befindet sich diese, nur von einem Lagerfeuer beleuchtet, umschlossen von der bedrohlichen Dunkelheit des Waldes am unteren linken Bildrand. Der Wald umschließt diese Fremdkörper wie ein schwarzes Loch.

Es ist aber auch der Aspekt der Orientierungslosigkeit, die dem Walde zugrunde liegt, die für den Horror unheimlich reizvoll ist. Nicht nur Filme wie Sam Raimis *Tanz der Teufel* (1981) oder Andrés Muschiettis Horrordrama *Mama* (2016) machten dies beunruhigend deutlich. Im Wald kann man sich leicht verirren und nie wieder herausfinden. Das Horrorgenre thematisiert diesen Sachverhalt als Analogie zum Konzept Hölle. Es geht hier wie bei der puritanischen Familie um die Furcht, dem ewigen Drangsal der Monotonie ausgesetzt und in einem allegorischen Labyrinth gefangen zu sein, wie es unlängst das neuere Folkhorror-Werk *Bring Out the Fear* (2021) im Ambiente des Waldes vorgezeigt hat. Das narrative Phänomen der monotonen Wiederholungsschleife als Analogie zur Höllenqual mit Wahn und Hysterie als Folgeerscheinung ist im Horror allerdings nicht nur auf wäldliche Landstriche beschränkt, wie es *Vivarium* von 2020 (amerikanisches Suburb) und *The Fearway* von 2023 (Wüste) skizziert haben. Eggers kündigt diese diabolische Analogie wie geschildert bereits subtil im Prolog an. Die Familie wird im Zuge des tristen monotonen Alltags der vom Teufel bewachten Hölle dem Wahn verfallen. Das Eindringen in eine andere rurale Welt, einer waldbedeckten Region in Abgeschiedenheit mit einer intensiven Atmosphäre der Natur sowie dem dortigen Frönen heidnisch-okkulter Rituale sind wesentliche Bestandteile des Folkhorrors. In diesen Orten kommt es zur Konfrontation und Reevaluation des eigenen Glaubenskonzepts und der Identität, wie es bei Thomasin der Fall ist.

Neben Hexenklassikern wie dem deutschen Horror-Exploitationfilm *Hexen bis aufs Blut gequält* (1970) oder dem japanischen Animationsfilm *Belladonna of Sadness* (1973) von Eiichi Yamamoto, thematisieren relevante filmhistorische Werke des folkloristischen Wald- und Wiesenhorrors freilich auch die Teufel- und Hexenthematik wie *In den Krallen des Hexenjägers* von Piers Haggard (1971) oder *Der Hexenjäger* von Michael Reeves mit Vincent Price (1968). Meist dringen in diesem Subgenre städtische Menschen in ländliche Sphären ein, überschreiten also die Grenze und werden als Eindringlinge mit dort vorherrschenden archaisch-okkulten Bewohnern, heidnischer Spiritualität oder Wesenheiten konfrontiert und müssen deshalb meist beseitigt werden. Moralische Werte werden dadurch ins Wanken gebracht, Opferungen finden statt oder man wird in die ländliche Kommune, eine neue religiöse Bewegung oder die abgeschirmte Dorfgemeinschaft assimiliert. Ein neueres Beispiel hierfür ist das estnische Kleinod *November* von Rainer Sarnet (2017), welcher auf Andrus Kivirähks gleichnamigen Roman *Der Scheunenvogt* (2000) basiert und mit einer künstlerisch anspruchsvollen Ästhetik und Schwarz-Weiß-Optik ähnliche Sachverhalte und Motive (Christus vs. Teufel) wie in *The Witch* aufgreift und damit auch als ausgesprochen liebevolle europäische Epigone verstanden werden kann. Ebenso greift der irische Folkhorror-Film *Mandrake* (2022) auf Low-Budget-Basis den Topos der Hexen-Anschuldigungen in Kombination mit Waldmystik auf. Auch Lars von Triers *Antichrist* von 2009 verhandelt – auch vor dem Hintergrund der Hexenthematik – genau jene mystische und bisweilen allegorische Wald-Dynamik. Indes gehen die Hexenfilme *Hagazussa – Der Hexenfluch* (2017) und der vage an *The Village* (2004) erinnernde kanadische Film *The Curse of Audrey Earnshaw* (2020) einen ganz anderen erzählerischen Weg im ländlichen Terrain. Das Leben der (vermeintlichen) einsamen Hexe steht im Mittelpunkt der Handlungen, wobei besonders in *Hagazussa* eine Studie des Umgangs mit dem Außenseiter- und Andersseins jener einsamen Frauen im Mittelpunkt steht.

Es ist allerdings streitbar, ob *The Witch* zumindest qua der Genredefinition in den definitorischen Rahmen des Folkhorrors kategorisiert werden kann, obgleich Eggers klassische Genremuster neu zusammenstrickt. Er bemüht in diesem Zuge überdies eine fingierte Folklorisierung Amerikas jenseits eines Johnny Appleseed oder Paul Bunyan und abseits von indigenen Legenden, samt einer gothicartigen Re-Mythifizierung des Waldes von Neuengland gemäß des

Subtitels *A New American Folktale* auf Basis der Hexenprozesse von Salem von 1692. Damit folgt Eggers cineastisch dem Autor Washington Irving (*Die Legende von Sleepy Hollow*, 1820), der den kopflosen Reiter literarisch aus der irischen Sagenwelt ins Hudson Valley brachte, wo er heute noch von Touristen auf nächtlichen Friedhofsführungen gesucht wird. Dabei steht Eggers' *Witch* mit Blick auf Folklorisierung, Wald und Hexe im Schatten eines Films desselben Sujets, aber völlig anderer Machart: Dem Found-Footage-Horrorfilm *The Blair Witch Project* von Daniel Myrick und Eduardo Sánchez aus dem Jahre 1999. Heger schrieb dazu, dass es zwar wenig verwundert, dass die postromantische Gattung der phantastischen Literatur den Wald als mythische Zone beschworen hat. Aber dass ein Film wie *Blair Witch Project* noch an der Schwelle zum dritten nachchristlichen Jahrtausend die Gemüter erregt und die Menschen aufs höchste verstört, muss den Forscher über eine Furchtempfindung, die sich offenbar so kollektiv ins Bewusstsein gegraben hat, staunen lassen (Heger 2010, S. 65).

The (Blair) Witch

Haltet euch fern vom Inneren des Waldes, Freunde
haltet euch fern, ist euch das Tageslicht lieb.
In der warmen Sommerwonne ist's friedlich und still
Doch geht nicht des Nachts in den Wald von Black Hills.

In der deutschen Übersetzung dieses Auszugs aus einem fingierten amerikanischen Volkslied *The Woods of Black Hills*, welches angeblich Ende des 19. Jahrhunderts verfasst wurde, wird der Kontrast zwischen dem diesseitigen Bereich in der *Sommerwonne* und dem Übergang in eine gefährliche, für Menschen nicht geeignete Umgebung – jenen Wald von Black Hills – deutlich. Bei diesem Volkslied handelt es sich in Wahrheit um einen erst Ende der 1990er Jahre frei erfundenen Text, welcher im Zuge der Entwicklung des phantastischen Mythen-Apparats rund um die fiktionale Folklore der Hexe von Blair (jene titelgebende Figuration des Films *The Blair Witch Project*) entstand und in der dazugehörigen rein fiktiven Dosiersammlung zu finden ist (Stern 1999). In der Filmhandlung machen sich drei junge Filmstudierende auf den Weg nach Burkittsville in Maryland, um dort eine Dokumentation über die ›Hexe von Blair‹, eine lokale Legende, zu drehen. Als sich die Gruppe in den riesigen Wäldern verläuft, scheinen sie von einer unheimlichen Entität verfolgt zu werden und paranormale Vorfälle ereignen sich, die mit vergangenen Vorfällen der Hexe in Beziehung stehen. Dabei entwickelt sich die Dynamik der Personen zu Hysterie und Verzweiflung. Die Situation eskaliert, als einer der Studenten verschwindet, in der Nacht nur seine Schreie zu hören sind und am nächsten Morgen nur seine sorgfältig herausgeschlagenen Zähne vor dem Zelt der Überlebenden in einem blutigen Päckchen gefunden werden. Wenig später wird aufgrund erneuter nächtlicher Schreie des Verschwundenen ein Haus gefunden, in welchem sich die Studenten verlaufen und dann offensichtlich durch nicht sichtbare Einwirkungen ums Leben kommen. Der unheimliche Wald hat die Umherirrenden für immer verschlungen (Heger 2010, S. 61).

Die gesamte Handlung wird ausschließlich aus Sicht der Videokameras, welche von den Darstellern geführt wird, gezeigt. Am Anfang des Films wird deshalb angegeben, dass das gefilmte Material ein Jahr nach den geschilderten Ereignissen gefunden wurde. Dieses wurde dann angeblich von den Regisseuren gesichtet und als rund 90-minütiger Spielfilm veröffentlicht. In Wahrheit handelte es sich jedoch um eine von vornherein fingierte Schauermär, die von den jungen Filmemachern wohldurchdacht und strategisch sehr geschickt komponiert und orchestriert wurde. Dazu zählte auch die Entwicklung eines komplexen Mythos der Hexe von Blair auf der einen Seite sowie die Produktion sämtlicher Materialien, die sich auf das Verschwinden der Studierenden bezieht, auf der anderen Seite. Um die Rezipierenden diese Geschichten glauben zu lassen, wurden dazu sämtliche Printmedien involviert, zusätzliche Videoformate gedreht und das aufkommende Internet zur Verbreitung dieser fingierten Folklore benutzt. Letztlich brach der Film sämtliche Einspielrekorde und avancierte zum kommerziell einträglichsten Horrorfilm aller Zeiten (Heger 2010, S. 61). Mittlerweile hat sich aus dem Mythos ein ganzes medienübergreifendes Franchise entwickelt.

Anders als Eggers' themenverwandter Film wurde in *The Blair Witch* tatsächlich eine in die Realität (afilmische Wirklichkeit) hereinragende Folklore rund um eine Hexe in den amerikanischen Wäldern entwickelt. Dennoch: Beide Hexen entziehen sich dem Blick des Zuschauenden. Die Hexe von Blair wird sich nie aktiv manifestieren. Man hört nur aus Interviews, wie unheimlich sie mal ausgesehen haben könnte, für was für zeitübergreifenden Schrecken sie verantwortlich ist und dass sie durchaus andere Menschen für sich agieren lässt.

Erscheinungsformen

Auch Eggers' Hexe greift nur selten direkt in das Geschehen ein. Vielmehr agiert sie innerhalb der Handlung als Agent Provocateur. Daher inszeniert sie Eggers über verschiedene Wege, die hier kurz dargestellt werden sollen. Dabei wird davon ausgegangen, dass es sich um eine Hexe im Singular handelt, obgleich im späteren Coven mehrere Frauen zu sehen sind.

a) Abwesenheit

Wie die Hexe von Blair handelt Eggers' Hexe aus dem Unsichtbaren heraus. Es wird beispielsweise nie gezeigt oder erklärt, wie die Hexe in einem Bruchteil von Sekunden den kleinen Samuel entführen konnte. Der Akt der Entführung bleibt im Verborgenen und hinter den verschlossenen *Pick-A-Boo*-Augen Thomasins. Trotz ihrer körperlichen Abwesenheit wird die Hexe jedoch mit anderen Mitteln dargestellt.

b) Filmsprachlich

Die Kamera und mithin Einstellungsgrößen und Bewegungen verweisen auf die Anwesenheit der Hexe. Wie ein stiller Voyeur bleibt die Kamera vor der Entführung des Babys ungeniert am Waldrand stehen und zoomt kaum sichtbar auf die unheimlich wirkenden Bäume, womit wieder auf die Grenze des Zwischenraums und die dahinter lebende Hexe subtil verwiesen wird. Die Aussage ist allerdings eindeutig: Hinter diesen Bäumen lauert das Unheil und wird das Baby verschlingen. Nach der Entführung wechselt die Kamera zurück zur genannten Ausgangseinstellung. Nun steht Thomasin an der Waldesgrenze. Damit wird der räumliche Zusammenhang zwischen dem Verschwinden des Babys und des eben etablierten Waldrands dargestellt. Thomasin bleibt jedoch kurz vor dem Wald stehen und meidet den Übertritt der Schwelle.

Ähnlich verhält es sich auch mit der dichten Atmosphäre durch die Filmsprache im Folkhorror-Film *The Ritual* (2017) von David Bruckner und man mag meinen, dass Bruckner von Eggers in Sachen Inszenierung des Nicht-Sichtbaren inspiriert wurde. Jedenfalls hält die Kamera gnadenlos auf Busch- und Baumwerk des gruseligen Waldes, sodass die Phantasie einem einen Streich spielt und man wirklich glaubt, hinter einem Baum etwas Unheimliches erkennen zu können. Zumindest gesteht Bruckner in einem Interview, großer Bewunderer des *Blair-Witch*-Franchises und der Folkhorror-Klassiker zu sein.

Überdies verweisen wie beschrieben Musik und Sound auf die Hexe, indem atonale, fast schon experimentelle und damit überirdisch, bisweilen esoterisch wirkende Klänge erschallen und Ungemach erahnen lassen.

c) Körperlich

Der Hexenkörper spielt beispielsweise auch im Kammerspiel des Horrorfilms *The Autopsy of Jane Doe* (Regie: André Øvredal, 2016) eine signifikante Rolle. Hier gehen allein von einem Leichnam einer Salem-Hexe numinose Kräfte aus.

Unmittelbar nach der Entführung des kleinen Samuels sieht man in *The Witch* in einer Halbtotalen durch nackte Äste hindurch eine ummantelte Gestalt mit Kapuze, die mit dem Baby in den Armen auf der Flucht ist. Durch die Schnelligkeit der gesichtslosen Person wird trotz leisen Hechelns eine körperliche Vitalität ersichtlich. Es handelt sich um die Hexe. In ihrer Bleibe angekommen, bleibt die Hexe in der Tiefenunschärfe des Bildhintergrunds verborgen, während Samuel nur leicht beleuchtet in der Bildmitte den Fokus und damit nahezu den Bildinhalt einnimmt. Erkennbar wird trotz der Out-of-Focus-Area, dass es sich um einen alten nackten, verschrumpelten Frauenkörper handelt, der das Baby mit einer faltigen Hand streichelt. In der nächsten Einstellung wird jener groteske Körper im schwachen Kerzenschein nur von hinten gezeigt, während die Hexe aus dem Ertrag des Babys mit blutigen Händen eine Salbe produziert. Unmittelbar danach wird sie schließlich frontal liegend in einer Halbtotalen am unteren linken Bildrand dargestellt, während sie einen Stab reinigt. Dieses Bild steht diametral zur oben beschriebenen Szenerie der Familie am Lagerfeuer im Wald, welches genauso kadriert wurde. Im Gegensatz zu den Puritanern benötigt die bleiche, fast schon leichenhaft wirkende Hexenfrau allerdings kein wärmendes Feuer. Sie wird von der Dunkelheit des

Waldes umschlossen und ist – nicht zuletzt durch ihren Nudismus – Teil und Repräsentantin von ihm. Gegen Ende des Films wird sich die Hexe Thomasin und den Zwillingen als alte nackte Frau in der Scheune präsentieren, während sie das dort befindliche Vieh bei lebendigem Leibe verspeist. Wie sie auch dort hingekommen ist, bleibt fraglich. Die Kinder versuchen sich indes konsterniert von diesem Schreckensbild zu distanzieren. In diesem Augenblick jedoch zeigt Eggers in nur wenigen Sekunden in einer eindringlichen Nahaufnahme das desolate und blutverschmierte Gesicht der alten Frau, welche hämisch zu lachen beginnt. Diese nur in Kürze gefasste Darstellung einer sonst im verborgen liegenden Hexenvisage erinnert hier mitunter an ähnliche Schreckmomente in den Literaturverfilmungen *Sleepy Hollow* (Regie: Tim Burton, 1999) und *Solomon Kane* (Regie: M. J. Bassett, 2009).

Anders als in der Scheune offenbart sich die Hexe gegenüber dem jungen Caleb als attraktive junge Frau mit großen Augen, dicken Lippen, akzentuierter Oberweite, schwarzen Haaren und einem reizvollen roten Mantel. Allerdings hat dieses wortlose Tête-à-Tête etwas zutiefst Unheimliches an sich: Das laszive Lächeln der Frau wirkt diabolisch bis manisch und die anstimmenden schrägen Klänge und unruhigen Gesänge der Filmmusik sowie die sichtliche Unsicherheit Calebs, machen diesen Moment zu einem der gruseligsten im ganzen Film. Gleich einem *mysterium fascinosum et tremendum* fühlt sich Caleb von dieser jungen Frau angezogen, aber sein Gesicht ist angstverzerrt. Gleich einer Sirene hat die Frau den Jungen in seinen Bann gezogen und streichelt auch ihn verführerisch, nun mit einer zarten Hand, wie bei Baby-Samuel zuvor, über das Gesicht und küsst ihn schließlich. Diese verstörend erotische Annäherung kulminiert in einen der wenigen Jump Scares des Films, denn plötzlich ragt die andere Hand der Frau ins Bild und ergreift brachial den Hinterkopf Calebs. Diese Hand ist alt, nahezu leichenhaft verschrumpelt-violett und hat lange dicke Fingernägel. Damit wird deutlich, dass es sich bei der schönen Frauenfigur um eine Illusion der alten Hexe handelt, welche Calebs sexuelles Verlangen manifestierte, ihn durch Bestätigung der sexuellen Sehnsüchte verführen und damit schließlich verzaubern konnte. Bereits im Vorfeld dieser Begegnung wurde auf Calebs sexuelles Erwachen durch vorsichtig lustvolle Blicke auf die Brüste seine Schwester in Ermangelung sonstiger weiblicher Personen ähnlichen Alters hingewiesen.

Caleb begeht mit diesen Blicken gemäß seines Glaubens allerdings eine Sünde, für die er durch die Hexe büßen muss.

d) Symbolisch-animalische Repräsentationen: Hierfür sei auf das Kapitel »Tiersymbolik und -motivik in den Filmen von Robert Eggers: Unheil und Mythologie« von Adrian Gmelch in diesem Band hingewiesen.

Zusammenfassend lässt sich konstatieren, dass Eggers eine facettenreiche filmsprachliche Lunte zündet, um die Hexe als Schwellenwesen gleichsam anwesend und abwesend zugleich wirken zu lassen. Ferner spielt Eggers mit der spatialen Signatur der Enge. Trotz der Totalen vom Waldraum erdrückt er nahezu seine Figuren allein durch die Kadrierung des Bildraumes. Eine grässlich groteske Fratze der Hexe nimmt kurz den ganzen Bildraum ein. Dieses Changieren ermöglicht nach Peter Podrez auch das für den Horror so essenzielle Spiel von Sichtbarkeit und Unsichtbarkeit, hier in Form der Zaunreiterin (Podrez 2020, S. 563).

Jenseits der zivilisatorischen Schwelle wird die Familie im düsteren Waldgebiet ganz im Sinne des Folkhorrors mit Kontingenzerfahrungen jenseits des theologisch begründeten fundamentalistischen Bezugsrahms seitens der Hexe als Verkörperung des antichristlichen Bösen konfrontiert. Eggers spielt geschickt mit klassischen Strickmustern des Horrors, vereint diese aber in einer atmosphärisch intensiv dichten *Folk-Tale*, womit er gleichsam ähnlich wie bereits die *Blair Witch* eine dunkle Mystifizierung der Wirklichkeit erstrebt.

Literatur

Beltz, Walter (Hrsg.): Lexikon der Letzten Dinge. Augsburg: Pattloch Verlag 1993.

Eliade, Mircea: Das Heilige und das Profane. Vom Wesen des Religiösen. Hamburg: Suhrkamp Verlag 1957.

Heger, Christian: Der Wald – eine mythische Zone. Zur Motivgeschichte des Waldes in der Literatur des 19. und 20. Jahrhunderts. In: Ders.: Im Schattenreich der Fiktionen. Studien zur phantastischen Motivgeschichte und zur unwirtlichen (Medien-)Moderne. München: AVM 2010. S. 61–85.

Mayer-Gampe, Pia: Der Wald als Symbol in Märchen und Mythen. München: Forstwiss. Fak. der LMU 1999.

Meier, Jan Niklas: Wider die Kultur. Zum Wesen des Monströsen. In: Ders. (Hrsg.): Monster Essays. Hannover: Scius-Verlag 2017.

Levack, Brian P.: Hexenjagd. Die Geschichte der Hexenverfolgung in Europa. München: C.H.Beck 1995.

Schneidewind, Friedhelm: Mythologie und phantastische Literatur. Essen: Oldib-Verlag 2008.

Stern, D.A.: Blair Witch Project. Ein Dossier. München: Der Goldmann Verlag 1999.

Stürzer, Anja: Die Desakralisierung der Welt. »Kryptoreligiöse« Räume in *Der Herr der Ringe* und *Harry Potter*. In: Schmeink, Lars; Müller, Hans-Harald (Hrsg.): Fremde Welten. Wege und Räume der Fantastik im 21. Jahrhundert. Berlin Boston: De Gruyter 2012. S. 299–318.

Podrez, Peter: Der Horrorfilm. In: Stiglegger, Marcus (Hrsg.): Handbuch Filmgenre. Wiesbaden: Springer VS 2020. S. 550–564.

The Witch – Identitätsbildung zwischen Norm und Gegennorm oder Thomasin als (Wo)Man-Made-Monster

Stefan Sonntagbauer

Zu hässlich, um wahr zu sein – *The Witch* als Female Empowerment Fairytale

Roberts Eggers' *The Witch* ist bisher bevorzugt als Vorzeigebeispiel für weibliche Emanzipation gelesen worden. Gmelch sieht die »horrorhafte Hexenpräsenz« im Film als »Metapher für das Erwachen der weiblichen […] Selbstbestimmung« (Gmelch 2022, S. 164). Movie-Pilot-KritikerIn Neon Fox wird in Bezug auf das Ende regelrecht euphorisch: »So blutig und tragisch Robert Eggers den Zusammenbruch der Familie auch inszeniert, so befreiend ist das Finale für seine Hauptfigur.« (Neon Fox 2019) Kritiker Pierce bringt den Hype auf den Punkt: »*The Witch* Is Sinister, Smart, and Wildly Feminist« (Pierce 2016). Die oft etwas schief nachgezogene Plotline funktioniert dabei in ungefähr so: Indem die weibliche Heldin Thomasin per Unterschrift im Satansbuch offiziell ihr neues Leben als Hexe einläutet, entscheidet sie sich für eine selbstgewählte Identität jenseits patriarchaler Strukturen. Bei näherem Hinsehen wirft die Lesart aber durchaus Fragen auf: Ist es wirklich Thomasin, die »wählt« – und wenn ja, was für eine »Wahl« ist das? – Lässt sie das Patriarchat und seine Logik wirklich hinter sich, indem sie sich als dessen schlimmster Alptraum neu erfindet? – Kurz, ist es wirklich ihre Geschichte, die sie lebt? – Und wenn der Film wirklich ihren heldenhaften Triumph inszeniert, wieso fühlt sich das Ganze dann so hoffnungslos düster an? – Gerade in Anbetracht der durchaus hässlichen Handlungsdynamik ist die märchenhafte These vom female empowerment zu schön, um wahr zu sein.

Der Essay zeigt, dass die Deutungen, die aus *The Witch* eine Emanzipationsgeschichte machen, zu kurz greifen, und präsentiert eine neue Perspektive, die über die populär-feministische Projektion hinausgeht. Dazu werden die weltanschaulichen Prämissen des Films herausgearbeitet, die wesentlich an die Erzähltradition des Horrors andocken: (1) Die bestimmte Abstoßung von heroischen Narrativen. (2) Die Aushebelung des moralischen Dualismus: Das Böse erscheint in *The Witch* nicht als eine irreduzible Substanz, sondern vielmehr als eine Dynamik, die sich zwischen verschiedenen Akteuren entfaltet. Danach wird gezeigt, inwiefern Thomasin den Genre-Archetypen des (Wo)Man-Made-Monsters aktualisiert: Ihre sukzessive Exilierung aus dem sozialen Raum führt zu ihrer positiven Identifikation als dessen Heimsuchung. So macht der Essay die implizite Philosophie von *The Witch* transparent. Gleichzeitig lässt sich daraus auch eine wichtige Erkenntnis für eine wirksame feministische Argumentation ziehen. Wo sich diese allein auf heroische Subjektbilder fokussiert, entgeht ihr die systemische Dimension des Subjekts: Empowerment durch omnipotente Role Models mag zwar an sich durchaus eine gute Sache sein, aber eben nicht, wenn dafür der kritische Blick auf soziale Dynamiken aufgegeben wird.

Aller (Horror-)Anfang ist schwer – *The Witch* als unheroisches Narrativ

Die Interpretationen, die in Thomasin eine weibliche Heldin sehen wollen (Kerry A. Olivetti, 2020, S. 240), basieren auf dem frommen Wunschdenken eines durchaus einseitigen Feminismus – und einer Verkennung der narrativen Grundstruktur des Horrors, die auch *The Witch* wesentlich reguliert. Dieser handelt nämlich ganz dezidiert nicht davon, was Figuren machen (aktiv), sondern was ihnen passiert (passiv). Der Horror konstituiert sich um 1800 als Negativ neuer subjektzentrierter Gattungen, die die unendliche Potenz des Menschen und seine Wirksamkeit in der Welt propagieren. Schon die Erzählanfänge markieren hier eine zentrale Differenz. Eichendorffs Taugenichts (1826) bringt es in seinem das Genre idealtypisch-überzeichnenden Bildungsroman auf den Punkt: »Nun, sagte ich, [...] so will ich in die Welt gehen und mein Glück machen.« (1987, S. 57). In Hoffmanns Nachtstück *Der Sandmann* (1816) dagegen eröffnet Nathanael seinem Freund Lothar: »Etwas entsetzliches ist in mein Leben getreten.« (2003, S. 3). Schon der Handlungseinstieg ist hier nicht von einer aktiven

Entscheidung, sondern von einem disruptiven Einbruch bestimmt. In Tiecks *Der Runenberg* (1804) folgt Christian den Projektionen seines Unbewussten, die ihn als äußerlicher Zwang hinaustreiben. Seine Herkunftserzählung leitet er wie folgt ein: »[E]s hat mich wie mit fremder Gewalt aus dem Kreise meiner Eltern und Verwandten hinweggenommen, mein Geist war seiner selbst nicht mächtig, wie ein Vogel, der in einem Netz gefangen ist und sich vergeblich sträubt, so verstrickt war meine Seele in seltsamen Vorstellungen und Wünschen.« (2014, S. 401). Der Horror invertiert die Aktiv-Passiv-Konstellation der Heldenreise. Dabei verfolgen die ProtagonistInnen des Genres niemals ihre eigenen Wünsche, sondern bestenfalls sogenannte Vermeidungsziele: Sie kämpfen nicht *für* das Gute, sondern *gegen* den Tod. Genau so ergeht es Thomasin, die in *The Witch* keineswegs beschließt, ihren eigenen Weg einzuschlagen. Vielmehr verfällt sie in Schockstarre, als die Verbannung der Familie beschlossen wird (Im Script: »THOMASIN stays still. Shocked«). Ihr Modus ist nicht aktiv: *Ich mache*, sondern wesentlich passiv: *Es wird etwas mit mir gemacht; es wird über mich bestimmt.* Der Film beginnt, typisch Horror, nicht mit einem Aufbruch, sondern mit der Festsetzung der Protagonistin. Anstatt in Bewegung zu kommen, gerät das Subjekt in Paralyse. Schon der Einstieg verweist wesentlich auf den Zwangscharakter von Thomasins Verwandlung.

Die Projektivität des Bösen – *The Witch* jenseits des moralischen Dualismus

Robert Eggers entwirft in *The Witch* ein dezidiert unheroisches Milieu: die Figuren stehen hier nicht vor der heldenhaften Wahl zwischen »Gut« und »Böse«, sondern sind wesentlich gegenüber einer überpersönlichen Dynamik exponiert. Damit steht der Film ganz in der Tradition des Horrors, der als Erzählform wesentlich »modernity's loss of confidence over the difference between […] humanness and monstrosity, norms and deviances, self and other« reflektiert (Gelder 2000, S. 12). Im Widerspruch zur gängigen Einschätzung konstituiert sich die Erzählgattung wesentlich in der Auflösung des moralischen Dualismus. Eben, sonst hätte man gleich bei den alten Geschichten von Himmel und Hölle bleiben können. Der Rahmen beginnt sich schon im 18. Jahrhundert zu verschieben. Im

Pitaval (1773–43), einer nach seinem französischen Schöpfer betitelte Sammlung historischer Strafrechtsfälle, erscheint das Verbrechen noch als ein Faszinosum, das da ist, um angestarrt, abgeurteilt und dann lustvoll ausgelöscht zu werden. Ihr deutscher Herausgeber Friedrich Schiller schlägt jedoch mit seinem *Verbrecher aus verlorener Ehre* (1786) wenig später einen neuen Weg ein. In seinem Kriminalstück vergleicht er das Verbrechen mit dem Ausbruch des Vesuvs, der auf physikalischen Ursachen beruht, und klagt, »warum schenkt man einer moralischen Erscheinung weniger Aufmerksamkeit als einer physischen?« (1999, S. 7) Danach fährt er fort: »Warum achtet man nicht in eben dem Grade auf die Beschaffenheit und Stellung der Dinge, welche einen solchen Menschen umgaben, bis der gesammelte Zunder in seinem Inwendigen Feuer fing?« (1999, S. 7). Das Böse ist kein Ding an sich mehr, sondern muss vielmehr auf seine Konstitutionsbedingungen hin befragt werden. Damit wird es nicht nur verständlich, vielmehr noch: Seine bis dato klaren Konturen werden nach und nach durchlässig. Das Böse erscheint nicht mehr als Qualität des Subjekts, sondern offenbart sich als »grundlegende soziale Dynamik« (Sich 2018, S. 174). Deswegen wird um diese Zeit dem Teufel der Garaus gemacht. Der Horror entwirft eine neue Mythologie des Bösen, die es nicht mehr als Substanz, sondern als Beiprodukt gesellschaftlicher Machtströme evoziert. Einen archetypischen Plot liefert hier Mary Shelleys *Frankenstein* (1818). Das Monster selbst bringt es in einer pointierten Selbstanalyse auf den Punkt: »Mein Herz war geschaffen, Anteil zu nehmen, Liebe zu empfinden!« (1995, S. 280). Bereits zuvor stellt es fest: »Erst das Elend hat mich zum Feind gemacht!« (1995, S. 131). Das Böse erscheint nicht mehr als Anderes des Sozialen, sondern entwickelt sich unmittelbar daraus. Genauso inszeniert Eggers das Böse in *The Witch* als eine interpersonelle Dynamik, die sich in einem mit puritanischen Glaubens-Sätzen mehr schlecht als recht regulierten Familiensystem entfaltet. Der Plot um Thomasin entspricht nicht dem – zumindest nach Spießbürgers Logik – ewigen Kampf zwischen Gut und Böse, sondern offenbart den (a-)sozialen Charakter des Monströsen, das immer da erscheint, wo Menschen keine Möglichkeit mehr haben, innerhalb der gegebenen Ordnung zu existieren.

Eggers löst den moralischen Dualismus auf, indem er dessen projektiven Ursprung offenlegt. (Projektion verstehe ich hier im weitesten Sinne: »Das Subjekt schreibt die Strebungen, Wünsche etc., die es an sich verleugnet, dem Anderen zu.« (Laplanche/Pontalis 1973, S. 401). Denn, wer bei *The Witch* das

Böse bei der Hexe im Wald situiert, ist auf dem Holzweg. Die Projektivität des Bösen offenbart sich, als Vater William im Wald auf die Jagd geht. Dabei nimmt er aus nächster Nähe den Hasen ins Visier, der wesentlich mit dem Duo Hexe/Satan verbunden ist. Doch als er abzieht, geht der Schuss nach hinten los. Der Schuss feuert zurück auf William, während der Hase unbehelligt davonläuft. Die Szene symbolisiert wesentlich die Psycho-Logik der Hexenjagd: Das, was die Jäger sehen, ist nur dem Schein nach im Außen, vielmehr schauen sie wesentlich auf sich selbst. William hat das Böse im Blick – im wahrsten Wortsinn. Die Szene kommentiert so auch den historischen Hexenwahn: Theologe O'Rourke macht darauf aufmerksam, dass die Hexe im religiösen Kontext wichtig war, um einseitige Gottesvorstellungen halten zu können. Wie sonst ist es möglich, die Vorstellung eines allmächtigen Himmelvaters mit all dem Bösen in der Welt zusammenzudenken? – So aber kann alles, was nicht kompatibel ist, auf die Hexe/Satan projiziert werden. (1998, S. 70) Genauso ist die Hexe auch historisch gesehen ein Insidephänomen. Gibson stellt fest, »[T]he witch is as much a part of the colonial expansion as the family she preys on.« (2016, S. 156) So reflektiert die Familiendynamik in *The Witch* unmittelbar die historische Hexenjagd: Thomasin verkörpert die Nichtigkeit des Bösen, das wesentlich als Konstruktion eines projektiven Blicks transparent wird.

Jenseits der Ordnung – das (Wo)Man-Made-Monster als Horrorarchetyp

Thomasins verkörpert keinen heroischen Archetypen, sondern aktualisiert vielmehr die Figur des Outsider-Monsters. Diese ist spätestens seit Mary Shelleys *Frankenstein* cultural currency: Die Kreatur – verlassen von ihrem Schöpfervater – hat in ihrer Hässlichkeit keine Chance zu existieren, Freunde zu finden, eine Partnerin kennenzulernen oder gar eine Familie zu gründen. Im sozialen Sinn ist sie eine Totgeburt. Aber eben: It's alive! Wo die Kreatur nicht als das sanfte, sensible und mehrsprachige [!!!] Wesen erkannt wird, das es ja eigentlich ist, bleiben ihr genau zwei Optionen: (1) sich hinlegen und sterben, das heißt, den sozialen Tod noch einmal buchstäblich verkörpern; (2) den sozialen Tod annullieren und als Monster wiederkehren, das eben jene Normalität heimsucht, die es zuvor auf so grausame Art und Weise exiliert hat. Deswegen ist das Outsider-Monster üblicherweise mit dem Übernatürlichen verbunden: Es erscheint innerhalb eines Systems als Repräsentant dessen, was in diesem System nicht zirkulieren darf. Egal ob Kreatur, Tiermensch oder Hexe – unabhängig von Herkunft und ontologischem Status scheint es immer *nicht von dieser Welt* zu sein. Darin steckt auch ein wesentliches Stück Horrorpolitik: Judith Butler zeigt in *Bodies that matter*, dass die Unterwerfung unter eine gesellschaftliche Vorstellungsmatrix verlangt, dass andere, nicht einzuordnende Formen abgelehnt werden. Zurückgewiesene, nicht lebbare Körper werden zur Bedingung derjenigen, »die sich mit der Materialisierung der Norm als Körper qualifizieren, die ins Gewicht fallen«. (1995, S. 40) All jene Körper aber, die nicht qualifiziert sind, verschwinden nicht einfach, sondern erscheinen (oder besser: verschwinden) innerhalb der Ordnung wesentlich als unmögliche Existenzen. Das Monströse verweist so weniger auf das Potential des Einzelnen, sondern auf seine Abhängigkeit gegenüber gesellschaftlichen Strukturen.

Strukturell umfassen die Geschichten vom Outsider-Monster üblicherweise folgende Plot Points, die schon bei *Frankenstein* angelegt sind:

1. Trauma/Backstory: Der Ausschluss wurzelt in der Verdrängung eines traumatischen Ereignisses, das ausgeblendet wird. Ich nehme diesen Plot Point hier als Nullpunkt, weil er oft vor der eigentlichen Handlung liegt (Frankenstein verliert seine Mutter und beschließt daraufhin, selbst Leben herzustellen).
2. Exilierung und Scheitern der Reintegration: Das Monster wird aus der Norm exiliert. Danach versucht es, sich passend zu machen, um wieder aufgenommen zu werden – üblicherweise vergeblich (Frankensteins Kreatur wird vom Schöpfer verlassen, weil sie so unglaublich hässlich ist: als wandelnde Wunde repräsentiert sie das Trauma, das Frankenstein nicht ansehen will. Nachdem sie schön sprechen gelernt hat, offenbart sie sich der Familie um den alten DeLacey und wird daraufhin übel verprügelt.)
3. Transformation: Das Monster nimmt eine Existenz als Heimsuchung an. Dabei geht es nicht um Selbstermächtigung, sondern um die reine Existenz. Paradox: Das Monster sichert seinen Anschluss an die Ordnung, indem es zu ihrem Erzfeind wird. (Frankensteins Kreatur tötet zum ersten

Mal, damit bricht sie das Tabu einer Gesellschaft, der sie ohnehin nie angehört hat, gleichzeitig zwingt sie ihren Schöpfer, sich mit ihm auseinanderzusetzen.)

4. Konflikt: Das Monster richtet sich gegen die Norm von der es exiliert wurde, eventuell versucht es eine neue Norm zu installieren. (Die Kreatur richtet sich gegen Frankensteins Familie und träumt von einem eigenen Geschlecht, das letztendlich an Stelle der Menschheit treten könnte.)
5. Synthese: Norm und Gegen-Norm löschen sich aus, der Tod scheint meist als einzige Möglichkeit der Synthese. (Frankensteins Kreatur bleibt mit der Leiche ihres Schöpfers im ewigen Eis zurück.)

Diese Plot Points lassen sich auch in *The Witch* nachverfolgen. Thomasin reagiert wesentlich auf eine dilemmatische Fehlstellung im sozialen Feld, das hier durch die Familie – als kleinste mögliche Einheit – umrissen wird. Um eine positive Existenz annehmen zu können, sichtbar zu sein, muss sie zur Heimsuchung dieses Raumes werden. Thomasins Geschichte handelt in diesem Sinne nicht von einer sukzessiven Befreiung, sondern vom Drama des Outsider-Monsters, das durch Ausschlussmechanismen in eine unmögliche Existenz gezwungen wird. Ihre Exilierung aus der Familie führt unmittelbar zu ihrer positiven Identifikation als deren Erzfeind.

Thomasins Exilierung – Monströse Familiendynamik in *The Witch*

Die Handlung in *The Witch* wird wesentlich von einem traumatischen Kern aus reguliert. Wirkmächtiger *catalyst* ist das Verschwinden Samuels, das eine disruptive Verschiebung innerhalb der Familie bewirkt. Dabei inszeniert Eggers das Wesentliche – eben Samuels Verschwinden – als Leerstelle. Wo die Hexe als Handlungsinstanz zum ersten Mal auf den Plan tritt, sehen wir: Nichts. Die Inszenierung evoziert das Trauma als »breach in the mind's experience of time, self, and the world«. (Caruth 1996, S. 4) Gerade in seiner Nichtigkeit ist das Verschwinden signifikant. Der Logik der Leerstelle verpflichtet, blendet Eggers daraufhin auch die Reaktion der Familie aus. Die Handlung setzt schließlich erst eine Woche später wieder ein. Das Blackout als narrative Form reflektiert hier den familiären Umgang mit dem traumatischen Ereignis. Als Caleb nach seinem Bruder fragt, bringt es William auf den Punkt: »We'll speak no more on thy brother.« Die Leugnung erweist sich jedoch als denkbar dysfunktionale Copingstrategie: Ein Abschluss wird gerade so unmöglich. Die puritanischen Glaubens-Sätze der Familie wirken dabei als negative Verstärker. Als Caleb wissen will, ob sein Bruder in der Hölle ist, antwortet William: »Fain would I tell thee Sam sleeps in Jesus, that thou wilt, that I will, but I cannot tell thee that. None can.« Die Unsicherheit über Samuels Verbleib geht damit ins Unendliche. Wo er laut religiöser Überzeugung die Ursünde in sich trägt, kann er auch im übertragenen Sinne nicht zu Grabe getragen werden: sein Status bleibt über den Tod hinaus prekär. So wie das Schweigen der Eltern unmittelbar dem Schweigen ihres Gottes entspricht, erscheinen sie dabei selbst wesentlich als *abandoned children*. Thomasins Exilierung wird hier erstmal vorweggenommen, indem sie sich der familiären Leugnung entzieht: Sie kehrt allein zum Ort von Samuels Verschwinden zurück und lässt die Finger durch das Gras streichen (Im Script stellt Eggers die Frage: »How could this have happened?«). Als Einzige versucht sie, das Trauma zu konfrontieren. In diesem Zusammenhang ist auch ihr Name signifikant, der eine Verbindung zum Apostel Thomas herstellt, der als der Zweifler oder Ungläubige in die Geschichte eingegangen ist, weil er sich nicht auf das Zeugnis der anderen Apostel verlässt, sondern die Wundmale Jesu selbst betrachten will (Trauma geht ursprünglich auf das Griechische τραύμα für ›Wunde‹ zurück). Ihre Eltern aber bleiben beim Wegschauen. Doch gerade da, wo das Geschehene aus der familiären Wirklichkeit getilgt werden soll, wirkt es, indem es die Betroffenen ebendieser Wirklichkeit entzieht. Das Verschwinden Samuels hat vor allem auf Mutter Katherine einen eindrücklichen (um nicht zu sagen: erdrückenden) Effekt. Sie wird in ihrer Mutterrolle zusehends dysfunktional. Zwischen ihr und ihrer Thomasin ergibt sich im Weiteren eine fatale Dynamik.

Die erste Szene, in der Mutter und Tochter nach Samuels Verschwinden miteinander interagieren (kind of), bringt die systemische Fehlstellung auf den Punkt: »THOMASIN stands in front of her parents' bed. The curtains are still closed. She walks forward slowly and peeks in through some frayed holes in the curtains: KATHERINE lies on the bed, her hands clenched together, her eyes closed. She whispers an inaudible prayer.« Thomasin sucht vergeblich ihre Mutter, die sich in den eigenen Schmerz zurückzieht. Gleichzeitig sind die Rollen zwischen den beiden vertauscht. So ist es hier die Tochter, die auf die Mutter »schaut«. Die Konstellation erweist sich als solide Basis für die kommende Katastrophe. Katherines Verhalten ihrer Tochter gegenüber verändert sich fortan drastisch. Immer wieder fragt sie: »What's the matter with thee, Thomasin?« Gleichzeitig würdigt sie ihre Tochter keines Blickes mehr. Kay Tooley merkt an, dass der Verlust eines Kindes dazu führen kann, dass eines der verbliebenen Kinder dafür büßen muss, indem die Mutter ihre unbewussten Schuldgefühle auf es überträgt. (1975, S. 331) Katherines Kommunikation mit ihrer Tochter erscheint erst in diesem Sinne wirklich sinnvoll. So, wie sich das Trauma selbst einer sinnstiftenden Symbolisierung entzieht, wird ihr auch ihre eigene Tochter fremd. Dabei ahnt sie immerhin, was hier wirklich los ist. Gegenüber William gibt sie zu: »I know it, but since Sam, since… My heart has turned to stone.« Der traumatische Kern ist auch hier als Unsagbares »…« markiert. Auch im Weiteren evozieren subtile Hinweise immer wieder die mütterliche Unfähigkeit, hinzusehen. So fleht Thomasin ihre Mutter an: »Let me find favor *in your eyes*!« Später, als sie – der Hexerei angeklagt – vor Katherine kniet, stellt diese fest: »I cannot *look* at her.« (Kursivierungen von mir) Ihre Tochter verkörpert all das, was Katherine nicht ansehen kann. Es ist die Unfähigkeit, das Trauma zu integrieren, die hier die Hexe überhaupt erst auf den Plan ruft. Dramatische Paradoxie: Gerade weil Thomasin von Anfang an unschuldig ist, kann sie ihren Status als gleichwertiges Mitglied des Familienverbands nicht restituieren (z.B. durch Buße, Übernahme der Verantwortung oder harte Arbeit). So wie das, was sie repräsentiert innerhalb der Familie mit einem Tabu belegt ist, ist ihr Status nicht verhandelbar. Ihre prekäre Position korreliert so mit dem Konzept der Ursünde, die so erbarmungslos insistiert, gerade weil sie völlig unabhängig von ihren konkreten Subjekten ist.

Der zweite Akt von *The Witch* entfaltet ein Kompendium elterlicher Fehlleistungen: Eggers' Film liefert ein Paradebeispiel für Parentifikation, d.h. »der Übernahme der elterlichen Verantwortung durch ein Kind« (Deimel 2018, S. 62) *The Witch* verdichtet die disruptive Verschiebung von Thomasins Status im wirkmächtigen Vorher-Nachher-Bild. Bevor Samuel verschwindet, sehen wir Thomasin beten, während alle anderen am Hofe arbeiten. Danach steht die Welt

Kopf. Jetzt ist sie es, die schuften muss, während Katherine im Bett vor sich hindämmert und William draußen unablässig Holz hakt – eine Genretrope, die dezidiert nicht den Aspekt »Arbeit« aufruft, sondern vielmehr zeigt, dass Papa ein Wutproblem hat (wie in den ikonischen *Amityville*-Horrorfilmen von 1979 und 2005). Notgedrungen füllt sie die Lücke, die ihre Mutter im Haushalt hinterlässt. Gleichzeitig gerät sie immer wieder zwischen ihre Eltern. *The Witch* ist ebenso ein Schaustück für trianguläre Familiendynamiken. (Triangulation »refers to the expansion of a conflict-ridden, dyadic relationship to include a third individual«, Pillari 1991, S. 5). Vater William lässt zu, dass seine Frau Katherine ihrer Tochter die Schuld für das Verschwinden des Bechers gibt, den sie verkauft hat. Als »Patriarch« – oder eher: Pantoffelheld – der Familie trägt er kaum Verantwortung für deren sukzessiven Niedergang. Katherines Unzufriedenheit mit dem Status Quo fällt immer wieder auf Thomasin zurück. *The Witch* ist dementsprechend auch als Beispiel für Scapegoating (Ernennung zum Sündenbock) gelesen worden, »the process of punishing or sacrificing a person or a collective, for the sins, failures or mistakes of the others«. (Shenassa 2001, S. 81) Für all das, was am Hof schief geht, wird die Hexe verantwortlich gemacht, die (fast) von Beginn an mit Thomasin diffundiert.

Darüber hinaus erscheint Thomasin auch als sexuelle Konkurrenz zur Mutter. Katherine macht ihren Standpunkt klar, als sie William im Bett konfrontiert:

> KATHERINE: Our daughter hath begat the sign of her womanhood [...]
> She's old enough, she needs must leave to serve another family.
> WILLIAM: Nay, I must have each our hands!
> KATHERINE: And each our empty stomachs too?

Die Menstruation ist auch in *The Witch* als klassischer Horrorcode mit weiblicher Monstrosität verbunden – wobei diese hier eben in guter alter *Carrie*-Tradition vor allem in der Reaktion einer bis zum Wahnhaften fanatischen Mutter liegt. Spätestens damit ist der Fall klar: Für Thomasin gibt es auf dem Hof keinen Platz mehr. Ihr Problem in *The Witch* besteht nun aber nicht zuletzt darin, dass sie nirgendwo anders hin kann. Das Trauma entfaltet eine zirkuläre Logik – die Betroffenen wollen ins Neue und landen dabei aber wieder im Alten: Als Thomasin und Caleb versuchen, den Wald zu durchqueren, landen sie am Ende erst recht wieder zu Hause. Die Farm fungiert in der Tradition des *haunted house* als Traumakörper, der seine Einwohner von der Welt da draußen isoliert. Was nicht gelöst ist, bindet: Der Wald, in dem Samuel verschwunden ist, wird für die Familie zur verbotenen Zone und fungiert als harte Grenze nach außen. Katherine bringt es auf den Punkt: »You cannot escape the wood!« William dagegen redet zwar immer wieder über den Aufbruch, doch irgendwie kommt immer etwas dazwischen. Die Familie ist buchstäblich in sich selbst gefangen. In ihrer Dynamik funktioniert sie wesentlich als selbstverstärkendes autopoietisches System, das »alle elementaren Einheiten, aus denen [es] besteh[t], durch ein Netzwerk eben dieser Elemente reproduzier[t] und sich dadurch von einer Umwelt abgrenz[t]«. (Luhmann 1986a, S. 266) Eben, man hat es sich ungemütlich im eigenen Elend eingerichtet. Und genau so wird es eng für Thomasin. Der Raum, in dem sie eine Existenz für sich beanspruchen kann, zieht sich immer weiter zusammen. Sie kann nicht gehen, aber auch nicht bleiben. Was bleibt als Bester aller möglichen Lebensentwürfe? – Wo sie keine Heimat findet, wird sie zur Heim-Suchung, indem sie jene Ordnung, die keine positiven Identitätsangebote mehr für sie bereithält, in Angst und Schrecken versetzt.

»I am that very Witch!« – Thomasins Transformation

Die Isolation innerhalb der Familie treibt Thomasin in die Identifikation als Hexe. Ihre finale Verwandlung nimmt sie kurz nach Samuels Verschwinden spielerisch vorweg. Allerdings durchaus nicht von ungefähr. Die Zwillinge, die sie beaufsichtigen soll, toben wild herum, ohne sich weiter um sie zu kümmern. Die beiden wissen bereits von Mama, dass man Thomasin nicht weiter beachten muss. Es sei denn, es geht darum, Schuld zu verteilen. Als Katherine dazukommt, wendet sie sich nicht an die Zwillinge, sondern an ihre Tochter: »What's the matter with thee, Thomasin? What's the matter with thee?« – Als Thomasin versucht, sich zu erklären (»They would pay me no mind«), hört ihre Mutter gar nicht erst zu. Thomasin fällt gewissermaßen unter die familiäre Wahrnehmungsschwelle. Gleichzeitig droht sie mit Caleb ihren letzten Verbündeten zu verlieren. Dieser fühlt sich zusehends zu seiner Schwester hingezogen (fairerweise: vor allem mangels passender Alternativen). Genau das führt jedoch endlich erst recht zur Repulsion. Thomasin erinnert ihn an jene »corrupt nature«, die er sich zuvor in den Leib gebetet hat: Als sie ihn mit Wasser bespritzt, wendet er sich beschämt von ihr ab. Den Rest gibt ihr schließlich ihre kleine Schwester Mercy, indem sie die Lage pointiert zusammenfasst, nachdem sich Thomasin über ihren neuen Status beklagt:

> THOMASIN: Why is't when thou dost a wrong, I am a-washing Father's clothes like a slave, and thou art playing idle?
> MERCY: Because Mother hates you.

Kein Wunder, dass Thomasin die Schnauze reichlich voll hat. Um ihrer nervigen Schwester eins auszuwischen, wählt sie eine bemerkenswerte Strategie. Sie gibt sich spielerisch als eben jene Hexe aus, der Mercy in kindlicher Phantasterei die Schuld an Samuels Verschwinden gibt (»I've seen her in her riding cloak about the wood!«). Dabei nimmt sie bereits das Ende vorweg: »I am that very witch. When I sleep my spirit slips away from my body and dances naked with the devil. That's how I signed his book.« Thomasin will damit einerseits ihre lästige Schwester ruhigstellen, gleichzeitig steckt hinter ihrer Identifikation jedoch eine tiefere Wahrheit. Indem sie sich hier als dezidierte Außenseiterfigur ausgibt, dramatisiert sie wesentlich die Verschiebung im Familiensystem. Gleichzeitig wählt sie damit eine neue Strategie. Zuvor hat sie noch vergeblich versucht, durch unermüdliche Arbeit ihren Status als »gutes Kind« zurückzuerlangen, nun nimmt sie die Rolle des Monsters an. Die Verschiebung zeigt unmittelbar Wirkung: In der spielerischen Selbstidentifikation als Hexe richtet sich Thomasin zur vollen Größe auf, anstatt wie bisher auf den Knien herumzurutschen. Dadurch ändert sich auch die Dynamik zwischen ihr und Mercy schlagartig. Wo ihre kleine Schwester bisher fest davon überzeugt war, dass man mit Thomasin ganz einfach alles machen darf, bekommt sie es nun mit der Angst zu tun. Allerdings affirmiert Thomasin so aber auch die Logik der Mutter. Als Hexe übernimmt sie die Schuld für Samuels Verschwinden (»Twas I what stole him«): Psycho-Logik und Aberglauben diffundieren in dieser Szene unwiderruflich. Dabei ist Thomasins Hexen-Werdung kein Akt der Selbst-Expression, sondern der verzweifelte Versuch, sich in der familiären Ordnung zu positionieren. Gerade indem sie sich als Erzfeind der Ordnung identifiziert, bleibt sie jedoch an diese gebunden.

»Becoming the worst thing« – Thomasin als Hexe

Nach Calebs Tod spitzen sich die Dinge zu. Zur entscheidenden Grenzüberschreitung – von der Familienkrise hin zum Hexenprozess – kommt es, nachdem Mercy vor den Eltern durchaus gnadenlos ausspricht: »Thomasin is a witch!« Die Angesprochene stürmt in dem Moment folgerichtig nach draußen, wird aber kurz darauf von ihrem Vater eingeholt. Genau hier ergibt sich ein Exit. Als William Thomasin bittet: »Speak the truth to me!«, zeigt sie ihm auf, was hinter der Hexengeschichte steckt: »You and Mother are planned to rid the farm of me. [...] Is that truth? You took of Mother's cup and let her rail at me. Is that truth? [...] You took Caleb to the wood and let me take the blame of that too. You confessed not till it was too late. Is that truth? You let mother be as thy master! You cannot bring the crops to yield! You cannot hunt! Is that truth enough?« Was Thomasin sagt, stimmt – nach allem, was wir gesehen haben. Jedoch sind ihre Worte, mit Foucault, »nicht im Wahren«. (Foucault 1998, S. 24) Sie passen nicht in das Realitätssystem der Familie. Gleichzeitig wird klar, inwiefern die Geschichte von der Hexe den Rest der Familie beschützt. Gerade indem sie eine übernatürliche Macht evoziert, nimmt sie die Eltern aus der Verantwortung. Deswegen bleibt William dann auch dabei: Ohne Hexe geht es nicht. Auch er schafft es nicht, hinzusehen. Für Thomasin aber geht es damit nicht mehr um ihre Existenz, sondern buchstäblich ums Überleben. Doch zum Prozess, den William ankündigt, kommt es gar nicht erst. Über Nacht wird die Familie von albtraumhaften Gestalten heimgesucht. Am Ende überleben nur Thomasin und ihre Mutter Katherine, die ihr schließlich als Endgegnerin gegenübersteht – spätestens hier sollte klar sein, dass das Patriarchat, wo es durch den lethargischen William und einen Gott, der buchstäblich nie da ist, vertreten wird, hier nicht der Primärfeind ist. In markanter Figurenrede spricht die Mutter ihrer Tochter gegenüber endlich aus, wer für sie (wortwörtlich) die Schuld trägt : »It is you, it is you!« Thomasin dagegen macht deutlich, was ihr von der Mutter so schmerzlich verwehrt wurde: »I am your daughter!« Tatsächlich hat Thomasin diesen Status mit Samuels Verschwinden eingebüßt. Ihre Transfiguration zur Hexe beginnt, wo sie sonst in der Familie »nichts« ist. Selbst jetzt versucht sie noch, ihren alten Status (Tochter) wieder herzustellen. Doch ihre Mutter ist nicht bereit, ihre Projektion aufzugeben. Wo sie ihren Hass vollständig mythologisiert, braucht sie ihn auch nicht mehr zu regulieren: »The devil is in thee and hath had thee. You are smeared of his sin. You reek of evil. You have made a covenant with death!« Schließlich muss sich Thomasin entscheiden. Entweder sie stirbt im Würgegriff ihrer eigenen Mutter oder sie bricht endgültig mit dem Familiensystem. Thomasins »Wahl« ist dabei durch und durch dilemmatisch: Indem sie das Gesetz auslöscht, dass sie als Mörderin anruft, wird sie letztendlich wirklich zur Mörderin. Darin erinnert das Finale in seiner Logik durchaus an die paradoxen Hexenprüfungen der Neuzeit (z.B. bei der Wasserprobe, wo die Angeklagten gefesselt und ins Wasser geschmissen wurden: Wenn es ihnen irgendwie gelang, sich über Wasser zu halten, galt das als Beweis dafür, dass sie tatsächlich des Teufels waren): Um zu überleben, muss Thomasin die Anrufung bestätigen. Selbst hier ist sie noch ambivalent. Während sie ihrer Mutter in Notwehr den Schädel einschlägt, bricht es aus ihr heraus: »Let go! Stop stop. I love you! Please, mother, I love you!« Auch was danach passiert, ist bezeichnend: Zärtlich umarmt sie die Leiche ihrer Mutter. Für einen flüchtigen Moment lang kann mit diesem Tod die »gute Mutter« restituiert werden. (Freud 2008 [1919], S. 151) Gerade in Hinblick auf diese Szene ist Thomasin immer wieder als *final girl* gelesen worden (z.B. bei Madden, 2020). Das hat vor allem damit zu tun, dass Thomasin zu den Waffen greift – und nach landläufiger Auffassung eben keineswegs zu denen »der Frau«, sondern ganz konkret nach dem Hackbeil. Das macht sie aber längst nicht zur Heldin, als die sie viele sehen wollen. Die brutale Gegenwehr erscheint – genauso wie bei den Protagonistinnen der Slasher-Filme – nicht als Emanzipation, sondern vielmehr als Affirmation. Die Anwendung von Gewalt richtet sich einerseits zwar gegen einen Repräsentanten des Systems, gleichzeitig aber bedeutet sie eine vollständige Unterwerfung. Die Emanzipationsthese funktioniert nur unter der Prämisse, dass es gut (oder zumindest nicht so schlimm) ist, ein Killer zu sein (*final girl*-»Erfinderin« Clover vertritt hier eine klare Position: »To applaud the Final Girl as a feminist development [...] is, in light of her figurative meaning, a particularly grotesque expression of wishful thinking«, 2021, S. 100). Eben, Thomasin ist letztendlich weder in der Lage, ihre Unschuld zu bewahren (im mörderischen Sinne), noch sich effektiv zu emanzipieren. Genau so ist auch das Ende zu verstehen, mit Zwissler sehen wir »a traumatized young woman wandering off into the woods to die under the delusion that she has become the worst thing her culture can think of: a witch«.

(2018, S. 11) Als Thomasin zuletzt zur Hexe wird, verkörpert sie das Drama sozialer Exklusion: Selbst in radikaler Repulsion bleibt sie als Outsider-Monster auf jene Ordnung bezogen, die ihre Verbannung beschlossen hat.

Zum Abschluss: Feminismus über das Heroische hinausdenken

Durch die Horror-Linse perspektiviert, lässt sich eine Revision der populärfeministischen Lesarten zu *The Witch* vornehmen. Der narrativen Grundstruktur des Genres verpflichtet, führt Eggers mit Thomasin keine Heldin, sondern ein exponiertes Subjekt in wesentlicher Abhängigkeit zu seiner Umwelt ein. Dabei handelt *The Witch* nicht vom Kampf Gut und Böse, sondern vielmehr von traumatischen Erfahrungen und dysfunktionalen Glaubens-Sätzen. Als Opfer der familiären Hexenjagd aktualisiert Thomasin wesentlich den Archetypen des (Wo)Man-Made-Monsters: Wo sie keine ordentliche Existenz für sich behaupten kann, wird sie zum Monster jener Norm, die ihre gewaltsame Exilierung vorantreibt. Ihre Annahme der Identität als Hexe ist kein Akt der Selbstermächtigung, sondern bestätigt die Ordnung, gegen die sie sich richtet. Daraus lässt sich auch Emanzipation neu perspektivieren: Diese betrifft nicht nur das Subjekt selbst, sondern ist wesentlich abhängig von den sozialen Konstruktionen, in denen sich dieses konstituiert. Der Punkt, den *The Witch* macht, ist durchaus feministisch, aber eben nuancierter als das, was die bisherigen Interpretationen daraus gemacht haben – der Film zeigt nicht einfach die Überwindung des Bösen, sondern wie traumatisch induzierte Exklusion Existenzmöglichkeiten radikal einschränkt. Genau das ist der Punkt. Ein Feminismus, der wirklich wirken will, darf nicht nur auf schillernde Heldenfiguren fokussieren (die ihrerseits das System überwinden), sondern muss immer auch die formativen Wirkungen sozialer Systeme im Blick behalten. Denn letztendlich geht es darum, diese gemeinsam zu verändern, nicht als heldenhafte Einzelgänger, sondern als Gemeinschaft.

Literatur

Butler, Judith: Körper von Gewicht. Die diskursiven Grenzen des Geschlechts. Berlin: Berlin Verlag 1995.

Caruth, Cathy: Unclaimed Experience: Trauma, Narrative and History. Baltimore: Johns Hopkins University Press 1996.

Clover, Carol J.: Her Body, Himself: Gender in the Slasher Film. In: Barry Keith Grant (Hrsg.): The Dread of Difference. Texas: University Press 2021. S. 68–115.

Deimel, Julia: Parentifizierung. Kinder im Spannungsfeld zwischen Machtgefühl und Überforderung. In: *Zeitschrift für freie psychoanalytische Forschung und Individualpsychologie* 2018, 5/2. S. 60–72.

Eichendorff, Joseph von: Aus dem Leben eines Taugenichts. In: Ders.: Ausgewählte Werke. Erzählungen und Novellen. München: Nymphenburger 1987. S. 55–156.

Ernst, Paul (Hrsg.): Geschichten aus dem alten Pitaval. Nach der von Schiller getroffenen Auswahl und um weitere Stücke vermehrt von Paul Ernst. Ausgewählt und übersetzt aus dem von Gayot de Pitaval zusammengestellten Sammelwerk Causes célèbres et intéressantes. Leipzig: Insel 1910.

Foucault, Michel: Die Ordnung des Diskurses. Aus dem Französischen von Walter Seitter. Frankfurt am Main: Fischer 1998.

Freud, Sigmund: Das Unheimliche. In: Ders.: Der Moses des Michelangelo. Schriften über Kunst und Künstler. Frankfurt am Main: Fischer 2008. S. 135–172.

Gelder, Ken: Introduction. In: Ders. (Hrsg.): The Horror Reader. New York: Routledge. 2000. S. 11–13.

Gibson, Gerard: The Witch. In: Journal of Gothic and Horror Studies 2016, 15. S. 155–158.

Gmelch, Adrian: Art-Horror. Die Filme von Ari Aster und Robert Eggers. Marburg: Büchner-Verlag 2022.

Hoffmann, E.T.A.: Der Sandmann. Hrsg. von Rudolf Drux. Stuttgart: Reclam 2003.

Laplanche, Jean und Jean-Bertrand Pontalis: Das Vokabular der Psychoanalyse. Frankfurt am Main: Suhrkamp 1973.

Luhmann, Niklas: Ökologische Kommunikation: Kann die moderne Gesellschaft sich auf ökologische Gefährdungen einstellen? Opladen: Westdeutscher Verlag 1986.

Madden, Victoria: »Wouldst Thou Like to Live Deliciously?«: Gothic Feminism and the Final Girl in Robert Eggers ›The Witch‹. In: Katarzyna Paszkiewicz und Stacy Rusnak (Hrsg.): Final Girls, Feminism, and Popular Culture. Switzerland: Palgrave Macmillan 2020. S. 135–151.

Neon Fox: The Witch: Wir erklären das Ende des Horror-Meisterwerks. In: *Movie Pilot,* abgerufen: am 11.01.2024. https://www.moviepilot.de/news/the-witch-wir-erklaren-das-ende-des-horror-meisterwerks-1122989

O'Rourke, David K.: Demons by Definition: Social Idealism, Religious Nationalism, and the Demonizing of Dissent. New York: Peter Lang 1988.

Olivetti, Kerry A.: Lost Without Breadcrumbs: Family, Scapegoating, and the Rationalization of Abuse in Robert Eggers's The Witch. In: *Marvels & Tales*, 2020, 34/2. S. 239–55.

Pierce, Scott: The Witch Is Sinister, Smart, and Wildly Feminist. In: *Wired*, abgerufen: am 10.01.2024. https://www.wired.com/2016/02/the-witch-demonization-women/

Pillari, Vimala: Scapegoating in Families: Intergenerational Patterns of Physical and Emotional Abuse. New York: Brunner/Mazel 1991.

Schiller, Friedrich: Der Verbrecher aus verlorener Ehre. Stuttgart: Reclam. 1999.

Shenassa, Cheryl R.: The scapegoat mechanism in human group processes. Cincinnati: Union Institute, 2001.

Shelley, Mary: Frankenstein. Neu bearbeitet von Franz Schrapfeneder. Wien: Tosa 1995.

Sich, Peter: Foucault. Eine Einführung. Stuttgart: Reclam 2018.

Tieck, Ludwig: Der Runenberg. In: Paul Wührl (Hrsg.): Märchen der Romantik. Frankfurt am Main: Fischer 2014. S. 397–432.

Tooley, Kay: The Choice of a surviving Sibling as ›Scapegoat‹ in some cases of maternal bereavement. In: *Journal of Child Psychology and Psychiatry & Allied Disciplines* 1975, 16/4. S. 331–39.

Zwissler, Laurel: ›I Am That Very Witch‹: On The Witch, Feminism, and Not Surviving Patriarchy. In: *The Journal of Religion and Film* 2018, 22/3. S. 1–33.

Die unheilige Familie als Ort der Zerstörung in Robert Eggers' *The Witch: A New-England Folktale*

Luise Merkert

Eine Familie kniet vor einer Wiese, an deren Rand sich ein hoher, dunkler Nadelwald erstreckt. Sie halten sich an den Händen, und die Eltern schauen sich liebevoll in die Augen. Neben ihnen blicken ihre Tochter, ihr Sohn und das jüngere Zwillingspaar der Familie in Richtung des Waldes. Sie malen sich die vielversprechende Zukunft aus, die die Natur an diesem idyllischen Platz für sie bereithält. Diese Szene könnte harmonisch, hoffnungsvoll und friedlich wirken, wäre da nicht die im Hintergrund immer lauter werdende, beklemmende Geigenmelodie und der langsame (Kamera-)Zoom auf den Wald, der die von ihm ausgehende Gefahr ankündigt. Diese Szene in Robert Eggers' *The Witch: A New-England Folktale* deutet hier bereits die Katastrophe an, in der sich die Familie bald wiederfinden wird. Innerhalb der ersten fünf Minuten des Films wird auch der Auslöser für diesen tragischen Verlauf deutlich: Die Familie, oder genauer gesagt William, Vater und Familienoberhaupt, ist mit den religiösen Ansichten der puritanischen Kolonie, in der sie bisher in Neu-England gelebt haben, nicht einverstanden. William betitelt die Gemeindeleitenden als »falsche Christen« und unterstellt der ansässigen Kirche, ihre religiösen Pflichten zu vernachlässigen. Aufgrund dieses Vorwurfes wird die Familie aus der Kolonie verbannt und zieht mit ihren wenigen Habseligkeiten in die Wildnis Amerikas.

Die orthodoxe Einstellung der Familie steht offensichtlich in direktem Zusammenhang mit ihrem weiteren Schicksal. Das Essay widmet sich der Betrachtung der vielschichtigen Rolle von Religion für den horrenden Verlauf der Familiengeschichte. Dabei wird erkundet, welche religiösen Verweise, Narrative und Symboliken *The Witch* verarbeitet und welche Bedeutung sie in der Narration um die familiäre Gemeinschaft einnehmen. Darüber hinaus werden die Familienbilder in Eggers' Werk herausgearbeitet. Es wird untersucht, welche Normen und Werte in Bezug auf familiäre Beziehungen und Konstellationen im Film vermittelt werden und wie er die strenggläubige Familie inszeniert.

»We are Family«? – Inszenierung der Familie zwischen Idealisierung und Realität

Die Begegnung mit Familien in den Medien impliziert oft eine deutliche Idee davon, wie Familie auszusehen hat und worin die Aufgaben der einzelnen Familienmitglieder bestehen: Lächelnde Mütter zeigen auf Social Media ihren Familienalltag, in der Werbung sieht man den überdurchschnittlich attraktiven Vater beim Fußballspielen mit seinem Sohn und in Talentshows präsentieren Kinder ihre Begabungen, während ihre vor Stolz platzenden Eltern im Publikum sitzen und gebannt zusehen (Foehr-Janssens 2021, S. 174–176). In diesen Repräsentationen wird Familie als ein dezidiert harmonischer Ort der Geborgenheit, Liebe und Unterstützung inszeniert. Die Idee der Familie als eine auf Liebe basierende Gemeinschaft hat sich allerdings erst innerhalb der Romantik etabliert (Hasenberg et. al. 2020, S. 10). Dennoch prägt dieses Ideal unsere Vorstellung von Familie und deren mediale Repräsentation maßgeblich mit. Durch die Vermarktung solcher Familienutopien werden diese nicht nur verbreitet, sondern auch mit wirkungsvollen normativen Überzeugungen verknüpft. Durch die Stereotypisierung von Rollen der Mutter, des Vaters oder der Kinder werden Werte kommuniziert, die vorgeben, wie ein gutes Familienleben im besten Fall auszusehen hat. Diese medialen Leitbilder der Familie tragen maßgeblich zu der Konstruktion eines Bildes der Familie bei, das soziale Anforderungen schafft und sich auf diverse Bereiche der Gesellschaft auswirkt, sei es Politik, Medizin, Wirtschaft oder Religion (Popp 2009, S. 91–93). Medial vermittelte Vorstellungen von Familie prägen jedoch nicht nur Bereiche unseres Alltags maßgeblich mit, sie werden auch von kulturellen Institutionen und Erwartungen der Rezipierenden beeinflusst. So haben auch religiöse Ansichten in Bezug auf die Familie schon immer einen Einfluss darauf gehabt, wie diese Solidargemeinschaft in den Medien repräsentiert wird. Im filmischen Kontext können beispielsweise die Auswirkungen und Adaptionen des Motivs der »heiligen Familie« auf die Darstellung der Familie in audiovisuellen Produktionen nachgezeichnet werden (Fritz und von Wyss-Giacosa 2021, S. 491–509). Nun könnte man meinen, in den Medien werde die harmonische Familie als beständige Gemeinschaft der Gesellschaft idealisiert. In Produktionen, wie Filmen, Musik und Kunst, werden diese utopischen Familienmodelle und -werte aber nicht nur bestätigt und reproduziert, sondern auch immer wieder ganz nachhaltig infrage gestellt. Gerade während der letzten Jahre wurden die Repräsentationen von Familie diverser und heterogener, was nicht zuletzt gesellschaftlichen Debatten über Genderstereotype, feministischen Emanzipationsbewegungen sowie politischen Kämpfen für Queer-Sensibilität zu verdanken ist. Aber nicht nur die Zusammensetzungen der Familie sind vielfältiger und offener geworden, auch die Situationen, in denen sich die Familien befinden, weichen von dem über-romantisierten Bild der »Edeka«-, »Lidl«- oder »Netto«-Familien, die sich zu Heiligabend vor dem leuchtenden Tannenbaum versammeln, ab. So werden familiale Zusammenschlüsse im Film oftmals auf die Probe gestellt, sei es durch Konflikte aufgrund von Meinungsverschiedenheiten, durch Schicksalsschläge, innerfamiliäre Gewalt oder auch durch das Herausreißen der Familie aus ihrem gewohnten Umfeld. Letzteres geschieht auch der Familie in *The Witch*, deren Herausforderung darin besteht, in einem unbekannten Terrain, oder besser gesagt in der »Wildnis«, zu überleben.

Ob nun als Ort der Liebe oder des Konflikts: Die Familie ist in audiovisuellen Medien, die uns tagtäglich zur Informationsgewinnung, als Unterhaltung oder aus beruflichen Gründen begleiten, stets präsent. Dabei werden Ideen von Familie inszeniert, auf bekannte Motive der Familie referiert und mit ihr verbundene Wertvorstellungen bestätigt, adaptiert, verfremdet und umgekehrt (Fritz 2018). Die Rezeption idealisierter oder problematischer Vorstellungen von Familie stößt Reflexionsprozesse über Familienrollen und deren Platz in der Gesellschaft an. Die Art und Weise, wie Familien abgebildet werden, hängt im Film maßgeblich auch vom Genre ab, in dem sich das familiäre Leben abspielt. Das Horror-Genre zielt in erster Linie darauf ab, die Zuschauenden zu terrorisieren und ihnen Angst zu machen. Somit überrascht es nicht, dass in Horrorgeschichten auch der Familie vorwiegend keine schönen Dinge passieren, sondern sie stets einer gewissen Art von Bedrohung ausgesetzt ist. Dabei liegt der Ursprung des Bösen tendenziell eher außerhalb der Familie, wie es beispielsweise in den klassischen *Hauted House* Filmen á la *The Conjuring* (2012) der Fall ist. Dort ist die sonst sehr harmonische Gemeinschaft durch einen Umzug in ein abgelegenes Haus der zerstörerischen Wut einer transzendenten Kraft ausgesetzt, die versucht die Familie zu zerstören. Teilweise ist es jedoch auch die Familie selbst, die Quelle des Unheils ist. Ein Beispiel hierfür ist *Get Out* von Jordan Peele (2017). Der Film berichtet von einer Familie, die versucht sich gewaltsam des Körpers ihres angehenden Schwiegersohns zu bemächtigen und für ihre Zwecke zu missbrauchen. Mit *The Witch* wirft der Regisseur Robert Eggers genau diese Frage nach dem Ursprung des Bösen in den Raum: Schlummert die Dysfunktionalität und Verderbnis bereits im Inneren der strenggläubigen Gemeinschaft? Oder wird die Familie durch das äußere Einwirken dunkler Mächte zerstört?

Die *The Witch*-Familie: Ein hilfloser Familienpatriarch, ungehorsame Zwillinge und eine unglückliche Tochter

The Witch zeichnet bereits in den ersten Minuten ein ambivalentes Bild von Familie. Den Zusehenden wird eine Familie in der Krise gezeigt: Sie steht vor einem Tribunal, das offensichtlich abgehalten wird, um zu entscheiden, wie es um ihre Zukunft in der religiösen Gemeinschaft steht. Während der Vater erklärt, dass er nicht von seinem strikten Glauben abweichen will und somit für einen Ausschluss seiner Familie aus dem Schutz der Siedlung sorgt, zeigt die Kamera zuerst nur die Gesichter der Kinder: die fast erwachsene Thomasin, sowie Caleb, den ältesten Sohn, und die beiden jüngeren Zwillinge Jonas und Mercy, die alle mit erschrockenen Gesichtern den Richtern entgegenblicken. Die Eltern, William und Katherine, werden zunächst nur von hinten gezeigt, während die tiefe Stimme des Vaters über das Schicksal seiner Frau und Kinder bestimmt. Erst nach der Verbannung wird dem Publikum Williams Gesicht offenbart, das keinerlei Zweifel an seiner Entscheidung erkennen lässt. Langsam verlassen alle nacheinander den Gerichtssaal, der herrische Vater, dahinter seine Frau und nun auch zögernd die Kinder. Im nächsten Moment sehen wir, wie die Familie auf einem Karren aus der Siedlung hinaus in Richtung des Waldes fährt. Sie singen ein Lied und halten sich an den Händen. Was einerseits durchaus einen gewissen Familienzusammenhalt zeigt, wird jedoch durch die filmische Inszenierung gestört. Wieder erklingen beunruhigende, anschwellende Geigentöne, die das Schicksal der Familie, das die Wildnis für sie bereithält, erahnen lässt.

Nach diesem Auftakt kristallisieren sich im weiteren Verlauf der Erzählung langsam die Verhältnisse und Beziehungen heraus, von denen die Familie bestimmt ist. Die Mutter und die Töchter kümmern sich um Haus und anfallende Arbeiten, wie das Herstellen von Kerzen, während Vater und Söhne sich um den Anbau von Getreide bemühen. Mit der Geburt des kleinen Samuel besteht zudem eine weitere wichtige Aufgabe in dessen Versorgung, der sich neben der Mutter auch die älteste Tochter Thomasin widmet. In dieser sehr kurzen Zeit scheint noch alles in Ordnung zu sein, doch mit dem Verschwinden des Säuglings Samuel, das einer kurzen Unaufmerksamkeit der jungen Thomasin verschuldet ist, offenbaren sich Konflikte, die die familiäre Gemeinschaft langsam weiter destabilisieren. So ist William beispielsweise zu feige, seiner Frau Katherine die Wahrheit über seinen und Calebs Ausflug in den Wald zu verraten, woraufhin der Junge notgedrungen eine Lüge erfindet. Auch die Situation unter den Geschwistern verkompliziert sich zunehmend. Auf der einen Seite wird Caleb immer wieder dabei gezeigt, wie er lustvolle Blicke auf das Dekolleté seiner großen Schwester wirft, was ihm selbst im nächsten Moment aber spürbar unangenehm ist. Auf der anderen Seite wird die Stimmung zwischen Thomasin und den Zwillingen Jonas und Mercy zunehmend feindlich. Nicht genug, dass Thomasin stets auf sie achtgeben muss und bestraft wird, wenn die beiden ungehorsam sind, Mercy wirft ihrer großen Schwester auch vor, dass sie Samuel einer Hexe ausgeliefert hätte und ihre Mutter sie deswegen hasse. Der Streit eskaliert, als Thomasin, die sich von dieser Aussage provoziert fühlt, behauptet, dass in Wirklichkeit sie die Hexe des Waldes sei, und Mercy bedroht: »And I'll vanish thee, too, if thou displeaseth me.« Nachdem auch Caleb im Laufe des Films stirbt, finden die gegenseitigen Anschuldigungen der Zwillinge und Thomasin ihren Höhepunkt. An Calebs Krankenbett sprechen Mercy und Jonas die Anschuldigung vor der gesamten Familie laut aus: »She made bargain with Satan! She signed his book!«, woraufhin Thomasin später, um den Verdacht von sich zu lenken, die gleiche Behauptung ebenfalls gegen die Zwillinge äußert: »Jonas and Mercy, they made covenant with the Devil in the shape of Black Phillip.« Die Beziehung der Eltern ist durch den Film hindurch ebenfalls von Problematiken geprägt. Nicht nur lügt William seine Frau aus Stolz und Scham immer wieder an, er nimmt sie auch nicht ernst, als sie die merkwürdigen Vorkommnisse mit einer transzendenten Macht in Verbindung bringt: »Thy thoughts are as a child.« Katherine hingegen wirft ihm vor, dass er seine Familie nicht beschützen könne und sie durch sein egoistisches Handeln gefährde: »Will you damn all your family to death?«

Am vehementesten verschlechtert sich jedoch das Verhältnis der Eltern und ihrer Kinder. Durch Samuels und Calebs Tod gerät Thomasin immer mehr ins Visier von William und Katherine. So glaubt ihr eigener Vater ihren Worten irgendwann nicht mehr und stellt sie zur Rede. Er möchte wissen, ob sie eine Hexe sei und fordert sie auf, die Wahrheit zu sagen. Obwohl die Konversation zwischen Vater und Tochter zunächst von einer liebevollen und besorgten Atmosphäre geprägt ist, ändert sich das schnell, als Thomasin gekränkt durch diese Vorwürfe zum Gegenschlag ausholt. Sie wirft ihrem Vater vor, ein Lügner und Heuchler zu sein, und unterstellt ihm, er sei unfähig, die Familie zu ernähren. Der gekränkte Mann verliert völlig die Fassung und nennt seine Tochter »bitch«. Als Thomasin daraufhin aus Verzweiflung den Verdacht nochmals auf die Zwillinge lenkt, zerrt ihr Vater sie ins Haus und droht nun, seinem Sohn Jonas den Kopf einzuschlagen. An die Stelle väterlicher Fürsorge ist an diesem Punkt der Geschichte verzweifelte Aggression getreten. Zum Ende zeigt der Film nochmals deutlich diese emotionale Ambivalenz, in der sich beide Elternteile befinden. William fleht in der Nacht nach seinem Wutausbruch unter Tränen um die Errettung seiner Kinder, woraufhin ihn Black Phillipp am nächsten Morgen aufspießt, was er ohne Gegenwehr zulässt. Nun wird die Mutter zur Aggressorin, hat sie nun auch noch ihren Ehemann verloren. Unerschütterlich in der Annahme, Thomasin sei eine Komplizin des Teufels, geht sie auf ihre eigene Tochter los und versucht, sie umzubringen. In einem tragischen Kampf der beiden Frauen, unter dem Thomasin ihrer Mutter immer wieder beteuert, sie zu lieben, erschlägt sie schließlich ihre Mutter und bleibt allein auf dem Hof zurück.

Familienleben zwischen Frömmigkeit und Sünde

The Witch situiert diese Familientragödie innerhalb eines spezifischen religiösen Weltbildes. William ist vollständig überzeugt von der Rechtmäßigkeit seiner Religion und weicht davon kein einziges Mal während des gesamten Films ab. Seine Kinder und seine Frau haben ebenfalls eine starke Beziehung zu ihrem Glauben, was wenig verwundert, wenn man bedenkt, dass die Familie einen der wichtigsten Orte religiöser Sozialisation darstellt. Die Bedeutung von Religion spiegelt sich aus diesem Grund auch maßgeblich im Alltag der Familie wider. Vor dem Essen wird gebetet, der Vater fragt den Sohn während des Ausflugs in den Wald religionsspezifische Glaubensinhalte ab und als Hilfe gegen die Krankheit von Caleb wird Gott um Hilfe gebeten. Dieses starke Vertrauen auf Religion als Bewältigungsstrategie verschiedener Probleme behält ihre Bedeutung über den ganzen Film hinweg bei. Selbst als der Vater am Ende die Möglichkeit hat, sich mit einem Beil gegen den aggressiven Ziegenbock zu wehren, lässt er ab und ergibt sich seinem Schicksal.

Jedoch zeigt der Film die Familienmitglieder in *The Witch* auch in Momenten, in denen sie Zweifel an ihrer Religion haben oder entgegen ihrer religiösen Normen handeln. Nachdem der Säugling Samuel verschwindet, äußert Caleb gegenüber dem Vater seine Sorge, dass sein Bruder nicht in den Himmel gekommen sei, da er ungetauft war. Grundsätzlich scheint er an dem Konzept, dass jeder Mensch ein Sünder sei und bis zum Tode nicht wüsste, ob er errettet werde, keinen Gefallen zu finden. Nicht nur, weil er um seine eigene Seele fürchtet, sondern auch weil er nicht versteht, welche Sünden sein wenige Monate alter Bruder wohl begangen haben könnte. Nicht nur Caleb scheint jedoch mit einigen Antworten seiner Religion auf die Unglücksfälle im Familienleben unzufrieden zu sein, auch Mutter Katherine äußert ihre vehementen Zweifel an Gott, nachdem Samuel verschwunden ist und Caleb im Sterben liegt: »I cannot see Christ's help as near.«

Zusätzlich zu dieser religiösen Verunsicherung in der Familie werden beinahe alle Mitglieder dabei dargestellt, wie sie ihre eigenen religiösen Vorschriften übertreten. Thomasin wird bereits am Anfang der Erzählung in einer eindrücklichen Szene inszeniert, in der sie ihre zahlreichen Sünden beichtet: »I here confess I have lived in sin. I have been idle of my work, disobedient of my parents, neglectful of my prayer. I have, in secret, played upon thy Sabbath, and broken every one of thy commandments in thought. Followed the desires of mine own will and not the Holy Spirit. I know I deserve all shame and misery in this life, and everlasting hellfire, but I beg thee, for the sake of thy Son, forgive me, show me mercy. Show me thy light.« Thomasin scheint ihr Fehlverhalten ehrlich zu bereuen, jedoch ahnt das Publikum schon, dass ihre aufrichtige Einstellung wenig am katastrophalen Verlauf der Geschichte ändern wird. Doch nicht nur die junge Thomasin wird als Sünderin gezeigt, auch die anderen Familienmitglieder befinden sich immer wieder in Situationen, in denen sie entgegen ihres religiösen Weltbildes handeln. Gerade Caleb ist als heranwachsender Junge mit seinem gesteigerten Interesse an dem weiblichen Geschlecht konfrontiert. So findet er sich nicht nur in unangenehmen Situationen mit seiner Schwester wieder, sondern gerät auch letztendlich in die Fänge der Hexe im Wald, deren attraktiver Erscheinung er trotz offensichtlicher Angst nicht widerstehen kann. In Calebs Todeskampf verdeutlicht der Film seine innere Zerrissenheit. Der verhexte Junge krümmt sich vor Schmerzen, schreit wiederholt »Sin« und spuckt schlussendlich einen roten Apfel aus, ein Symbol, das hier auf den Sündenfall verweisen soll. Es folgt ein erbitterter Todeskampf Calebs, bei dem er immer wieder um Hilfe von Gott fleht: »My Lord, my Jesus, save me!« Nachdem der Eindruck erweckt wird, das Böse wäre aus dem Jungen gewichen, stirbt er einen beinahe friedlichen Tod, der ein religiöses Erlösungsmoment sowie seine Einkehr in den Himmel andeutet: Aufgebäumt mit ausgebreiteten Armen ruft Caleb »My Lord, my love. My soul's salvation. Take me to thy lap!«, bevor er seufzend in die Kissen sinkt und das Leben aus ihm weicht.

Neben den Zwillingen Jonas und Mercy, die sowieso ungehorsam und frech sind, wird der Vater trotz seines starken Glaubens als der größte Sünder in der Familie inszeniert. Seinetwegen belügt Caleb seine Mutter, weil sich William wegen seines Misserfolgs bei der Jagd schämt. Außerdem wird Thomasin des Diebstahls bezichtigt, da ihr Vater verschweigt, dass er an dem Verschwinden des Silberbechers Schuld hat. Doch während Thomasin und Katherine im Laufe der Handlung ihre Sünden beichten und ihr vermeintliches Fehlverhalten einsehen, gibt er erst ganz zum Schluss zu, sich falsch verhalten zu haben: »I am false. I am infected with the filth of pride.« William wird während des gesamten Films als tragische Männerfigur inszeniert, die immer wieder versucht, die aufkommenden Probleme auf eigene Faust zu lösen und dabei kläglich scheitert. Sei es der Versuch zu jagen, der mit einer Verletzung des Auges endet, oder seine Bemühungen, die Familie zu ernähren und zu beschützen, was in einer nahezu vollständigen Auslöschung dieser resultiert.

Doch nicht nur der Verweis auf Sünde und deren Konsequenz sind offensichtlich religiöse Momente in *The Witch*. Der Film funktioniert maßgeblich durch explizite Verweise auf biblische Narrative, die für den Erzählverlauf von fundamentaler Bedeutung sind. Die prominenteste biblische Geschichte, auf die *The Witch* Bezug nimmt, ist die alttestamentliche Erzählung von Hiob, dessen Glauben von Gott auf eine harte Probe gestellt wird. Der gottesfürchtige Hiob hält trotz allen Klagens, dem Leid, das Satan ihm zufügt, stand und findet letztendlich seinen Frieden in der Annahme, dass er nur einen kleinen Platz in Gottes großem Plan einnehme (Hiob 40, 1–5). Innerfilmisch wird explizit auf diese biblische Narration referiert, als Katherine in Zusammenhang mit den Zweifeln an ihrem Glauben offenbart: »I have become as Job's wife, i know it.« Damit verweist sie auf Hiobs Frau, die ebenfalls aufgrund der grausamen Vorkommnisse in ihrer Familie an Gott zweifelt. Parallel zur Erzählung der Geschichte in der Bibel (Hiob 2, 9–10) kommt es auch im Film zu einer Diskussion zwischen den Eheleuten über Gottes Einfluss auf ihre Situation. Während Katherine daran glaubt, dass Gott ihre Familie verflucht hat, appelliert William an die Gnade und Weisheit Gottes: »He hath taken us into a very low condition to humble us and to show us more of his grace«, eben wie auch Hiob Gott trotz anbahnender Zweifel letztlich vertraut. Neben Hiob wird die Figur Williams in Referenz zu weiteren biblischen Figuren illustriert, um seine Gefühls- und Gedankenwelt zu verdeutlichen. Aus Wut auf seine verbleibenden Kinder und deren gegenseitigen Beschuldigungen, droht er seinem Sohn Jonas, ihn zu opfern, und spielt damit auf Abraham und Isaak (Gen 22, 1–19) an: »Fetch the billhook, wife, and I will smite Jonas as Abraham would have done his seed«. Ein weiterer Verweis auf eine Stelle in der Bibel findet sich, als William in seiner letzten Nacht während des Holzhackens zusammenbricht und um Gnade für seine Kinder fleht. Im Buch des Propheten Micha bittet dieser Gott um Vergebung für die Menschen und beschreibt, dass sie aus Reue »Staub lecken wie die Schlangen und das Gewürm auf Erden« (Micha 7, 17). Ebenfalls beteuert William in seiner Verzweiflung »and I'll lick the dust of thine earth«.

Abgesehen von diesen expliziten Verweisen auf die jüdisch-christliche Tradition, bietet *The Witch* ein breites Spektrum religiös aufgeladener Symbolik, mit der vor allem die Antagonisten der familiären Gemeinschaft illustriert werden. Besonders die Darstellung der Hexengemeinschaft und des Teufels erinnert dabei stark an populärkulturelle Repräsentationen von Menschen, die zu Magie fähig sind. Eine Eigenschaft, die Hexen und Hexern in Film, Kunst und Literatur immer wieder zugeschrieben wird, ist die Angewohnheit von Hexen und Hexern, Kinder zu töten und auch zu verspeisen, um die eigene Jugendlichkeit zu erhalten. So werden die Hexen in *The Witch* sowohl als alte, nicht stereotyp attraktive Frauen gezeigt als auch in Form einer attraktiven Brünetten. Ein weiteres Motiv, das oft in der Darstellung von Hexen auftaucht, ist deren Fähigkeit, fliegen zu können. Zudem werden die Frauen, die in *The Witch* für die Zerstörung der Familie sorgen, mit einer sexuellen und verführerischen Kraft assoziiert, was sich vor allem in der Endszene niederschlägt, in der alle Hexen inklusive Thomasin nackt um ein Feuer tanzen und danach zu schweben beginnen. Die Konnotation zwischen Sexualität und Bosheit wurde unter anderem durch Dokumente wie dem *Hexenhammer* geprägt (Sprenger und Institoris 2011) und danach in populärkulturellen Darstellungen von Hexen wiederaufgenommen. Die Hexen in *The Witch* werden durch diese Attribute als mysteriöse, transzendente und gefährliche Frauen inszeniert, die aufgrund ihrer Sexualität das pure Böse verkörpern sollen.

Allerdings steht der Familie nicht allein die Bedrohung durch den Hexen-Zirkel gegenüber. Auch der Teufel, dem die Hexen zum Dienst verpflichtet sind, nimmt eine prominente Rolle im Film ein. Dieser befindet sich inmitten der Familie selbst, in Gestalt des Ziegenbocks »Black Phillipp«. Erst als die verzweifelte Thomasin am Ende zu ihm in den Stall kommt, sehen wir die menschliche Form des Teufels, der mit schwarzen Stiefeln, einem großen Hut und bärtigem Gesicht hinter Thomasin auftaucht. Der Teufel wird hier als Gestaltwandler dargestellt. Die Vermutung, dass sich hinter dem Ziegenbock, mit dem die Zwillinge immer wieder zu reden scheinen, etwas anderes verbirgt, äußert Thomasin im Film schon, bevor sie es mit eigenen Augen sieht: »The Adversary often comes in the shape of a he-goat. And whispers. Aye, whispers! He is Lucifer.« Obwohl das Symbol des Ziegenbocks deutlich älter ist, hat sich die Repräsentation des Teufels als gehörnter, paarhufiger Antagonist vor allem in der Populärkultur ab dem 18. Jahrhundert konstituiert. So finden sich in der filmischen Ausarbeitung dieses transzendenten Gegenspielers Motive, die unter anderem stark von künstlerischen Darstellungen dieser Zeit inspiriert wurden (Gmelch 2022, S. 128–130). Zudem hat sich der Ziegenbock als Teufelsfigur im Bildrepertoire »okkulter« oder »satanistischer« Bewegungen etabliert, was die Konnotation zwischen schwarzem Bock und dem Teufel festigte. Ein Beispiel dafür ist die Adaption der Figur des »Baphomet« durch den französischen Diakon, Schriftsteller und Okkultist Éliphas Lévi, der dessen Erscheinungsbild als androgyne ziegenköpfige Gestalt nachhaltig geprägt hat (Strube 2017, S. 37–39). Eine enge Verbindung zu ziegenähnlichen Teufelsdarstellungen wird in der heutigen Zeit vor allem noch durch die von Anton Szandor LaVey verfasste *Satanische Bibel* hergestellt, die oft das Siegel des »Baphomet« auf ihrem Cover trägt.

Religion als Aushandlungsort von familiären Konflikten in *The Witch*

Religion spielt für die Narration von Eggers' *The Witch* eine unersetzbare Rolle. Durch explizite Verweise auf jüdisch-christliche Narrative und die Verwendung von Symbolen und Motiven, die mit religiösen Bedeutungen aufgeladen sind, situiert der Film ein Familiendrama inmitten eines spezifischen religiösen Weltbildes. *The Witch* lässt die Rezipierenden in den puritanischen Albtraum einer sechsköpfigen Familie eintauchen. Diese Bezugnahme auf religiöse Verweise ist nicht nur als kreative Ausschmückung einer tragischen Familiengeschichte zu verstehen. Vielmehr ist die Interaktion zwischen filmischer Produktion und religiösen Verweisen ein komplexer Kommunikationsprozess. Sowohl religiöse Symbolsysteme als auch Filme haben die Fähigkeit, Bedeutung zu vermitteln. Sie entwerfen spezifische Weltbilder und inszenieren darin ihre Geschichten. Beide präsentieren Figuren, mit denen wir uns identifizieren oder von denen wir uns bewusst abgrenzen möchten. Dadurch bieten sie Orientierung in Bezug darauf, welche Werte und Normen für unser Leben wichtig sind (Lyden 2019, S. 24). Filme, wie *The Witch,* kommunizieren also bestimmte Botschaften, indem sie in Interaktion mit religiösen Verweisen, Narrativen und Symbolen stehen, die ihrerseits ebenfalls mit normativen Ideen aufgeladen sind.

Ein zentrales Beispiel dieser Verweisstrukturen in *The Witch* ist die Inszenierung des Vaters William in Verbindung mit der Erzählung Hiobs. William wird als überzeugter und standfester Christ inszeniert, dessen Glaube kein Schicksalsschlag erschüttern kann: »Let us pray, and we need fear nothing. We shall never lie open to the wicked one«, während seine Frau Katherine deutlich mehr unter den katastrophalen Ereignissen, die ihrer Familie widerfahren, leidet: »Since Samuel disappeared, I have such a sad weakness of faith. I cannot shake it.« William ist aber nicht nur stark, sondern auch stolz – nicht nur standfest, sondern auch stur, was ihn letztendlich den Kopf kostet. Außerdem wird er auch als Heuchler inszeniert, wenn man berücksichtigt, dass er seine Familie belügt und sich trotzdem noch als frommer Christ inszeniert und andere tadelt. Die Geschichte des gottesfürchtigen Hiob wird in *The Witch* insofern adaptiert, als dass der Vater aufgrund seines rigiden Glaubens seine Familie ins Unglück stürzt. Er schafft es zudem nicht mehr, sie daraus zu befreien und muss zusehen, wie seine Frau und Kinder mit ihm untergehen. Ein weiteres wichtiges Thema im Film ist die Frage der Sünde und deren Bestrafung. Nahezu alle Familienmitglieder – vielleicht mit Ausnahme des kleinen Samuel – legen in ihrem Weltbild »sündiges« Verhalten an den Tag. Der Film stellt dadurch die Frage in den Raum, ob dies der Auslöser ist, der die Familie zum Zusammenbruch bringt. Der Vater belügt die Mutter, der Bruder wirft immer wieder verstohlene Blicke in den Ausschnitt seiner Schwester, und die Kinder beschuldigen sich untereinander, eine Verkörperung des Bösen zu sein. Damit zeigt *The Witch* unterschiedliche Problematiken auf, die auch in »realen« Familien durchaus vorkommen. Durch die Verknüpfung dieser »schlechten« Taten mit einem pessimistischen Menschenbild – Caleb gibt dieses beim Ausflug in den Wald mit seinem Vater wieder: »Adam's sin imputed to me, and a corrupt nature dwelling within me« – und der Vorstellung einer harten Bestrafung jeder Sünde im Dies- oder Jenseits – »I know I deserve all shame and misery in this life, and everlasting hellfire« – sind die negativen Konsequenzen für die Familienmitglieder im Film folgeschwer. Die Tragweite von unsozialem, egoistischen oder andersartig verwerflichem Verhalten steigert sich in *The Witch* ins Unverhältnismäßige, wie der Gewaltexzess und der Sieg des Bösen über die Familie am Ende zeigen.

Trotzdem ist hervorzuheben, dass die Familie stets in einer Spannung zwischen Misstrauen und Zusammenhalt gezeigt wird. Auch wenn die Geschichte in einer Katastrophe endet, aus der letztendlich nur Thomasin lebend herauskommt und dann gezwungen ist, sich dem Hexenzirkel anzuschließen, gibt es immer wieder Momente im Film, die auch einen liebevollen und behutsamen Umgang miteinander aufzeigen. So scheinen Caleb und Thomasin stets aufeinander aufzupassen und sich gegenseitig aufzumuntern, und auch die Beziehung der Eltern wird wiederholt als sanft und wertschätzend dargestellt. Infolgedessen kommt es in *The Witch* zu Schwankungen zwischen Liebesbekundungen »I love thee marvelous well« und Androhung von Gewalt »I will dash his skull!« Dieser Kontrast, der sich fast durch den gesamten Film hindurchzieht, betont die Tragik des letztendlichen Untergangs dieser Familie. Das Publikum kann den Kampf der Gemeinschaft, die Hoffnung und das Vertrauen auf das Gute in ihrem Inneren nicht zu verlieren, hautnah miterleben und bis zum Schluss darauf hoffen, dass William und Katherine zur Besinnung kommen und mit wenigstens ein paar der Kinder wieder in ihre Siedlung zurückkehren können.

The Witch inszeniert diese Familiengeschichte inmitten eines religiösen Weltbildes, das die Dramatik ihres schrecklichen Verlaufs verdeutlicht. Die Zerrissenheit, die Versuchung und das schlechte Gewissen, wenn man dem eigenen Verlangen nachgibt, erhalten eine besondere Bedeutung, kann man als Rezipierende doch nahezu fühlen, in welchem Zwiespalt zwischen Gottvertrauen und menschlicher Unvollkommenheit sich die Familie befindet. Auch der »Ausweg« Thomasins und ihre Verwandlung zur Hexe, die auf den ersten Blick ein eskapistisches und emanzipatorisches Moment in sich trägt, entpuppt sich als ausweglose Alternative, bedenkt man die Umstände und das Leid, die sie in diese Situation gezwungen haben (siehe hier auch der Beitrag von Stefan Sonntagbauer in diesem Band).

Fazit: *The Witch* als Appell an ein harmonisches Familienleben?

Auch wenn Regisseur Robert Eggers betont, dass er kein Statement in Bezug auf Religion in *The Witch* setzen wollte (Gingold 2019), kann sein Film definitiv als Kritik an orthodoxer, konservativer Religion verstanden werden. Auch aus dem Grund, dass ein Appell an mehr Denkfreiheit und eigene Entscheidungsfindung in der Narration des Films angelegt ist: Katherine: »Think!« William: »I have no thought.« Nichtsdestotrotz zeigt *The Witch* wie wichtig der Zusammenhalt einer (religiösen) Gemeinschaft für das Überleben und den Schutz der ihr angehörenden Parteien ist. Und zwar besonders in Zeiten, in denen Zusammenhalt, Solidarität und ein fürsorgliches Miteinander von großer Bedeutung sind. In diesem Sinne wird deutlich, dass die Familie rund um Thomasin hier versagt. Sie sind zwar auch fürsorglich und liebevoll miteinander, jedoch ist das Misstrauen und die Angst vor dem Fremden so mächtig, dass das Familiengeflecht sich langsam von innen heraus selbst zerstört und somit dem Druck der äußeren Bedrohung nicht mehr standhält und schlussendlich zur Bedrohung selbst wird. Das Monströse bricht in die Familie ein, weil ihre Strukturen und Hierarchien grundlegend dysfunktional sind, was auf ihrer – und vor allem Williams – konservativen und rigiden Weltanschauung beruht. Dieser Familienhorror erzeugt so bei den Rezipierenden nicht nur Angst und Unbehagen, wie es sich für einen guten Horrorfilm gehört, sondern impliziert gleichzeitig eine normative Botschaft in Bezug auf die Familie. Die Familie wird aufgrund ihrer inneren Zerrissenheit und ihrer fehlgeleiteten Bewältigungsstrategien – äußerlich verbildlicht durch den Einbruch der Hexe – zerstört. Dem Publikum wird demnach eine mangelhafte Familie präsentiert, die im Umkehrschluss eine positive Botschaft für das Familienleben vermittelt: Ehrlichkeit, Zusammenhalt und Fürsorge sollten die wichtigsten Werte innerhalb einer Familie sein, unabhängig von religiösen Weltanschauungen oder Meinungen, wohingegen Eifersucht, Misstrauen, Stolz und das Verlangen nach Macht keinen Platz in einer funktionierenden familialen Gemeinschaft haben. Liest man die Farm der Familie überdies als Projektion eines gesellschaftlichen Kosmos, ist *The Witch* eine Absage an eine von Angst, Intoleranz und Machthunger geleitete Weltanschauung und vielmehr noch ein Appell an gemeinschaftliche Solidarität, Zusammenhalt und Fürsorge. Indem der Horrorfilm also eine Familie in der Krise zeigt, wertet er umgekehrt grundlegende stereotype Vorstellungen und Ideale von familialen Gemeinschaften auf und reiht sich auf eine genretypische Weise in die mediale Aushandlung von Familienbildern ein.

Literatur

Die Bibel. Lutherübersetzung. Stuttgart: Deutsche Bibelgesellschaft 2017.

Foehr-Janssens, Yasmina: »Papa, Mama und die Kinder, das ist natürlich!« Familienvorstellungen auf der Spur. In: Höpflinger, Anna-Katharina/Jeffers, Ann/Pezzoli-Olgiati, Daria (Hrsg.): Handbuch Gender und Religion. 2. erweiterte und überarbeitete Ausgabe. Göttingen: Vandenhoeck & Ruprecht 2021. S. 173–185.

Fritz, Natalie: Von Rabenvätern und Übermüttern. Das religionshistorische Motiv der Heiligen Familie im Spannungsfeld zwischen Religion, Kunst und Film. Marburg: Schüren 2018.

Fritz, Natalie/von Wyss-Giacosa, Paola: Die »Heilige Familie« nach Barilla oder warum jetzt auch die Drag Queen dazu gehört. Zur medialen Inszenierung von Familien- und Genderbildern, Religion und Essen. In: Höpflinger, Anna-Katharina/Jeffers, Ann/Pezzoli-Olgiati, Daria (Hrsg.): Handbuch Gender und Religion. 2. erweiterte und überarbeitete Ausgabe. Göttingen: Vandenhoeck & Ruprecht 2021. S. 491–509.

Gingold, Michael: Q&A Writer/Director Robert Eggers Conjures Up THE WITCH, In: *Fangoria*, 15. Februar 2019, abgerufen: am 26.01.2024. https://www.fangoria.com/original/qa-writerdirector-robert-eggers-conjures-up-the-witch/

Gmelch, Adrian: Art-Horror. Die Filme von Ari Aster und Robert Eggers. Marburg: Büchner Verlag 2022.

Institoris, Heinrich/Sprenger, Jakob. Der Hexenhammer: Malleus Maleficarum. Kommentierte Neuübersetzung. München: Deutscher Taschenbuch Verlag 2015.

Lyden, John: Film as Religion. 2. Auflage. New York: New York University Press 2019.

Popp, Ulrike: Das hegemoniale Familienleitbild zwischen anachronistisch-restaurativen Tendenzen und gegenwärtigen Familienrealitäten – Über Paradoxien in Medien und Alltagsdiskursen. In: Villa, Paula-Irene/Thiessen, Barbara (Hrsg.): Mütter – Väter: Diskurse, Medien, Praxen. Münster: Westfälisches Dampfboot 2009. S. 90–107.

Strube, Julian: The »Baphomet« of Eliphas Lévi. Its Meaning and Historical Context. In: *Correspondences* 4, 2016. S. 37–79.

Zwick, Reinhold/Hasenberg, Peter/Leninger, Markus: Familienbilder – Reflexionen und Konstruktionen in aktuellen Spielfilmen und TV-Serien. Einführung. In: Ebd. (Hrsg.): Familienbilder. Reflexionen und Konstruktionen zum Thema Familie im aktuellen Spielfilm. Marburg: Schüren 2020. S. 7–19.

Die Hex, die ist nicht tot. Zur grimmschen Märchenmotivik in *Hansel & Gretel* und *The Witch*

Jonathan Ederer

»Hänsel und Gretel verliefen sich im Wald.« Ich erinnere mich noch gut daran, als wir das im Kindergarten gesungen haben. »Es war so finster und auch so bitterkalt«, ging es weiter. Es war unheimlich. Und das, obwohl die Kindergärtnerin die Melodie so fröhlich vor sich hin trällerte. »Sie kamen an ein Häuschen von Pfefferkuchen fein. Wer mag der Herr wohl von diesem Häuschen sein?« Oh Mann. Für uns Kinder war dann ab der nächsten Strophe klar: nein, kein Herr. Eine Herrin. Eine alte Hexe, die die Kinder backen will. Eigentlich zu viel für die Seele eines Fünfjährigen. So etwas hat es wirklich gegeben? Dass uns die Kindergärtnerin versichert hat, die Geschichte sei nur ein Märchen, nicht echt also, hat meine Angst damals nicht geschmälert. Das Bild der alten, grausamen Hexe hatte sich in mir eingebrannt. Irgendwo ganz tief drinnen. Und da half es auch nicht viel, dass die Hexe am Ende der Geschichte selbst in den Ofen geschoben wurde, selbst gebraten wurde. Was, wenn es noch mehrere gab? Die Hex, die soll tot sein? Irgendwie habe ich das nicht geglaubt.

Hänsel und Gretel verliefen sich im Wald ist hierzulande eines der bekanntesten Kinderlieder und stammt aus der Zeit um 1900. Roland Kaiser hat es mal gesungen. Oliver Kalkofe hat es parodiert. Der Stoff dazu ist noch älter und das erste Mal wurde die Geschichte 1812 in ein Buch gedruckt: als die Erzählung von *Hänsel und Gretel* in der berühmten Sagensammlung *Kinder- und Hausmärchen* (1812–1858). Ein über viele Jahre hinweg editiertes, in der 6. Auflage von 1850 schließlich 200 Erzählungen umfassendes Großwerk, das aus den Federn zweier Pioniere der deutschen Philologie stammt: der Gebrüder Grimm.

Die beiden entwickelten mittels philologischer Akribie und Nähe zum Volk, aus dem die Geschichten stammen, performativ einen unverwechselbaren Erzählstil, den der Grimm-Forscher Heinz Rölleke (1936–2023) auf der Schwelle zwischen »Kunstmärchen dichterischer Prägung« (Rölleke 2004, S. 68) und dem mündlich tradierten Volksmärchen verortet. Es vergingen rund 200 Jahre, bis ein junger Regisseur von der Ostküste der USA den Stoff für sich entdeckte, einen 26-minütigen Kurzfilm drehte und in seiner Interpretation vor allem jener kunstmärchenhaften Seite grimmscher Märchen ein einprägsames Gesicht verlieh. Er sammelte die Kieselsteine auf von den uralten Geschichten, die Jacob (1785–1863) und Wilhelm Grimm (1786–1859) im Volk auflasen, neu akzentuierten, niederschrieben und Zeit ihres Lebens immer wieder überarbeiteten. Die Rede ist natürlich von Robert Eggers, dem es einer dieser Kieselsteine besonders angetan hatte: die Figur der Hexe nämlich, der »Prototyp der Jenseitsfigur« (Uther 2021, S. 35), das furchterregende Frauenwesen, das später auch in seinem Film *The Witch* (2016) eine zentrale Rolle einnehmen sollte. Ein Film, den der Filmemacher ausdrücklich mit (*New-England*) *Folktale* betitelt – zu Deutsch: ein Märchen.

Hansel & Gretel und *The Witch* – diese durch Eggers filmgewordenen Märchen werde ich in diesem Text auf ihre Gesichtspunkte überprüfen, indem ich sie mit Grimms *Hänsel und Gretel* vergleiche. Überprüfen auf die Märchenmotive, die schon bei den Gebrüdern zentral sind und bei Eggers fortgedacht werden. Die Armut etwa. Das Aussetzen der Kinder. Der verlorene Weg. Die Rolle der Tiere dabei. Dichotomien wie das Hexenhaus und das Elternhaus werden eine Rolle spielen. Es wird auch um Symbole gehen, die bei vergleichender Betrachtung besonders hell scheinen: der Mond, der Wald, die Brotkrumen. Und es wird um die Inversionen jener Motive gehen, die Eggers' Adaptionen als eigenständiges Märchen ausweisen. Dabei wollen wir herausfinden, was das Märchen ist und ob es im Kern heute, bei Eggers, noch dasselbe ist wie damals bei den Gebrüdern Grimm. Ob es tatsächlich etwas ist, das nie ganz vergeht, wie es schon beim griechischen Dichter Hesiod im Jahr 763 vor Christus heißt, den die Gebrüder eingangs ihrer Sammlung zitieren. Eine Sage nämlich, »welche der Völker redende Lippe umschwebt: denn sie ist die unsterbliche Göttin«.

Meine These lautet: Mit seinen puristischen Interpretationen erhält Eggers das traditionelle Märchen im grimmschen Geiste am Leben. Indem er seine Geschichten nicht auf ein zeitgenössisches Publikum ausrichtet, auf platte Modernismen verzichtet, jedoch die Grundmotivik der grimmschen Vorlage bewahrt, lässt er den Märchenmond hell scheinen. Der Mond, der jene Kieselsteine im finsteren Wald zum Glitzern bringt, die Eggers (wie Hänsel im Märchen) ausgestreut hat, indem er seine Filme als Märchen arrangiert. Die Steine, die uns, sein Publikum, zurückführen zu den Adoptivvätern des Märchens, die Wilhelm und Jacob heißen.

Grimms *Hänsel und Gretel*: Nährboden der Symbolik für Eggers' Adaptionen

Hänsel und Gretel ist die 15. Geschichte in *Kinder- und Hausmärchen* und wird deshalb in der Forschung mit dem Kürzel *KHM 15* erfasst. Die Urfassung, die unter anderem durch das französische Märchen *Le Petit Poucet* (*Das Däumlingsmärchen*) inspiriert wurde, erschien 1810 und hieß noch anders: *Das Brüderchen und das Schwesterchen*. Den Titel erhielt am Ende ein anderes Märchen (*KHM 11*), doch traf er auch die Geschichte von Hänsel und Gretel im Kern: Es ist ein Zaubermärchen, durchzogen von Übernatürlichem, das auch ein Geschwistermärchen ist und das sich auszeichnet durch eines seiner zentralen Motive: das der Familie.

Als die Gebrüder Grimm gelebt haben, veränderte sich die Tradition der Familie grundlegend. In vielen Haushalten gab es jetzt eine Kinderstube und die Idee der Kleinfamilie reifte in dieser Zeit heran. Die *KHM* waren daher auch als pädagogisches Instrument interessant: Mütter lasen ihren Kindern daraus vor, um sie vor den Gefahren der Welt zu warnen. Vor dem Wald zum Beispiel oder davor, in fremde Häuser zu gehen. Und so war die Thematik von *Hänsel und Gretel* aus damaliger Sicht von besonderem pädagogischen Mehrwert.

Das Märchen, das ich an dieser Stelle grob nacherzählen werde, beginnt genau da, bei der Familie. Beim Vater, dem Holzhacker, seinen zwei Kindern, Hänsel und Gretel, und deren Stiefmutter. Sie leben in einem großen Wald und sind so arm, dass sie sich kaum ihr täglich Brot leisten können. Da hat die Stiefmutter eine boshafte Idee: die Kinder dort aussetzen, wo der Wald am dichtesten ist. Sonst müssten sie alle den Hungertod sterben, sagt sie. Zwei Mäuler weniger zu stopfen. Der Holzhacker wehrt diesen Vorschlag zunächst ab, hat ein schlechtes Gewissen – willigt dann aber ein.

Hänsel und Gretel lauschen dem Gespräch und Gretel ist sehr verzweifelt. Doch Hänsel, der an dieser Stelle die Rolle der Hauptfigur übernimmt, hat einen Plan. Er geht hinaus und sammelt Kieselsteine. Er fand sie, denn sie leuchteten im Dunkeln – »da schien der Mond ganz helle« (*KHM 15*). Daraufhin geht die Familie gemeinsam in den Wald und die Kinder sollen ausgesetzt werden. Das geschieht zweimal, denn beim ersten Mal geht es glimpflich aus für die Kinder: Hänsel streut die Kieselsteine aus, die sie zurück zum Elternhaus führen. Beim zweiten Mal – sie hören das Gespräch der Eltern wieder mit an – da findet er aber keine Steine mehr. Er muss das Brot zerreiben und die Krumen ausstreuen. Bis sie sich auf den Rückweg machen, haben die Vögel die Spur vom Waldboden gepickt. Und ein Vogel ist es auch, der die beiden betörend zwitschernd zum Haus der Hexe lockt.

»Knuper, knuper, kneischen, wer knupert an meinem Häuschen?« (*KHM 15*) Diese ersten Worte der Hexe, die aus ihrem aus Brot gebauten, mit Kuchen gedeckten und Zucker überzogenen Haus erklingen, sind hierzulande heute geflügelte – ebenso wie die Antwort der Kinder: »Der Wind, der Wind, das himmlische Kind« (*KHM 15*). Doch trotz dieser Finte gelingt es der Hexe, die Kinder ins Haus zu locken, und im Innern zeigt sie ihr wahres Gesicht. Draußen noch ein altes Mütterchen, das sich auf eine Krücke stützt, mehr schleicht als geht und mit dem Kopf wackelt, verwandelt sie sich im Haus in das schon angesprochene grässliche Jenseitswesen: rote, trübe Augen, dürre Finger. Etwas, das fein wittert wie ein Tier, das nach Menschenfleisch lechzt, das boshaft lacht und garstig ist.

Hänsel wird in einen Käfig gesperrt, Gretel wird als Sklavin gehalten. Sie soll der Hexe dabei helfen, ihren Bruder zu mästen, damit er ein saftiges Mal abgibt: »Nun ward dem armen Hänsel das beste Essen gekocht, aber Gretel bekam nichts als Krebsschalen« (*KHM 15*). Die Zeiten haben sich geändert: Das Übermaß, nicht mehr der Mangel an Essen, ist es nun, das Leid beschert. Doch Hänsel ist schlau. Als die Hexe nachsehen will, ob er schon fett genug ist, streckt er ihr ein dünnes Knöchlein heraus – und die Hexe glaubt's, dass das sein Finger ist.

Lange hält die Wirkung seiner List allerdings nicht an. Denn der Hexe ist es schon bald egal, ob der Junge fett ist oder nicht. Sie will ihn jetzt fressen. Und weil Hänsel gefangen ist, nichts tun kann, um seinem Schicksal zu entkommen, muss ihm Gretel helfen. Sie ist es, die nun zur Hauptfigur wird und die Hexe hinters Licht führt. Nachdem ihr die alte Frau in böser Absicht aufträgt, in den Ofen zu klettern, um nachzusehen, ob er ordentlich vorgeheizt ist, dreht sie den Spieß um. Sagt, sie wisse nicht, wie sie da hineinkommt – die Hex: »Dumme Gans! Ich zeige es dir!« (*KHM 15*) Gretel verriegelt die Tür, als die Hexe drin ist, und die heult grausig – »die gottlose Hexe musste elendig verbrennen« (*KHM 15*). Das Mädchen befreit dann auch Hänsel aus dem Käfig und der tollt umher: endlich frei. Wie ein Vogel.

Und jetzt raus aus dem Hexenhaus, raus aus dem Hexenwald. Noch die Edelsteine und Perlen eingepackt, den Schatz der Hexe, und nichts wie los zum Haus der Eltern. Zurück ins Diesseits. Doch bald schon kommen Hänsel und Gretel an ein großes Wasser, das die Schwelle zwischen beiden Welten markiert. Hänsel ist es diesmal, der nicht weiter weiß – kein Steg, keine Brücke, kein Schiffchen. Abermals hilft Gretel ihnen beiden aus der Patsche, die eine weiße Ente sieht und sie bittet, dass sie sie ans andere Ufer bringt. Gefragt, geschwommen. Der Weg zum Elternhaus ist nun frei und als sie dort ankommen, ist die Stiefmutter tot. Nur noch der von Reue geplagte Vater lebt da und als sie bei ihm sind, ist die Freude groß: Perlen, Edelsteine, nie mehr hungern. Ende gut, alles gut und wenn sie nicht gestorben sind und so weiter und so fort.

Sehen wir uns zunächst einige wichtige Symbole an, denn sie spielen auch bei Eggers eine tragende Rolle. Da ist einmal der Wald. Der finstere Wald, den die Gebrüder Grimm als eine Welt des Jenseits inszenieren. Die Eltern führen die Kinder dorthin, wo er am dichtesten ist. Immer näher zu seinem Herzen, das rumpelt und unstet klopft, denn es ist das verführerische Haus der Hexe, die eine Personifizierung des Jenseitigen ist. Die fremde Welt also ist der Wald, in der auch Böses lauert. Und die Irrgänge der Geschwister durch seine verworrenen Pfade sind ihre ersten Schritte in Richtung eines Lebens, dessen Alltag bald nicht mehr behütet wird von den Eltern.

Doch nicht nur in Form des Waldes – die Natur zeigt in *Hänsel und Gretel* viele Gesichter. Ist es der Wald, der dunkel ist, so ist es der helle, blasse Mond am Himmel, der seiner Dunkelheit Einhalt gebietet. Überirdisches, das dem irdischen Jenseits trotzt. Der Mond ist das Symbol der möglichen Orientierung auf unbekannten Wegen. Wenn man ihn zu nutzen weiß. Denn er bringt die Kieselsteine zum Funkeln, die Hänsel ausgestreut hat, bevor sie das erste Mal von ihren Eltern bei einem Feuer und zwei Stücken Brot im Wald ausgesetzt werden, und die den Weg zurück markieren.

Auch die Bewohner des Waldes, die Tiere, spielen eine wichtige Rolle. An gleich mehreren Stellen dienen sie den Gebrüdern Grimm als dramaturgisches Vehikel, um die Figuren vom Elternhaus ins Hexenhaus und wieder zurückzubringen. Da sind die Vögel, die Hänsels zweite Spur, die er aus Brotkrumen gelegt hat, vom Waldboden picken. Da ist das weiße Vögelchen, das so schön sang, dass die Geschwister, die bereits zwei Nächte durch den Wald irrten, stehen blieben, kurz ihren Hunger vergaßen und ihm schließlich folgten: zum Hexenhaus, auf dessen Dach das Vögelchen sich setzte, als wäre es der oberste Gehilfe des Bösen höchstselbst. Und da ist die Ente, das dritte geflügelte Wesen, als der Fährmann, der Hänsel und Gretel gegen Ende ihrer Reise über das Wasser bringt. Über den Styx gleichsam, der in der griechischen Mythologie die Unterwelt von der Welt der Lebenden trennt.

Als tierisch beschreiben Grimm auch die Hexe mit ihren triebhaften Wesenszügen. Mit ihrer Schnüffelei, ihrem tierischen Wittern, mit dem sie sich ihre Umwelt erschließt, weil sie nicht gut sehen kann. Sie will die Kinder fressen. Sie ist die Fürstin der Tiere, die Teufelin, die alles Böse in sich vereint. Und in den höllischen Feuersbrünsten ihres Ofens drohen die Kinder zu verenden, wären sie nicht so schlau und gelänge es ihnen nicht, die Hexe auszutricksen. Und so können wir einen weiteren dramaturgischen Kniff der Gebrüder Grimm beim Namen nennen: die List. Neben dem Fokuswechsel der Hauptfigur von Hänsel zu Gretel im Laufe der Geschichte und der inhaltlichen Parallelität, etwa in Form des sich wiederholenden Aussetzens im Wald, ist sie eines der wichtigsten Strukturelemente des Märchens.

Diese breit gefächerte Symbolik erwächst aus der eingangs erwähnten Familienmotivik, die ein buntes Konglomerat aus verwandten Motiven meint und ein fruchtbarer Boden ist für die grimmsche Erzählung selbst und auch die von Eggers. Sie umspannt dessen Eingangsthematik und Schlussthematik und benetzt die gesamte Handlungsdynamik. Und sie ist es auch, auf deren Basis wir uns nun Eggers' Filme *Hansel & Gretel* und *The Witch* motivisch aneignen wollen. Die Familie, sie soll der weiteren Analyse als roter Faden dienen. Oder, um im Bild zu bleiben: als Kieselsteinspur.

Eggers' *Hansel & Gretel*: mit Abkürzungen durch den grimmschen Märchenwald

Eggers adaptierte *Hänsel und Gretel* und legte damit den stilistischen Grundstein für all seine filmischen Werke, die noch folgen würden. Sein Kurzfilm, den er selbst mit einer Handkamera drehte, orientiert sich stark an der Ästhetik von Filmklassikern aus der Zeit des Expressionismus der 1920er Jahre. Denken wir an Friedrich Wilhelm Murnaus *Nosferatu* oder Robert Wienes *Das Cabinet des Dr. Caligari*, die sich durch eine entstellte, die Wirklichkeit karikierende Mis-en-scène (bei Eggers' *Hansel & Gretel* zum Beispiel das Hexenhaus) oder die reduktiv inszenierten Leitmotive des untoten Wandelns/Schlafwandelns auszeichnen. Eggers bemüht sich technisch um eine Illusion, dass sein Film aus dieser Zeit stammen könnte. So verleiht er ihm einen altmodischen Anstrich, indem er den optischen Schein wahrt, als flirre eine Filmrolle durch einen alten Projektor. Es ruckelt, es zuckelt. Schaurige Musik – sind das Flöten? Die Farben: schwarz und weiß. Teils verwaschenes, überbelichtetes Bild. Weiter Winkel. Gesprochene Dialoge gibt es keine, nur die für Stummfilme typischen Zwischentitel.

Der erste dieser Titel ist die für Märchen typische Floskel »Once upon a time«, die im Text von Grimm übrigens nicht zu finden ist und auf grimmsche Übersetzungen von dänischen Märchen Hans Christian Andersens zurückzuführen sind. Und schon bald sehen wir, dass er dramaturgisch ein paar Haken schlägt, manchmal vorprescht und Abkürzungen nimmt, noch bevor er die Geschwister das Hexenhaus erreichen lässt – im Großen und Ganzen aber recht werktreu arbeitet. Und dass dies alles keine Korruption des Märchens bedeutet, sondern eine Form seiner Erhaltung ist, werde ich jetzt erläutern.

Eggers gibt Hänsel und Gretel das Profil eines Geschwisterpaares, das sich wirklich innig zu lieben scheint. Sie tollen gemeinsam umher. Und hecken den Plan aus, in den Wald zu gehen, obwohl es die Eltern verboten haben. Denn im Gegensatz zur grimmschen Vorlage sind diese gütig und fürsorglich und haben nicht im Geringsten im Sinn, ihre Kinder im Wald auszusetzen. Bereits an dieser Stelle kürzt Eggers: Die Kinder müssen nicht zweimal in den Wald gehen und Hänsel streut nicht erst Kieselsteine, sondern gleich Brotkrumen aus, die auch gleich gefressen werden von den Vögeln. Und bei Eggers ist es dann Hänsel, der weint, als erstes die Fassung verliert, und Gretel muss ihn trösten und ist hier von Beginn an als Hauptfigur installiert.

Kurze Zeit später finden sie die Spur wieder. Die Pointe: Sie führt nicht nach Hause, sondern zum Hexenhaus. Stehen die Vögel im Bann der Hexe und haben die Krumen gar nicht gefressen, sondern neu ausgesät? Ganz klar: Die ballaststoffreichen Brotkrumen besitzen eine symbolisch stärkere Kraft als die kalten Kieselsteine, die ja erst vom Mond angeleuchtet werden müssen, damit sie den Kindern nützlich sind. Und die Krumen sind es auch, die wir unmittelbar mit dem Märchen von *Hänsel und Gretel* verbinden: das Essbare, das geopfert werden muss, um Wegweiser zu sein. Orientierung statt Sattsein, das sich, erst einmal bei der Hexe und ihrem Lebkuchenhaus angekommen, bei Hänsel in ein Überfressensein auswölbt. Die Hexe ist dann auch bei Eggers zunächst freundlich. Sie trägt geringelte Strümpfe, verhält sich großmütterlich und dann, sobald sie mit den Kindern die Schwelle der Tür übertreten hat und im Haus ist: hässlich, angsteinflößend, tastend und mit langen, spitzen Finger. Und schon bald zeigt sich, dass sie nicht nur ein cooles Gadget besitzt: eine fischaugenartige Glaskugel, eine übernatürliche Sehhilfe für die halbblinde Hex, mit der sie alle Bewegung im Wald scannt. Wir sehen auch, dass sie sich in ihrem Wesen von ihrer Hexenschwester aus der grimmschen Vorlage unterscheidet: Sie ist schlauer und hinterlistiger. Weniger komödiantisch wirkt ihr Verhalten und sie tappt nicht in jede Falle, die ihr Hänsel und Gretel stellen.

Dass sie schlau ist, stellt die Hexe das erste Mal zur Schau, als Hänsel ihr vom Käfig ein Ästlein anstatt seines Fingers hinausstreckt. Ich bin noch nicht fett genug, um gefressen zu werden, soll das beweisen. Und was macht die Hexe? Sie lacht höhnisch und reißt das Ästlein entzwei: »Clever, trixie boys will never ever grow fat! But I will eat you thick or thin, you skinny little brat!« Selber Ausgang wie im Buch also – sie will Hänsel sowieso fressen – nur der Weg dorthin ist ein anderer. Nächste Szene und Gretel ist an der Reihe. Sie bekommt von der Hexe den Auftrag, den Ofen vorzuheizen, nimmt dafür ein großes Holzscheit und sagt, dass es ihr zu schwer sei und sie zu klein. Die Hexe schneidet eine Grimasse – alles müsse sie selber machen. Sie nimmt das Scheit und Gretel lauert schon – bereit, die alte Kratzbürste in den Ofen zu bugsieren. Doch die Hexe riecht den Braten. Sie dreht sich um, bevor Gretel zum Zug kommt und geifert: »I may be old and blind, and hobble with a stick. But I am far too wise to fall for such a trick!«

Außerdem agiert Eggers' Hexe brutaler und blutiger als die in der Vorlage. Sie kündigt zum Beispiel an, einen Teig aus dem Blut und den Knochen der Kinder zu machen, und aus ihr scheint Eggers selbst zu sprechen, der hier anteasert, was er acht Jahre später in *The Witch* konkret zeigen wird: eine Hexe, die eine Salbe aus den zerriebenen Überresten vom kleinen Samuel herstellt, sich damit einreibt, um auf einem Stock zum Hexensabbat reiten zu können. »I will grind your bones to dust«, sagt sie und die Schädel der beiden sind beileibe kurz davor, in der Röhre zu enden.

Hänsel und Gretel gelingt es in Eggers' Film nur mit vereinten Kräften, aus dem Hexenhaus zu fliehen: Als die Hexe den Jungen aus dem Käfig holt, um ihn zu braten, nimmt das Mädchen den Gehstock der Hexe, den sie kurz zuvor abgelegt hat, und zieht ihr damit eins über. Hänsel entkommt, stiehlt der Hexe den Schlüssel zum Ofen, öffnet ihn und gemeinsam stoßen sie das Biest hinein. Sie nehmen das magische Fischauge mit, finden mit dessen Hilfe den Weg nach Hause und das zeigt: Die Tiere spielen bei Eggers' Interpretation keine große Rolle. Kein Vögelchen, das sie zum Hexenhaus führt, und auch keine Ente, die sie übers Wasser bringt. Und das bedeutet auch: Die Grenzen zwischen Jenseits und Diesseits sind bei Eggers nicht so klar gesteckt wie bei Grimm. Die Welten fließen ineinander, und weil das bei *The Witch* sogar noch deutlicher zu sehen ist, dient *Hansel & Gretel* auch hier als Wegweiser zu Eggers' späterem Werk.

Die größte Gemeinsamkeit einerseits und dasjenige Element, das Eggers sogar noch stärker herausarbeitet als die Gebrüder Grimm, andererseits, ist also das familiäre Band zwischen Hänsel und Gretel, das selbst den Attacken der hinterhältigsten Hexe standhält. Eine Hexe, die nicht auf Taschenspielertricks hereinfällt. Dadurch, dass er die Hexe schlauer gestaltet, brutaler handeln lässt und nur wenige fremde Einflüsse wie die der Tiere zulässt, stellt er die Kinder noch mehr auf sich allein. Sie sind dem Bösen noch unmittelbarer ausgeliefert als bei Grimm, und so habe ich die Auflösung zum Guten am Ende der Geschichte zugunsten von Hänsel und Gretel als noch intensiver empfunden. Und durch die Abkürzungen, die er in seiner Geschichte nimmt (etwa durch den Verzicht auf die grimmschen Parallelitäten) ist sein Märchen ein modernes, ohne modernistisch zu sein. Bedeutet, es biedert sich nicht dem Zeitgeist an, ist aber durch seine Straffung und Zuspitzung aus dramaturgischer und heutiger Sicht eine Spur zugänglicher als seine Vorlage.

Eggers' *The Witch*: das Märchen der Märchen

Alles, was wir bis zu dieser Stelle besprochen haben – das alles steckt in einer Form auch in *The Witch*. Es ist, als hätte Eggers sämtliche grimmschen Motive, Symbole und Themen mitsamt Grimm-fremder Elemente in eine Kiste gepackt, diese Kiste ordentlich durchgeschüttelt und im 1,66:1-Format auf der Kinoleinwand ausgeleert. Zufällig ist es wohl nicht, dass die Figuren der Familie wieder in einer ähnlichen Konstellation gelandet sind, wie sie in *Hänsel und Gretel* schon angeordnet sind: der fürsorgliche Vater William, der Holzhacker ist und zum Ende hin- und hergerissen, für wen er Partei ergreifen soll: für seine Frau oder für seine Kinder. Die Mutter, Katherine, die sich selbst als »zänkisches Weib« bezeichnet und mit ihrem ruppigen, oft unfairen Verhalten einer Hexe teils gar nicht so unähnlich ist. Thomasin, die Hauptfigur, zunächst brave Tochter, später lüsterne Hexe, deren Vergleich mit der Gretel-Figur naheliegt. Ihr Bruder Caleb, im heranwachsenden Alter, Hänsel-Figur, rechtschaffen, aber unter dem schlechten Einfluss seiner fundamentalistischen Eltern. Die Zwillinge Mercy und Jonas, die unter dem Bann des Teufels stehen. Und Samuel, das Baby, das von der Hexe gestohlen wird, als Thomasin mit ihm spielt.

Sie alle werden gleich zu Beginn des Films aus ihrer Gemeinde in Neuengland, Amerika, verbannt. Zu einer Zeit, als es kaum zwanzig Jahre her war, seit die berühmte Mayflower die Pilgerväter von England nach Amerika schiffte. »Was erhofften wir in dieser Wildnis zu finden«, fragt William in Richtung des Tribunals und so ist es besiegelt: Fortan wird er mit seiner Familie am Rande des Waldes leben. Mit Haus, Acker und Stall. Und es scheint, als lehne er sich bereits zu diesem Zeitpunkt innerlich auf gegen die Wildnis, über die er kurze Zeit später sagen wird: »Wir werden diese Wildnis erobern.« Die Wildnis. Das Jenseitige, das auch schon bei Grimm durch den Wald symbolisiert wird. Sich gegen das Jenseitige aufzulehnen, gegen das Böse, das übermächtig ist – eine schlechte Idee. Vor allem, wenn es dort von Hexen nur so wimmelt.

Wie ich bereits erwähnt habe, reibt sich eine von diesen Hexen mit dem Blut des unschuldigen Samuels ein. In ein rotes Gewand gehüllt huscht sie durch den Wald. Wie ein Tier, getrieben, wie von einer noch höheren Macht angezogen. Der Mond scheint blass und hell und ist riesengroß, als sie ihr Opferritual vollendet, vom Waldboden abhebt und dem Mond entgegenreitet, um im Coven dem Teufel zu huldigen. Der Mond, der bei Grimm noch den Weg wies, ist bei Eggers nun zum Spielball des Bösen mutiert. Später wird auch Caleb der Hexe begegnen (oder ist es eine andere?) und sie wird ihm in verführerischer Gestalt erscheinen: barfuß, roter Mantel, tiefer Ausschnitt, pralle Brust, weiße Haut und volle Lippen. Hat was von Schneewittchen. Und wie es bei Grimm und *Hansel & Gretel* war, so gibt sie sich auch Caleb, als er einen Schritt auf sie zugeht, als die Jenseitsfigur zu erkennen, die sie ist mit ihren knochigen Fingern, die ihren Opfern das Leben aus dem Körper saugt.

Es dauert nicht lange, da hat der Teufel Zwietracht in Williams Familie gesät und sie alle werden auf eine harte Probe gestellt. Katherine will Thomasin weggeben. In eine andere Familie, denn sie glaubt, dass sie eine Hexe ist, die die Ernte verdirbt. Die verderbten Zwillinge behaupten das, und dass Thomasin zu ihnen im Spaß sagt: »Vielleicht koch und back ich dich, wo es uns doch an Essen mangelt«, das wird wörtlich verstanden und gegen sie selbst ausgelegt. Er klingt nach Grimm, dieser Spruch, und so wie bei Grimm lauschen auch die Kinder in *The Witch* den Plänen ihrer Eltern und auch die Konstellation ist eine ähnliche: der Vater will Thomasin nicht weggeben, die Mutter lässt sich nicht davon abbringen und überzeugt ihn schließlich. Und tiefe Reue wird auch er später empfinden. Durch ihren Wissensvorsprung kommen Thomasin und Caleb, der nicht möchte, dass seine Schwester fortgeht, ihren Eltern zuvor und sie laufen davon – in den Wald. Bruder und Schwester sind auf sich gestellt. Wie Hänsel und Gretel.

Mit dabei: der Hund, der schon kurz darauf zerstückelt auf dem Waldboden liegt. Er hatte einen Hasen gewittert, rannte ihm nach und wurde getötet. Alles geht ganz schnell und das Pferd, auf dem Thomasin reitet, geht mit ihr durch. Die Tiere scheinen die Präsenz der Hexe zu wittern, so wie sie die Präsenz von Menschen wittert. Denn sie ist die Fürstin der Waldtiere. Bei Grimm und auch bei Eggers. Sie kontrolliert sie und die Zwillinge singen einen Vers über den Teufel, der der Herr der Hexe ist: »Frisst Löwen aus der Löwengrube.« Sie, die dem Teufel dient, den Eggers in *The Witch* als einen schwarzen Ziegenbock darstellt, den Schwarzen Phillip, sie wittert selbst wie ein Tier und sie herrscht über sie. Virtuos flicht Eggers die von Grimm bereits in Ansätzen gelieferte Tiermotivik in seinen Film ein. Und es ist eine der krassesten Szenen, als Katherine nach dem traumatisierenden Tod von Caleb sich einbildet, nicht nur er, sondern auch Samuel sei wieder zurückgekehrt. Sie stillt das Baby, das sie ihr »Lämmchen« nennt, und Eggers lässt warmes Licht auf die beiden scheinen. Beinahe trauen wir diesem Schein, doch natürlich trügt er. In Wahrheit nämlich ist ihr Lämmchen ein schwarzer Rabe, der ihr die linke Brust blutig hackt. Ein werksübergreifender Vorbote auf das Prometheus-Thema (der Titan Prometheus wird in der griechischen Sage nach Hesiod von Göttervater Zeus dafür bestraft, den Menschen das Feuer gegeben zu haben, indem er ihn an einen Felsen des Kaukasusgebirges kettet und ihm jeden Tag einen Adler schickt, der ihm seine immer wieder nachwachsenden Eingeweide herausgepickt), das in Eggers nächstem Film *The Lighthouse* zentral sein wird?

Die Hexe ist in Eggers' *The Witch* titelgebend. Doch es ist nicht einfach zu beantworten, wer die Hexe überhaupt ist, von der er spricht. Die eine Hexe gibt es schließlich gar nicht. Und so klar definiert wie bei Grimm ist sie auch nicht. Eggers zeichnet sie ambivalent. Wie auch die Handlung, die um die Hexe geknüpft wird: Während es den Geschwistern Hänsel und Gretel bei Grimm zum Beispiel gelingt, aus der Jenseitswelt des verhexten Waldes zu entkommen und auf diese Weise das Böse zum Guten führt, entsteht in *The Witch* das Böse aus dem Guten – umgekehrt also: Thomasin, die älteste Tochter der puritanischen englischen Einwanderer William und Katherine, wird selbst zur Hexe. Ein gutes Beispiel für die Eggers'sche Inversion grimmscher Motivik. Aber halt. Ist es wirklich so, dass sie sich aus dem Guten formiert? Ist es nicht vielmehr so, dass jene, in der Familie als Grundlage für das rechtschaffene Leben angesehene, fundamentalistische Auslegung der Bibel, der extremistische Kitt für die Fugen, die die Armut in das Leben von William und Co. gerissen hat, der Grund für alles Übel ist und somit keineswegs als gut gelten kann? Und überhaupt: Ist die Hexe bei Eggers noch eine dämonische Gestalt und Jenseitswesen? Schließlich schleicht sie sich ohne Probleme in die diesseitige Welt und die Waldgrenze scheint kein Hindernis für sie zu sein.

Nähern wir uns diesen Fragen mit einigen Gedanken zur Familie und wie sie in *The Witch* dargestellt wird. Denn sie zeichnet Eggers auch mithilfe der Figur der Hexe neu. Wir können sagen: An ihr festzuhalten ist alternativlos, ist sie doch als grundlegendes Element in unsere Gesellschaft eingeschrieben. Und die von Zeit zu Zeit immer wieder neu etablierten Rollenbilder zu hinterfragen, auch das ist alternativlos. War es bei Grimm zu Beginn der Geschichte noch Hänsel, der auf seine Schwester aufpassen muss, ist es bei Eggers' Interpretation gleich von Beginn an Gretel, die das Ruder übernimmt. In allen drei Geschichten, in *The Witch*, *Hansel & Gretel* und *Hänsel und Gretel*, emanzipiert sich die Gretel-Figur zum Ende hin Stück für Stück. Im Eggers'schen Sinne wird sie dadurch auch Stück für Stück zur Hexe, die bei ihm ein emanzipiertes Wesen ist. Ein Mensch wie Thomasin, die bestehende Strukturen radikal hinterfragt. Und das ist nur positiv gemeint. Dadurch, dass Eggers die Hexenfigur neu denkt, eröffnet er uns die Möglichkeit, die Familie neu zu denken. Denn sobald Thomasin die Stimme erhebt, wandelt sich auch das Bild der Familie im Ganzen. William reagiert aufbrausend, als ihn Thomasin mit seinen Heucheleien konfrontiert. Sie fordert ihn heraus, zerpflückt seine fundamentalistischen Thesen mithilfe ihres Verstandes, und weil sie meist recht hat, packt William, der Holzhacker, sie am Kragen und sperrt sie in den Ziegenstall. Der unfehlbare Vater? Den gibt es nicht. Nicht mehr. Denn als ein fehlbarer wurde er entlarvt und das lässt diese Familie implodieren, die auf solch leeren traditionell-verfestigten Annahmen errichtet wurde.

Eggers schnappt sich also die Figur der Hexe und formt sie um. Knetet ein wenig auf ihr herum und gibt ihr einen realen Anstrich, ohne sie zu entzaubern. Und so stellt er es mit großen Teilen der grimmschen Motivik an. Viele Bestandteile davon habe ich in diesem Text erwähnt. Und am Ende bleibt die Frage, inwiefern eine moderne Reflexion auf das Märchen als eine Verstofflichung geistesgeschichtlicher Gegebenheiten möglich ist. Und ob dabei verzeitlichte Faktoren wie moderne Erzählweisen überhaupt eine Rolle spielen. Denn ist es nicht höchst interessant, dass Eggers' Interpretationen grimmscher Märchen solche ohne modernistische Sperenzchen sind? Recht werkgetreue Verarbeitung wie in *Hansel & Gretel* nämlich. Oder der Versuch einer Beschreibung einer vergangenen Wirklichkeit in *The Witch*, ohne Anstalten, den Stoff dramaturgisch oder inszenatorisch ins 21. Jahrhundert zu hieven oder ideologisch zu verfärben. Die

Sprache? Aus der Zeit gefallen. Das Erzähltempo? Gemächlich. Und auch weil es Verfilmungen des Stoffes gibt, die sich einem modernen Publikum anpassen und daran scheitern – wir denken an das Trashfest von 2013, *Hänsel und Gretel: Hexenjäger* mit Gemma Arterton und Jeremy Renner in den Hauptrollen – können wir den Wert von Eggers' Adaptionen erkennen: den endzeitlichten Wert. Die entschlackte Reimagination des Stoffes der Gebrüder Grimm, der ein fokussierter Blick auf die wesentlichen Motive und Symbole am Herzen liegt, denn nur so kann das Märchen weiterleben. Die Hex, die ist nicht tot. Ich habe es schon als Kind geahnt. Und jetzt weiß ich es dank Eggers und seiner Filme.

Gegen den Wind, das Kind, das gar nicht so himmlisch ist

Als die beiden estnischen Regisseure Ene-Liis Semper und Tiit Ojasoo unter anderem mit dem Sänger Till Lindemann, der ein paar Songs beisteuerte, und Björn Meyer als Transgender-Hexe im Jahr 2018 im Hamburger Thalia-Theater *Hänsel und Gretel* aufführten, ging es darin vor allem um Konsum. Um die Versuchung der schnellen Befriedigung. Die Kinder wurden nicht weggeschickt, weil es der Familie an Essen mangelte, sondern weil sie sich dadurch das Gefühl von Freiheit erhofften. Freiheit, um dem Alltagsfrust zu entfliehen. Und am Ende der Aufführung sind Hänsel und Gretel dick und fett. Grimm 2.0: der Überfluss, der überhandnimmt in den Industrieländern des Westens, und die Menschen, die an ihm zu ersticken drohen. Besserung ist nur möglich, wenn die Menschen Menschen fasten – sich vom eigenen Fleisch und Blut lossagen. Es verstoßen.

Über »märchenverachtende Rationalität« und »tändelnde Modernismen« (Rölleke 2004, S. 25) schreibt der Germanist Heinz Rölleke, den ich eingangs erwähnt hatte. Und er meint damit die harschen gesellschaftlichen und kulturellen Winde, die das Märchen bereits im 18. Jahrhundert umwehten. Schon damals drohten sie das Märchen auszulöschen, sagt er. Und heute scheint das Stück von Semper und Ojasoo dafür ein gutes Beispiel zu sein. Denn sie haben darin aus den Augen verloren, worum es den Gebrüdern Grimm vorwiegend ging: um Urängste, um die menschliche Natur, um Dinge, die unabhängig sind von jenen Winden, um gesellschaftlich tief verwurzelte Dinge, um die Familie.

Und so versank das Stück trotz seiner Opulenz, seiner Drastik und teils eindrucksvollen musikalischen Übermalung klanglos im Treibsand des gnadenlosen Überangebots an Werken, die sich auf die Stirn schreiben, medien-, gesellschafts- und sonst-was-kritisch zu sein, indem sie alte Geschichten modern inszenierten.

Die Familie, sie ist einer der Hauptgründe, warum das Märchen als solches auch heute noch funktioniert. Und auch der Grund, warum Eggers' Interpretation funktioniert, obwohl ihre Erzählweise so aus der Zeit gefallen ist. Einer Zeit, in der der Marvel-Bombast in den Kinos ein Jahrzehnt lang alles überlagert hat. Auch deshalb ist das Märchen unsterblich, wie Hesiod sagt. Weil die Familie fast überall auf der Welt eine zentrale Rolle einnimmt. Weil wir auf diese Weise mit den Geschichten in Verbindung treten können. Auch Eggers selbst verweist auf diese Rolle und nennt Werke wie Shakespeares Schauspiel von *König Lear*, das von einer von Macht zerfressenen Familie erzählt. Die Thematik? Sie ist unsterblich. Der Beweis: Gut 400 Jahre später ist die HBO-Serie *Succession* eine der besten und erfolgreichsten ihrer Zeit – und sie basiert auf Shakespeares Tragödie.

Dadurch, dass Eggers darauf verzichtete, *Hansel & Gretel* und *The Witch* einen zeitgenössischen Anstrich zu geben, machte er auch aus editionsphilologischer Perspektive vieles richtig. Denn er hielt so die Flamme des Märchens am Brennen. Und er reichte den Märchenstoff weiter. Erzählte die Geschichte so weiter, wie sie angedacht war. Seine Form: der Film. Er gab uns seine Filme, deren Motivik im Boden des Volksmärchens verwurzelt ist und die sich nicht verbiegen lassen durch modernistische Sturmböen. Seine Filme, die auch geschrieben sein könnten von den Gebrüdern Grimm selbst, würden sie denn heute noch leben.

Literatur

Grimm, Jakob u. Wilhelm: Kinder- und Hausmärchen. Göttingen: Dieterich 1857.

Rölleke, Heinz: Die Märchen der Gebrüder Grimm. 7. Auflage. Stuttgart: Reclam 2004.

Uther, Hans-Jörg: Hänsel und Gretel. In: Uther, Hans-Jörg (Hrsg.): Handbuch zu den »Kinder- und Hausmärchen« der Gebrüder Grimm. 3. Auflage. Berlin/Boston: De Gruyter 2021. S. 34–37.

Dunkle Welten, komplexe Visionen: Robert Eggers' *The Witch* und die Vielfalt der Horror-Anime

Marcel Kober

Einleitung

Das Wesen des Horrors ist so vielfältig wie die Kulturen, die es hervorbringen. In dieser Studie wagen wir uns in das Labyrinth der Furcht, ein Terrain, das sowohl im westlichen Kino als auch in der japanischen Animation auf einzigartige Weise erkundet wird. Unsere Forschung konzentriert sich auf Robert Eggers' *The Witch* und ausgewählte Horror-Animes, darunter *Shiki* (2010), *Higurashi: When They Cry* (2006), *Shin Sekai Yori* (2012) und *Puella Magi Madoka Magica* (2011), um ein tieferes Verständnis für die Darstellung von Horror, Angst und dem Übernatürlichen zu gewinnen.

Das primäre Ziel dieses Essays ist es, die spezifischen Ansätze und Ästhetiken in der Darstellung von Horror in verschiedenen Kulturen und Medien zu untersuchen. Durch die Analyse von *The Witch* und den genannten Horror-Animes möchten wir aufzeigen, wie unterschiedliche kulturelle Hintergründe und Erzählmedien die Darstellung von Angst, Horror und dem Übernatürlichen beeinflussen. Dies schließt eine Betrachtung der thematischen Schwerpunkte, der Charakterentwicklung, der moralischen Dilemmata, der visuellen Ästhetik und der Einflüsse traditioneller religiöser und kultureller Konzepte mit ein. Der Hintergrund dieses Essays liegt in der zunehmenden Popularität und globalen Verbreitung von Horrorfilmen und -animes. Während *The Witch* als repräsentatives Beispiel für das moderne westliche Kino dient, bieten die ausgewählten Animes Einblicke in die japanische Perspektive und deren Umgang mit ähnlichen Themen. Diese Werke wurden nicht nur wegen ihrer Beliebtheit, sondern auch wegen ihrer einzigartigen Herangehensweise an das Genre ausgewählt.

Der Horrorfilm im kulturellen Kontext

Der Horrorfilm als Genre hat seine Wurzeln in den tiefsten Ängsten und Mythen der Menschheit. Seit Beginn des Kinos wurden Horrorfilme verwendet, um unheimliche, übernatürliche und erschreckende Themen zu erforschen. Die frühe Geschichte des Horrorfilms lässt sich bis in die 1890er Jahre zurückverfolgen, mit Werken wie Georges Méliès' *Le Manoir du Diable* (1896), der oft als erster Horrorfilm angesehen wird. In den 1920er und 1930er Jahren erlebte das Genre mit Filmen wie *Nosferatu* (1922) von F.W. Murnau und *Frankenstein* (1931) von James Whale einen Aufschwung. Diese Filme spiegelten die Ängste und Unsicherheiten ihrer Zeit wider, von der Nachkriegsdesillusionierung bis zur Großen Depression (Skal 1993). Die Entwicklung des Horrorfilms wurde stark von kulturellen und historischen Kontexten beeinflusst. So reflektierten die Horrorfilme der 1950er Jahre, wie *Die Dämonischen* (1956), die Angst vor dem Kalten Krieg und der atomaren Bedrohung. In den 1960er und 1970er Jahren brachten Regisseure wie Alfred Hitchcock und George A. Romero neue psychologische Tiefe und soziale Kommentare in das Genre. Hitchcocks *Psycho* (1960) revolutionierte das Genre mit seinem Fokus auf die Psychologie des Bösen, während Romeros *Night of the Living Dead* (1968) Horror als Mittel zur sozialen Kritik nutzte (Clover 1992).

In den letzten Jahrzehnten hat sich das Horror-Genre weiterentwickelt und diversifiziert, beeinflusst durch globale Kinoströmungen und die Verbreitung von Medien. Die japanische Horrorfilmindustrie, bekannt für Filme wie *Ringu* (1998) und *Ju-on: The Grudge* (2002), hat internationalen Einfluss erlangt und zeigt, wie kulturelle Unterschiede das Erleben und die Darstellung von Angst prägen (Napier 2005).

Kulturelle Einflüsse spielen eine entscheidende Rolle in der Entwicklung des Horrorfilms. Die Art und Weise, wie Horror in verschiedenen Kulturen dargestellt wird, ist oft ein Spiegelbild der jeweiligen gesellschaftlichen Ängste und Tabus. So neigen westliche Horrorfilme dazu, Themen wie das Unbekannte, die Verletzung von Tabus und die Konfrontation mit dem Tod zu betonen, während asiatische Horrorfilme oft auf Geistergeschichten und übernatürliche Elemente zurückgreifen, die tief in der regionalen Folklore verwurzelt sind. Die kulturellen Unterschiede manifestieren sich nicht nur in den Themen, sondern auch in der filmischen Umsetzung. Westliche Horrorfilme verwenden oft Schockeffekte und visuelle Gewalt, während asiatische Horrorfilme subtilere Wege bevorzugen, um Spannung und Angst zu erzeugen. Diese Unterschiede sind auch ein Ergebnis der verschiedenen Filmtraditionen und Erzählstile, die in den jeweiligen Kulturen vorherrschen (Cherry 2009).

Zusammenfassend lässt sich sagen, dass der Horrorfilm als Genre tief in den kulturellen und historischen Kontexten verwurzelt ist, aus denen er hervorgeht. Die Art und Weise, wie verschiedene Kulturen mit Angst und dem Übernatürlichen umgehen, prägt maßgeblich die Entwicklung und die Ausdrucksformen des Horrors im Film.

Robert Eggers' *The Witch*

Robert Eggers' *The Witch* (2015) ist ein herausragendes Beispiel für modernen psychologischen Horror und hat sich in der Filmwelt als einzigartiges Werk etabliert. Der Film, angesiedelt im Neuengland des 17. Jahrhunderts, erzählt die Geschichte einer puritanischen Familie, die mit dunklen, möglicherweise übernatürlichen Kräften konfrontiert wird.

Die kurze, filmische Analyse von *The Witch* konzentriert sich auf mehrere Schlüsselaspekte: Eggers verwendet eine gedämpfte Farbpalette und natürliche Beleuchtung, um eine Atmosphäre der Beklemmung zu schaffen. Die Kameraarbeit ist geprägt von langen, statischen Einstellungen, die ein Gefühl der Isolation und des Unbehagens verstärken. Die Geschichte wird langsam und methodisch entfaltet, wobei die Dialoge oft in zeitgenössischem Englisch gehalten sind, was zur historischen Authentizität beiträgt (Wood 1979).

Der Soundtrack, komponiert von Mark Korven, nutzt dissonante Klänge und minimalistische Musik, um eine angespannte und unheilvolle Stimmung zu erzeugen. Die Charaktere sind tiefgründig und komplex, mit besonderem Fokus auf die älteste Tochter Thomasin, deren Kampf mit ihrer eigenen Identität und Religion einen zentralen Konflikt des Films darstellt.

The Witch ist reich an thematischen Schichten, die sowohl historische als auch moderne Relevanz besitzen: Der Film untersucht die Auswirkungen strenger religiöser Überzeugungen und Aberglauben auf das menschliche Verhalten und die familiären Beziehungen. Die Isolation der Familie von der Gesellschaft spiegelt sich in der zunehmenden Paranoia wider, die die Charaktere im Laufe des Films erleben. Der Film stellt die wilde, ungezähmte Natur dem strengen, kultivierten Leben der puritanischen Familie gegenüber, wobei die Natur oft als bedrohlich und unkontrollierbar dargestellt wird (Newman 2011). Durch die Figur der Thomasin thematisiert der Film Fragen der Weiblichkeit und der sexuellen Repression sowie die Konzepte von Unschuld und Schuld (Clover 1992).

Horror-Anime und ihre Besonderheiten

Der Horror-Anime, der sich in den letzten Jahrzehnten zu einem bedeutenden Segment der japanischen Animationsindustrie entwickelt hat, zeichnet sich durch seine einzigartige Fusion traditioneller japanischer Erzählkunst und moderner Horror-Elemente aus. Yōkai und Kaidan sind tief in der japanischen Kultur und Folklore verwurzelt und bilden das Fundament vieler Erzählungen im Horror-Anime. Diese traditionellen Elemente verleihen dem japanischen Horror seine charakteristische Tiefe und Komplexität.

Yōkai – Geisterwesen der japanischen Mythologie: Yōkai sind übernatürliche Wesen, die in der japanischen Folklore eine zentrale Rolle spielen. Sie variieren von harmlosen, schelmischen Kreaturen bis hin zu bösartigen Geistern und Dämonen. Yōkai können verschiedene Formen annehmen, darunter Tiere, Menschen, Haushaltsgegenstände oder sogar natürliche Phänomene. Diese Vielfalt ermöglicht es Geschichtenerzählern, eine breite Palette von Themen zu erkunden, von humorvollen Anekdoten bis hin zu tiefgründigen moralischen Parabeln (Foster 2015).

Kaidan – Traditionelle japanische Geistergeschichten: Kaidan sind Erzählungen, die sich auf Geister und übernatürliche Begebenheiten konzentrieren. Sie stammen aus der Edo-Zeit und wurden ursprünglich mündlich überliefert. Kaidan betonen oft die Gerechtigkeit und zeigen, wie die Taten einer Person nach dem Tod Auswirkungen haben können. Sie spiegeln die traditionellen japanischen Werte und die Shinto- sowie buddhistischen Glaubensvorstellungen wider (Reider 2010).

In Horror-Animes werden Elemente von Yōkai und Kaidan häufig verwendet, um Geschichten zu bereichern und ihnen eine tiefere Bedeutung zu verleihen. Sie bieten einzigartige Perspektiven auf Themen wie Leben, Tod, Moral und Vergeltung. Durch die Verwendung dieser traditionellen Elemente können Horror-Animes komplexere und vielschichtigere Geschichten erzählen, die sowohl unterhaltsam als auch lehrreich sind (Napier 2005).

Mit dem Aufkommen des Fernsehens und der zunehmenden Beliebtheit von Manga in der Nachkriegszeit begann sich der Horror-Anime als eigenständiges Genre zu etablieren (Poitras 2001). In dieser Zeit wurden viele klassische Werke geschaffen, die sowohl die technischen Möglichkeiten des Mediums ausnutzten als auch tief in der japanischen Kultur verwurzelte Themen bearbeiteten. Ab den 1980er Jahren begannen westliche Horrorfilme, das Genre zunehmend zu beeinflussen. Diese Einflüsse führten zu einer interessanten Vermischung von traditionellen japanischen Elementen mit den Tropen und Techniken westlicher Horrorfilme (Clements 2013).

Anime, als Medium der japanischen Animation, bietet in der Darstellung von Horror einzigartige Möglichkeiten, die sich deutlich von denen des Live-Action-Films unterscheiden: Die animierte Natur des Anime eröffnet eine beispiellose visuelle Freiheit. Diese Flexibilität ermöglicht es, übernatürliche und fantastische Elemente auf eine Weise darzustellen, die in realen Filmen oft schwer zu realisieren wäre. Diese Freiheit erlaubt es den Schöpfern von Horror-Anime, ihre Visionen ohne die Einschränkungen physischer Sets oder praktischer Effekte zu verwirklichen. Sie können Szenen und Kreaturen erschaffen, die jenseits der Grenzen der realen Welt liegen, was zu einer intensiveren und immersiveren Horrorerfahrung führen kann (Ruh 2004). Viele Horror-Animes zeichnen sich durch ihre komplexe Erzählstruktur und tiefgründige Charakterentwicklung aus. Diese Elemente ermöglichen es, tiefer in die psychologischen Aspekte des Horrors einzudringen. Anime kann komplizierte innere Konflikte und emotionale Zustände darstellen, die oft schwer in Worten auszudrücken sind. Diese tiefe psychologische Exploration ermöglicht es den Zuschauern, sich stärker mit den Charakteren zu identifizieren und ihre Ängste und Kämpfe auf einer persönlicheren Ebene zu erleben (Steinberg 2012). Horror-Animes nutzen die Gelegenheit, eine Vielzahl von gesellschaftlichen und kulturellen Themen zu erforschen. Diese Werke bieten oft tiefe Einblicke in soziale Ängste und dienen häufig als Mittel für kritische Kommentare zur japanischen Gesellschaft. Im Gegensatz zu vielen westlichen Horrorfilmen, die sich häufig auf Schockeffekte und physischen Horror konzentrieren, neigen Horror-Animes dazu, subtilere und oft symbolischere Wege zu gehen, um ihre Botschaften zu vermitteln. Durch die Verschmelzung von Horror mit sozialen und kulturellen Kommentaren schaffen sie eine reichere und vielschichtigere narrative Erfahrung (Orbaugh 2007).

Shiki

Shiki, basierend auf dem gleichnamigen Roman von Fuyumi Ono, ist ein herausragendes Beispiel für die Kombination von traditionellem japanischen Horror mit modernen Erzähltechniken im Anime-Genre. Angetrieben von einer Serie mysteriöser Todesfälle in einem abgelegenen Dorf, entfaltet sich eine Geschichte, die tief in die Abgründe menschlicher Ängste und moralischer Dilemmata eindringt. Dieser Anime stellt die Konfrontation zwischen Menschen und scheinbar vampirähnlichen Wesen dar und entwirft dabei eine komplexe Erzählung über Leben, Tod und die unklaren Grenzen der Menschlichkeit.

Shiki erforscht intensiv die Grenzen der Menschlichkeit. Die Serie wirft kritische Fragen auf über das, was es bedeutet, menschlich zu sein, und beleuchtet die Grauzonen zwischen Gut und Böse. Durch die Darstellung der Vampire, die einmal Menschen waren, und der Dorfbewohner, die zu extremen Maßnahmen greifen, wird die Frage nach der wahren Natur des Bösen gestellt und wie eine Gemeinschaft daran zerbrechen kann. Die Serie nutzt das Motiv der Angst vor dem Unbekannten, um die Reaktionen der Dorfgemeinschaft auf die unerklärlichen Ereignisse zu untersuchen. Diese Angst führt zu Misstrauen, Paranoia und schließlich zu Gewalt, wobei die Serie die zerstörerischen Auswirkungen von Angst und Unwissenheit aufzeigt.

Der Anime nutzt seine visuelle Ästhetik, um eine düstere und bedrohliche Atmosphäre zu schaffen. Die Darstellung des Dorfes kombiniert idyllische ländliche Szenen mit einem Gefühl der Isolation und Bedrohung. Die einzigartigen Charakterdesigns, oft unheimlich und beunruhigend, tragen zur Gesamtstimmung bei. Die Farbpalette ist oft dunkel und gesättigt, was das Gefühl der Bedrohung und des Unheils unterstreicht. Der Anime zeichnet sich durch eine langsame, schrittweise Enthüllung der Handlung aus. Diese Technik erzeugt eine anhaltende Spannung und ermöglicht eine tiefgehende Charakterentwicklung. Die Erzählung ist komplex und vielschichtig, wobei mehrere Perspektiven und Hintergrundgeschichten ineinandergreifen, um eine reichhaltige und nuancierte Geschichte zu schaffen.

Higurashi no Naku Koro ni (Higurashi: When They Cry)

Higurashi no Naku Koro ni, im Westen bekannt als *Higurashi: When They Cry*, ist eine Anime-Adaption der gleichnamigen Dojin Visual-Novel-Reihe[1] von Ryukishi07 des Entwicklerstudios 07th Expansion. Dieser Anime hat in der Horror-Community aufgrund seiner ungewöhnlichen Erzählstruktur und der intensiven Darstellung psychologischen Horrors großes Aufsehen erregt, unter anderem indem er mysteriöse Morde und psychologischen Horror in einer scheinbar idyllischen ländlichen Umgebung verknüpf. Fun Fact: Das dort fiktive Dorf »Hinamizawa« basiert auf dem japanischen Dorf Shirakawa-Go, welches für seine durch die UNESCO zum Weltkulturerbe erklärten Gassho Zukuri-Häuser bekannt ist.

Einzigartig an *Higurashi* ist seine narrative Struktur, die aus mehreren sich wiederholenden Szenarien besteht, in denen die Charaktere unterschiedliche Entscheidungen treffen und verschiedene Schicksale erleben. Diese Struktur ermöglicht es, die Ereignisse aus verschiedenen Blickwinkeln zu betrachten, wodurch ein komplexes und vielschichtiges Bild der Geschehnisse in Hinamizawa entsteht. Jeder Zyklus offenbart neue Informationen und Perspektiven, die allmählich ein umfassenderes Verständnis der zugrundeliegenden Geheimnisse und Konflikte ermöglichen. Der Anime verlässt sich stark auf psychologischen Horror und die Darstellung von Paranoia. Die Serie erforscht tiefgründig Themen wie Misstrauen, Wahnsinn und die Zerbrechlichkeit des menschlichen

1 Eine Visual Novel ist ein digitales interaktives Spiel, das hauptsächlich durch Text, Standbilder und oft auch Entscheidungen die Geschichte erzählt, ähnlich wie ein illustriertes Buch oder ein interaktiver Roman.

Geistes. Charaktere werden in extreme psychologische Zustände getrieben, was zu schockierenden und oft verstörenden Entwicklungen führt. Diese intensiven psychologischen Aspekte stellen eine Herausforderung für die Zuschauer dar und sind zentral für die Horrorerfahrung der Serie.

Eines der auffälligsten Merkmale von *Higurashi* ist der starke Kontrast zwischen der idyllischen Darstellung des ländlichen Lebens und den plötzlichen, brutalen Ausbrüchen von Gewalt. Diese Juxtaposition schafft ein Gefühl der Unvorhersehbarkeit und verstärkt das Unbehagen des Zuschauers. Die scheinbare Normalität des Dorflebens wird konsequent durch schockierende Wendungen untergraben, wodurch eine Atmosphäre der Angst und Spannung erzeugt wird. Der Anime nutzt effektiv visuelle und auditive Elemente, um die Stimmung zu steigern und die Handlung zu unterstützen. Plötzliche Änderungen in der visuellen Darstellung, wie extreme Nahaufnahmen und verzerrte Gesichtsausdrücke, werden eingesetzt, um Schockmomente zu intensivieren. Der Soundtrack und die Soundeffekte sind sorgfältig ausgearbeitet, um die Spannung zu erhöhen und die Atmosphäre des Unbehagens zu verstärken. Die Verwendung von Stille und abrupten Klangwechseln spielt eine wesentliche Rolle bei der Schaffung einer beunruhigenden und unvorhersehbaren Umgebung.

Shin Sekai Yori (From the New World)

Shin Sekai Yori, eine Anime-Adaption der Light Novel[2] von Yusuke Kishi, entführt die Zuschauer in eine dystopische Zukunft, in der die Menschheit telekinetische Fähigkeiten entwickelt hat. Diese Fähigkeiten haben jedoch zu einer tiefgreifenden Umgestaltung der Gesellschaft geführt, in der Geheimnisse, Kontrolle und die dunkle Natur der menschlichen Existenz zentrale Themen sind.

Der Anime beleuchtet die ethischen und moralischen Dilemmata, die mit solch weitreichenden Machtverhältnissen einhergehen. Es wird thematisiert, wie Macht korrupt macht und wie der Mensch mit der Verantwortung für seine Fähigkeiten umgeht. *Shin Sekai Yori* folgt seinen Protagonisten über mehrere

2 Eine Light Novel ist ein japanischer Roman, der oft für ein jugendliches Publikum geschrieben ist und durch einfache Sprache, illustrierte Abbildungen und eine leichte, unterhaltsame Handlung gekennzeichnet ist.

Jahrzehnte, beginnend in ihrer Kindheit. Die Serie zeigt, wie die Charaktere mit den grausamen Wahrheiten ihrer Welt konfrontiert werden und ihre Unschuld verlieren. Diese Entwicklung ist geprägt von Entdeckungen, Verrat und dem Ringen um moralische Klarheit in einer komplexen Welt.

Der Anime besticht durch seine detailreiche Welt und eindrucksvolle visuelle Gestaltung. Die Welt von *Shin Sekai Yori* ist eine Mischung aus utopischer Schönheit und dystopischem Horror, die den Zuschauer sowohl anzieht als auch abstößt. Die Darstellung der Umgebungen, von idyllischen Landschaften bis hin zu bedrohlichen Ruinen, unterstützt die erzählerische Tiefe und verstärkt die Atmosphäre der Serie. *Shin Sekai Yori* nutzt eine komplizierte Erzählstruktur, die verschiedene Zeitebenen und Perspektiven umfasst. Diese Herangehensweise ermöglicht es, die Geschichte schichtweise zu entfalten, was zu einer allmählichen, aber tiefgreifenden Enthüllung der Geheimnisse und der wahren Natur der dystopischen Welt führt. Die Erzählung ist nicht nur eine Geschichte über die Charaktere, sondern auch ein Kommentar zur Natur der Macht, Kontrolle und menschlichen Schwächen.

Puella Magi Madoka Magica

Puella Magi Madoka Magica stellt eine tiefgreifende Neuinterpretation des Magical-Girl-Genres dar. Die Serie, die unter der Leitung von Akiyuki Shinbo und Drehbuchautor Gen Urobuchi entstand, überrascht mit ihrer dunklen Wendung eines ansonsten oft leichten und fröhlichen Genres. Diese Serie hat seit ihrer Veröffentlichung im Jahr 2011 sowohl Kritikerlob als auch eine engagierte Fangemeinde gewonnen.

Madoka Magica hebt sich durch seine unerwartete und düstere Darstellung des Magical-Girl-Genres ab. Anstelle der typischen Erzählung von Mädchen, die magische Kräfte zum Kampf gegen das Böse einsetzen, konzentriert sich der Anime auf die schwerwiegenden Konsequenzen, die ihre Entscheidungen mit sich bringen. Die Serie stellt das Konzept des Heldentums infrage und erforscht die dunklen Seiten von Macht und Verantwortung. Ein Kernthema ist der Dualismus von Hoffnung und Verzweiflung. Die Charaktere werden in extrem belastende Situationen gebracht, die ihr Verständnis von Moral und

Gerechtigkeit auf die Probe stellen. Diese intensiven psychologischen Konflikte bieten eine tiefere Auseinandersetzung mit Themen wie Opfer, Schicksal und die menschliche Natur im Angesicht der Verzweiflung.

Die visuelle Ästhetik von *Madoka Magica* ist besonders bemerkenswert und besticht durch eine innovative visuelle Darstellung und Symbolik. Die Serie nutzt eine Kombination aus lebhaften und düsteren Szenarien, um die emotionale Landschaft der Charaktere widerzuspiegeln.

Die zentralen Antagonisten, die Hexen, unterscheiden sich in ihrer Darstellung deutlich von traditionellen Hexenbildern, vor allem gerade wohl auch deshalb, da sie ehemalige – von Verzweiflung zerfressene – Magical-Girls sind. Jede Hexe in der Serie besitzt eine eigene, unverwechselbare Welt – das sogenannte Hexenlabyrinth. Diese Labyrinthe sind Ausdruck der Psyche und der Geschichte der Hexe und werden durch eine außergewöhnliche visuelle Sprache dargestellt. Sie sind durch eine surreale und symbolisch geladene Ästhetik gekennzeichnet und repräsentieren die verzerrte Wahrnehmung und den emotionalen Zustand der Hexen. Diese Welten sind mit abstrakten Mustern, bizarrer Architektur und oftmals verstörenden, albtraumhaften Elementen gefüllt. Diese Darstellung spiegelt die innere Zerrüttung und den Verlust der Menschlichkeit der Charaktere wider, die zu Hexen geworden sind. Studio Shaft, bekannt für seinen unverwechselbaren visuellen Stil, nutzt eine Mischung aus traditioneller Animation und digitaler Kunst, um die Hexenlabyrinthe zum Leben zu erwecken. Die Verwendung von Collagen, unkonventionellen Animationstechniken und vielfältigen künstlerischen Stilen trägt dazu bei, dass jede Hexe und ihr Labyrinth einzigartig und unvergesslich sind. Die surrealistischen Labyrinthe sind nicht nur visuell beeindruckend, sondern tragen auch wesentlich zur Atmosphäre und zur Erzählung der Serie bei.

Der Soundtrack von *Madoka Magica*, komponiert von Yuki Kajiura, ist ein weiteres Schlüsselelement, das zur einzigartigen Atmosphäre der Serie beiträgt. Die Musik variiert von zarten Melodien bis hin zu dramatischen Orchesterstücken, die die emotionalen Höhepunkte der Serie untermalen. Das Sounddesign ergänzt diese musikalische Untermalung, indem es die Stimmung in Schlüsselmomenten intensiviert und so zur Gesamtwirkung der Serie beiträgt.

Darstellung des Übernatürlichen

In *Shiki* wird das Übernatürliche durch die Präsenz von Vampiren dargestellt, die tief in traditionellen Mythen verwurzelt sind. Diese Wesen werden jedoch in einem modernen Kontext neu interpretiert, wodurch die klassische Vampirlegende mit aktuellen sozialen und psychologischen Themen verknüpft wird. Die Darstellung der Vampire in *Shiki* reflektiert die Angst vor dem Unbekannten und dem Andersartigen, was tiefergehende soziale Kommentare ermöglicht.

In *Higurashi* wird das Übernatürliche durch die Idee eines Fluches und schicksalhafter Wiederholungen dargestellt. Die Serie spielt mit der Vorstellung einer prädestinierten Tragödie, die die Charaktere immer wieder durchleben müssen. Diese Darstellung des Übernatürlichen als vorbestimmtes Schicksal unterstreicht die psychologische Spannung und das Gefühl der Unausweichlichkeit, das die Charaktere und Zuschauer gleichermaßen erleben.

Shin Sekai Yori stellt das Übernatürliche durch die Verwendung von telekinetischen Kräften dar. Diese Kräfte werden nicht nur als physische Fähigkeiten präsentiert, sondern auch als ein Mittel zur tiefgreifenden Umgestaltung der Gesellschaft. Die Darstellung der Telekinese in dieser dystopischen Welt wirft Fragen nach der menschlichen Natur und der Ethik des Übernatürlichen auf.

In *Madoka Magica* wird das Übernatürliche durch die Verwendung von Magie und die Existenz von Hexen dargestellt. Die Serie erforscht die Konsequenzen und den Preis, den die Charaktere für ihre magischen Fähigkeiten zahlen müssen. Diese Darstellung des Übernatürlichen hebt die Dualität von Macht und Opfer hervor und schafft eine düstere Atmosphäre, die sich von typischen Magical-Girl-Serien unterscheidet.

Bei *The Witch* wird das Übernatürliche durch die Darstellung des puritanischen Aberglaubens und einer unheilvollen Präsenz im Wald dargestellt. Die subtile und realistische Herangehensweise schafft eine Atmosphäre des Unbehagens und der Unsicherheit. Die Ambiguität der übernatürlichen Elemente führt zu einer tiefen psychologischen Spannung und hinterfragt die Realität des Bösen.

Psychologischer Horror und die Furcht vor dem Unbekannten

In *Shiki* wird die Furcht vor dem Unbekannten durch die Ankunft der Vampire im Dorf und die darauffolgende Unsicherheit und Paranoia dargestellt. Die Serie erforscht, wie Angst und Unwissenheit zu irrationalen Handlungen und Gewalt führen können, und stellt gleichzeitig die Frage nach der wahren Natur des Menschen.

Higurashi nutzt den psychologischen Horror durch seine nichtlineare Erzählstruktur und die Wiederholung von Gewalt- und Schreckensszenarien. Die Charaktere und Zuschauer sind ständig mit der Unsicherheit konfrontiert, was real ist und was nicht, was zu einer intensiven Furcht vor dem Unbekannten führt.

In *Shin Sekai Yori* ist die Furcht vor dem Unbekannten eng mit der Angst vor dem Verlust der Kontrolle über die eigenen telekinetischen Kräfte verknüpft. Die Unsicherheit über die wahre Natur dieser Kräfte und ihre potenziellen Konsequenzen erzeugt ein Gefühl der ständigen Bedrohung.

Madoka Magica stellt die Furcht vor dem Unbekannten durch die unerwarteten und oft tragischen Konsequenzen dar, die die Charaktere für ihre Wünsche erleiden müssen. Die Unsicherheit darüber, was ihre Entscheidungen nach sich ziehen werden, schafft eine Atmosphäre des psychologischen Horrors.

In *The Witch* wird die Furcht vor dem Unbekannten durch die Isolation der Familie und ihre religiösen Überzeugungen verstärkt. Die Bedrohung durch eine mögliche Hexenpräsenz und die zunehmende Paranoia treiben die Familie in einen Strudel aus Verdacht und Angst. Dieser psychologische Horror ist subtil und spielt mit den Ängsten der Charaktere sowie der Zuschauer.

Moralische Dilemmata und Charakterentwicklung

Shiki stellt die Frage, was es bedeutet, menschlich zu sein. Die Charaktere müssen entscheiden, wie sie mit der Bedrohung durch die Vampire umgehen, wobei einige von ihnen selbst zu Monstern werden. Dieses Dilemma führt zu unterschiedlichen Entwicklungen der Charaktere und zeigt auf, wie extreme Situationen die moralischen Grenzen verschwimmen lassen können.

In *Higurashi* stehen die Charaktere vor dem Dilemma, der Wahrheit hinter den mysteriösen Ereignissen auf den Grund zu gehen oder dem wachsenden Wahn zu erliegen. Ihre Entscheidungen und die daraus resultierenden Konsequenzen sind zentral für ihre Entwicklung und die Enthüllung der Geheimnisse.

In *Shin Sekai Yori* werden die Charaktere mit der moralischen Komplexität einer Welt konfrontiert, in der telekinetische Kräfte sowohl eine Chance als auch eine Gefahr darstellen. Sie müssen lernen, mit diesen Kräften umzugehen und dabei ethische Entscheidungen treffen, die das Wohl der gesamten Gesellschaft betreffen. Die Entwicklung der Charaktere ist eng mit der Frage verknüpft, wie Macht verantwortungsvoll eingesetzt werden kann.

In *Madoka Magica* werden die Protagonistinnen mit der Wahl konfrontiert, magische Kräfte zu erlangen, wobei jeder Wunsch tiefgreifende Konsequenzen nach sich zieht. Die Serie erforscht die moralischen Dilemmata, die mit dieser Wahl verbunden sind, und zeigt, wie die Charaktere mit den Lasten der Verantwortung und den Folgen ihrer Entscheidungen umgehen. Ihre Entwicklung ist geprägt von der Auseinandersetzung mit Themen wie Opfer, Schuld und dem Wert des Lebens.

In *The Witch* wird die Familie mit der Frage konfrontiert, wie weit sie bereit ist, an ihrem religiösen Glauben festzuhalten, auch wenn dieser sie möglicherweise ins Verderben führt. Diese moralischen Dilemmata treiben die Charaktere zu extremen Entscheidungen und prägen ihre Entwicklung im Laufe des Films.

Visuelle Ästhetik und ihre Wirkung

Shiki nutzt die visuelle Ästhetik, um den Kontrast zwischen der idyllischen Dorflandschaft und den schrecklichen Ereignissen zu betonen. Die lebendigen Farben des Dorfes stehen in starkem Kontrast zu den dunklen, oft blutigen Szenen, die die Präsenz der Vampire kennzeichnen. Diese Kontraste tragen dazu bei, die Spannung und das Unbehagen zu steigern.

Die visuelle Ästhetik von *Higurashi* spielt mit dem Kontrast zwischen dem unschuldigen Aussehen der Charaktere und der ländlichen Umgebung und den plötzlichen, oft brutalen Gewaltausbrüchen. Diese Diskrepanz schafft eine verstörende Atmosphäre und unterstreicht die Unvorhersehbarkeit und Intensität des psychologischen Horrors.

Shin Sekai Yori verwendet eine komplexe visuelle Sprache, um seine dystopische Welt zu gestalten. Die Verwendung von farbenfrohen und gleichzeitig düsteren Landschaften unterstützt das Thema der verdeckten Bedrohungen und der moralischen Ambiguität. Besonders auffällig ist die Darstellung der telekinetischen Kräfte, die sowohl faszinierend als auch beunruhigend wirkt.

Die visuelle Ästhetik von *Madoka Magica* ist geprägt von einem Wechsel zwischen dem typischen Stil eines Magical-Girl-Animes und den erschreckenden, surrealen Darstellungen der Hexen und ihrer Labyrinthe. Diese Stilbrüche dienen dazu, die dunklen und komplexen Themen der Serie zu unterstreichen und die emotionale Wirkung zu verstärken.

The Witch ist geprägt von der kargen, rauen Landschaft des puritanischen Neuenglands. Die minimalistische Inszenierung, kombiniert mit natürlicher Beleuchtung und gedämpften Farben, schafft eine Atmosphäre der Isolation und Beklemmung. Diese visuelle Gestaltung unterstützt die erzählerische Spannung und verstärkt das Gefühl der Bedrohung durch das Übernatürliche.

Traditionelle und kulturelle Einflüsse

In *Shiki* wird die japanische Folklore über Vampire und Geisterwesen (Yōkai) aufgegriffen und in einen modernen Kontext gesetzt. Dieses Zusammenspiel von traditionellen Überzeugungen und zeitgenössischen sozialen Ängsten erzeugt eine einzigartige Spannung und betont die kulturelle Verankerung der Geschichte.

Higurashi baut auf lokalen japanischen Legenden und dem Glauben an ein vorherbestimmtes Schicksal auf. Die Serie nutzt traditionelle Erzählungen und Aberglauben, um eine tiefgründige Geschichte zu weben, die sowohl die kulturelle Identität als auch universelle menschliche Ängste anspricht.

Shin Sekai Yori integriert Elemente der japanischen Mythologie und philosophische Konzepte in eine dystopische Zukunftswelt. Diese kulturellen Einflüsse dienen dazu, die komplexe Welt des Anime zu formen und tragen zu einer reichhaltigen Erzählung bei, die traditionelle Ansichten mit futuristischen Visionen verbindet.

Madoka Magica greift das traditionelle Magical-Girl-Genre auf und fügt ihm eine dunkle Wendung hinzu. Diese Subversion eines bekannten kulturellen Archetyps ermöglicht eine kritische Auseinandersetzung mit den zugrundeliegenden Themen des Genres und stellt traditionelle Erzählstrukturen in Frage.

The Witch ist tief in der puritanischen Kultur und Folklore Neuenglands verwurzelt. Die Darstellung des Lebens im 17. Jahrhundert, die religiösen Überzeugungen und Ängste sowie die volkstümlichen Erzählungen von Hexen und schwarzer Magie bilden das Fundament des Films. Diese kulturellen Einflüsse tragen wesentlich zur Authentizität und atmosphärischen Dichte des Films bei.

Die Darstellung von Horror variiert stark zwischen unterschiedlichen kulturellen Kontexten. *The Witch* ist stark in der westlichen Geschichte und Folklore verankert und nutzt diese Elemente, um eine Geschichte über Isolation, Religion und Aberglaube zu erzählen. Im Gegensatz dazu ziehen die japanischen Animes häufig aus der reichen Palette der östlichen Mythen und Legenden, um Themen wie soziale Entfremdung, moralische Ambiguität und die Natur des Bösen zu erforschen. Während *The Witch* sich durch eine langsam aufbauende Spannung und subtile Schreckensmomente auszeichnet, neigen die japanischen Animes dazu, komplexere narrative Strukturen und eine größere Vielfalt an visuellen und thematischen Elementen zu verwenden. Dies reflektiert die unterschiedlichen Erzähltraditionen und Publikumserwartungen in Ost und West. In *The Witch* ist das Übernatürliche oft subtil und mehrdeutig, was die Angst und Paranoia der Charaktere widerspiegelt. Im Vergleich dazu nutzen die Animes das Übernatürliche auf vielfältige Weise – von direkten und offensichtlichen Darstellungen bis hin zu metaphorischen und symbolischen Anwendungen –, um verschiedene Aspekte der menschlichen Erfahrung zu beleuchten. Der visuelle Stil von *The Witch* ist geprägt von Realismus und historischer Genauigkeit, während die Animes eine breitere Palette an künstlerischen Techniken und Stilen nutzen, um ihre Geschichten zu erzählen. *The Witch* nutzt natürliche Beleuchtung und authentische Kulissen, um eine glaubwürdige Darstellung des 17. Jahrhunderts zu schaffen. Im Gegensatz dazu experimentieren die Animes mit Farben, Abstraktion und surrealen Elementen, um unterschiedliche Stimmungen und Themen zu vermitteln. Sowohl Robert Eggers' Film als auch die japanischen Animes bieten tiefgehende Einblicke in die Psyche ihrer Charaktere. Jedoch neigen die Animes dazu, eine breitere Palette von Charakterentwicklungen und psychologischen Themen zu erforschen, oftmals durch komplexe Handlungsstränge und das Aufbrechen traditioneller Erzählmuster.

Fazit

Angesichts der kontinuierlichen Evolution und Popularität des Horror-Genres ist zu erwarten, dass sowohl Filmemacher als auch Anime-Schöpfer weiterhin die Grenzen des Genres ausloten und neue Wege finden werden, um Horror zu definieren und darzustellen. Dies könnte eine noch stärkere Verschmelzung von Horror mit anderen Genres, den Einsatz neuer Technologien und eine noch tiefere Erforschung psychologischer und philosophischer Themen beinhalten. Die globale Resonanz auf Werke wie *The Witch* und die besprochenen Animes zeigt, dass Horror ein universell ansprechendes Genre ist, das über kulturelle Grenzen hinweg Publikum findet. In Zukunft könnten wir eine noch stärkere internationale Verflechtung und Beeinflussung innerhalb des Horrorgenres erleben, was zu einem noch vielfältigeren und reichhaltigeren Spektrum an Horrorerzählungen führen könnte. Mit dem Aufkommen neuer Medien und Plattformen wie Streaming-Diensten eröffnen sich neue Möglichkeiten für die Erzählung von Horror-Geschichten. Diese Entwicklungen könnten zu innovativen Formaten führen, die interaktive oder immersive Elemente nutzen, um das Horrorerlebnis zu intensivieren.

Dieser Vergleich zeigt, dass das Horror-Genre sowohl in Ost als auch in West als ein leistungsfähiges Medium zur Erforschung von Themen wie Angst, Moral und der menschlichen Natur dient. Obwohl sich die spezifischen Techniken und thematischen Schwerpunkte unterscheiden, teilen diese Werke ein gemeinsames Ziel: Sie nutzen Horror, um tiefergehende Fragen über die menschliche Existenz zu stellen und bieten damit einzigartige Einblicke in ihre jeweiligen Kulturen. Sie nutzen das Horror-Genre, um komplexe Themen wie menschliche Ängste, moralische Dilemmata und die Auseinandersetzung mit dem Unbekannten zu erforschen. Diese Werke zeigen, dass Horror mehr als nur Unterhaltung sein kann; er bietet eine Plattform für tiefgründige soziale, psychologische und kulturelle Kommentare.

Literatur

Cherry, Brigid: Horror. London: Routledge 2009.

Clements, Jonathan: Anime: A History. London: British Film Institute 2013.

Clover, Carol J.: Men, Women, and Chain Saws: Gender in the Modern Horror Film. Princeton: Princeton University Press 1992.

Foster, Michael Dylan: The Book of Yōkai: Mysterious Creatures of Japanese Folklore. Berkeley: University of California Press 2015.

Napier, Susan J.: Anime from Akira to Howl's Moving Castle: Experiencing Contemporary Japanese Animation. Basingstoke: Palgrave Macmillan 2005.

Napier, Susan J.: The Horror! The Horror! Japanese Horror Films and Their American Remakes. Tokyo: University of Tokyo Press 2001.

Newman, Kim: Nightmare Movies: Horror on Screen Since the 1960s. London: Bloomsbury Publishing 2011.

Orbaugh, Sharalyn: Japanese Fiction of the Allied Occupation. London: Brill 2007.

Poitras, Gilles: Anime Essentials: Every Thing a Fan Needs to Know. Albany: Stone Bridge Press 2001.

Reider, Noriko T.: Japanese Demon Lore: Oni from Ancient Times to the Present. Salt Lake City: Utah State University Press 2010.

Ruh, Brian: Stray Dog of Anime: The Films of Mamoru Oshii. Basingstoke: Palgrave Macmillan 2004.

Skal, David J.: The Monster Show: A Cultural History of Horror. New York: Faber and Faber 1993.

Steinberg, Marc: Anime's Media Mix: Franchising Toys and Characters in Japan. Minneapolis: University of Minnesota Press 2012.

Wood, Robin: The American Nightmare: Essays on the Horror Film. Toronto: Festival of Festivals 1979.

»Your fate is set and you cannot escape it.« – Prophezeiungen und ihre Bedeutungen in Robert Eggers' *The Witch* und *The Northman*

Rouven Linnarz

Es liegt in der Natur des Menschen, neugierig zu sein, besonders wenn es um die Zukunft geht. Eigentlich ist es dabei irrelevant, ob die Vorhersage gut oder schlecht ist, denn sofern die letzte Option eintritt, kann man ja immer noch etwas verändern, dass das Negative doch nicht eintritt. So zumindest glauben es viele, die ihre Zukunft hören wollen, egal ob auf einem Jahrmarkt oder von einem Scharlatan einer Wahrsager-Hotline. Die Voraussage der Zukunft gilt als eine Warnung oder eine Rückversicherung, sodass man sich sicher sein kann, nach wie vor alles im Griff zu haben oder eben einfach weiterzumachen wie bisher.

Die Sicherheit trügt jedoch. Schon lange wissen wir um das Schicksal unserer Welt, wenn wir weiterhin unsere Umwelt so verschmutzen wie bisher, doch die politischen, wirtschaftlichen und leider auch die gesellschaftlichen Maßnahmen sprechen nicht dafür, dass die dunkle Vision der Zukunft, die viele Klimaforscher*innen zeichnen, eine Veränderung des Verhaltens nach sich zieht. Und selbst dann stellt sich die Frage, ob wir tatsächlich noch etwas tun können, wenn die Zukunft schon in Stein gemeißelt ist. Man denke nur an den Vater des unglücklichen Ödipus, der vom Orakel von Delphi eine dunkle Prophezeiung erhält und fortan alles tut, damit diese nicht eintritt. Trotz aller Konsequenz und Grausamkeit kann Laios seinem Schicksal nicht entkommen. Man kann sogar davon sprechen, dass das Wissen um die Zukunft die Lage noch verschlimmert hat.

Generell können Mythen und Geschichten uns viel über die fatale Sicherheit solcher Prophezeiungen sagen und in welches Unglück sie den Menschen stoßen. Man denke nur an den ebenfalls sehr unglücklichen Macbeth, der zusammen mit seinem zu Beginn von William Shakespeares Drama noch guten Freund Banquo eine Prophezeiung von drei Hexen erhält. Nachdem ein Teil der Vorhersage bereits nach wenigen Momenten in Erfüllung geht, gibt es für den ambitionierten Feldherren keinen Zweifel mehr daran, dass er bald König werden wird. Jedoch ist er ungeduldig und hilft zusammen mit seiner Frau etwas nach, sodass er schließlich zu einem Mörder wird, der durch seine blutigen Taten das Fundament für seinen Untergang legt.

Derlei Mythen und Geschichten können uns als Leser*innen sehr viel lehren. Mythen dienen der Aufklärung (Bellinger 2012, S. 6) und verweisen auf menschliche Verhaltensweisen oder eben, wie man sie beeinflussen kann. Wer weiß schon, ob Laios und Macbeth nicht schon ihr Schicksal besiegelt hatten, als sie ihre Prophezeiung hörten und ihren fatalen Weg gingen? Und was heißt dies für uns, die wir immer wieder in die Situation geraten, dass wir Mitmenschen einschätzen oder eine Prognose über deren Fähigkeiten machen müssen? Fest steht, dass die Prophezeiung sehr stark ist und je nachdem, wer sie äußert, es schwierig ist, sich von einer Alternative überzeugen zu lassen. Letztlich wollen wir alle recht behalten mit unseren Urteilen, allein schon aus fachlichen Gründen, und manchmal sind wir bereit, alles dafür zu tun, damit wir uns keine Blöße erlauben müssen.

Dunkle Vorhersagen

Im Horrorgenre hat das Thema der dunklen Vorhersagen und ihrer Konsequenzen schon immer Hochkonjunktur gehabt. So könnte man sich überlegen, ob das Schicksal der Familie Torrance in Stanley Kubricks *The Shining* nicht vorherbestimmt war durch die Geschichte des vorherigen Hausmeisters oder eben die Visionen des kleinen Danny. In jedem Fall legt die Geschichte einen unheilvollen Schatten auf den Winter, den die Familie in den Bergen Colorados verbringen muss, was durch den Verweis auf das Scheitern der Donner-Gruppe (wo sich eine Gruppe Siedler unter der Führung George Donners Mitte des 19. Jahrhunderts auf dem Weg in den US-amerikanischen Westen verirrte und sich schließlich gezwungen sah, die Leichen ihrer verstorbenen Kameraden zu essen) auf der Hinfahrt nur noch einmal bestätigt wird. Ähnlich verhält es sich bei den Figuren der *Final Destination*-Reihe, deren Ende eigentlich schon vorherbestimmt ist und die unbewusst alles dafür tun, damit Gevatter Tod denselben Fehler nicht noch einmal begeht und ihnen ein Schlupfloch bietet. Die Vorhersage ist in beiden Fällen gegeben, doch eine Konsequenz erfolgt entweder gar nicht oder ist wirkungslos.

Wenn es um die Verbindung von Mythen und Prophezeiungen geht und wie sie das Leben eines Menschen beeinflussen können, kommt man an Robert Eggers' Filmen nicht vorbei. Schon in einem seiner ersten Kurzfilme, einer Adaption von Edgar Allan Poes Kurzgeschichte *The Tell-Tale Heart* (*Das verräterische Herz*, 1843) verfolgt man, wie bereits früh das Fundament für einen Konflikt gelegt wird, welcher den Protagonisten zu seinem Verbrechen verleitet. *The Tell-Tale Heart* ist dabei das Psychogramm eines Mannes, der seinem Schicksal zu entkommen und seine Schuld zu kaschieren versucht, doch seiner Strafe nicht entkommen kann. Die Beschäftigung mit diesen Themenkomplexen sollte gewiss noch eine andere Dimension annehmen in seinen späteren Spielfilmen, von denen uns besonders *The Witch* und *The Northman* beschäftigen werden.

Bei Eggers wie auch vielen der Arbeiten seiner Kollegen und Kolleginnen findet sich ein Verweis auf das Konzept der self-fulfilling prophecy (selbsterfüllende Prophezeiung). Eggers gibt sich nicht mit der Nacherzählung oder der Modernisierung eines Mythos zufrieden, sondern stellt, wie schon in *The Tell-Tale Heart* wichtige Fragen zu Beeinflussbarkeit des Individuums an sich. Er fragt sich, inwiefern der Weg oder vielmehr die Entscheidung einer Person durch Faktoren wie die Umwelt, die Familie oder eine fatalistische Interpretation von Zeichen und Symbolen determiniert ist. Die Dunkelheit, die ihrem Weg innewohnt, nehmen sie mitnichten wahr, wollen dies wahrscheinlich auch nicht, denn die Prophezeiung an sich erfüllt sie mit »einem höheren Sinn oder Grund des Seins« (Gmelch 2022, S. 182). Insofern sind ihre Entscheidungen, so falsch sie auch sein mögen, ein Spiegel der Welt an sich, in der so viele sich als Gefangene eines Urteils sehen, das man über sie gefällt hat und das sie irgendwann angenommen haben.

Ein Urteil übernehmen und danach leben

Die Tatsache, dass vielen das Konzept der selbsterfüllenden Prophezeiung bekannt ist, dürfte vielleicht auch damit zu tun haben, dass wir selbst von einer solchen betroffen waren (oder es immer noch sind). Der US-amerikanische Soziologe Robert K. Merton nutzte als einer der ersten den Begriff und erklärte diese wie folgt: »Die selbsterfüllende Prophezeiung ist anfänglich eine falsche Bestimmung der Situation, sie verursacht [aber] ein neues Verhalten, das bewirkt, dass die ursprünglich falsche Auffassung richtig wird.« (Merton 1948, S. 195) Weiter beschreibt er, dass diese eine »Herrschaft des Irrtums« fortführe, bei der beide Parteien betroffen sein können. In einem Umfeld wie der Schule heißt dies, dass ein Schüler, der ein niedriges Ergebnis in einem IQ-Test erzielt, nachgesagt wird, dass er nicht sonderlich klug ist, was eine Vielzahl von Folgen nach sich ziehen kann, zum Beispiel, dass man weniger Geduld mit ihm hat oder ihm keine Erklärungen gibt, wenn er nicht auf die richtige Antwort kommt. Sein Umfeld macht also alles, damit sich das Urteil bestätigt und schließlich übernimmt der Schüler dies in sein Selbstbild (Gage und Berliner 1996, S. 73–76).

Bezogen auf die Protagonisten von *The Witch* und *The Northman* ist zu überlegen, inwiefern nicht ein solcher Fall vorliegt. Amleth und Thomasin sind Figuren aus ganz unterschiedlichen kulturellen Kontexten, doch ihnen ist eines gemein, nämlich die Suche nach einer Bestimmung oder einem höheren Sinn, den ihr bisheriges Leben ihnen nicht geben konnte. Die Urteile kommen aus unterschiedlichen Quellen, in Thomasins Fall durch die Verdächtigungen seitens ihrer Familie, dass sie eine Hexe sei und hinter dem Unglück der Familie stecke, und im Falle Amleths durch die Prophezeiung des Sehers, die seinem Dasein einen höheren Sinn gibt, doch ihm letztlich den Weg zu einem privaten Glück versperrt. In Eggers' Filmen, auch in *Der Leuchtturm*, verselbstständigt sich das Urteil einer Gemeinschaft oder eine Voraussage und läutet den Untergang ein. Während der Weg des von Robert Pattinson gespielten Leuchtturmwärters nur nach oben zum Licht gehen kann und wird, so wird auch der Lebensweg Thomasins und Amleths zu ihrer Bestimmung führen. Als Zuschauer fragt man sich nur, ob es nicht auch einen anderen Weg hätte geben können. Und wenn ja, warum wurde dieser nicht eingeschlagen, vor allem nicht, wenn die Prophezeiung oder das Urteil alles andere als positiv ausgefallen ist?

Eine selbstzerstörerische Prophezeiung

Als der sechsjährige Robert Eggers mit seinen Eltern nach New Hampshire, New England zog, war dies der Anfang einer Faszination mit der reichen Tradition und Geschichte dieses Teils der USA. In vielen Interviews beschreibt der Filmemacher und Drehbuchautor, dass er wie jedes Schulkind über die Hexenprozesse in Salem, die Puritaner und ihren Glauben unterrichtet wurde. Was bei vielen seiner Klassenkameraden schnell vergessen war, hinterließ einen bleibenden Eindruck bei dem kleinen Robert, der sich in die Literatur der Zeit vergrub und bis heute Werke in der Sprache dieser Zeit zum Vergnügen liest, wie er in einem neuen Interview von 2022 mit dem Titel *A Puritan Nightmare* erklärt. So wundert es wohl niemanden, dass Eggers bei der Verfilmung seines Drehbuchs auf die Details dieser Zeit bestand, angefangen bei den Kostümen bis hin zu der Sprache, obwohl ein Verzicht, besonders auf diesen letzten Aspekt, sicherlich dabei geholfen hätte, schneller die nötige finanzielle Unterstützung für *The Witch* zu erhalten.

Es ist eine spannende, für die US-amerikanische Kultur sehr prägende Zeit, in der *The Witch* spielt. Verfolgt in der Alten Welt und angewidert von der Kirche von England bot die Neue Welt das Versprechen auf einen Neubeginn, nicht nur wirtschaftlich und politisch, sondern auch spirituell. In der Familie, die im Zentrum von *The Witch* steht, sieht man noch diesen Glauben an diese Prophezeiung, die von dem englischen Juristen und Puritaner John Winthrop in seiner Predigt »A Model of Christian Charity« mit dem Konzept »City upon a Hill« (»Stadt auf einem Hügel«) getauft wurde (Winthrop 2023). William, das Familienoberhaupt in *The Witch*, hat diesen Grundsatz so verinnerlicht, dass er sogar der Meinung ist, außerhalb der schützenden Gemeinschaft für sich und seine Familie eine solche Gemeinde zu begründen. Der Hochmut, den man ihm seitens der Gemeindevertreter vorwirft und der zu seinem Ausschluss aus der Gemeinschaft führt, soll ihm noch zum Verhängnis werden.

In *The Witch* haben wir es daher mit zwei Prophezeiungen zu tun. Während die selbsterfüllende Prophezeiung einhergeht mit dem Schicksal Thomasins, muss man eine Abart dieses Konzepts zugleich ihrem Vater attestieren. In gewisser Weise ist seine Hoffnung oder Obsession mit dieser Gemeinschaft, die nach seiner eigenen Lesart des Glaubens und der Bibel funktionieren soll, zu vergleichen mit der »selbstzerstörerischen Prophezeiung« (Merton 1948, S. 196), auf die Robert Merton nur am Rande seines Aufsatzes eingeht. Er tut alles, um seine Vision zu verwirklichen, auch wenn eigentlich alles verloren, seine Ernte verdorben ist und seine Familie von einer unheimlichen Macht attackiert wird. Seine finale Konfrontation mit der älteren Tochter, die nun dabei ist, die Beschuldigungen ihrer Familie vollends anzunehmen, ist letztlich auch als ein Konflikt zweier Weltbilder oder Visionen zu verstehen, wobei eine die andere ablösen wird.

Eine Schulddynamik

Auch wenn Eggers in *The Witch* nicht direkt Bezug nimmt zu Ereignissen wie den Hexenprozessen von Salem, Massachusetts, so stellt er doch die Faktoren dar, die zur Eskalation der Situation geführt haben. Auch wenn es viele interessante oder gar bizarre Versuche gibt, die Prozesse und deren Folgen zu erklären, so muss man die politische, wirtschaftliche und soziale Lage einer Gemeinschaft wie Salem miteinbeziehen. In vielen Interviews, unter anderem auch in *A Puritan Nightmare*, erläutert Eggers seinen narrativen Ansatz als eine Mischung der historischen Realität mit Fantasy-Elementen, doch auch die Familie bildet jenen fatalen Kreislauf von Beschuldigung und der Annahme dieser Schuld ab, der zu einer Eskalation führte.

Für die Familie ist die Situation seit der Verbannung aus der Gemeinschaft ohnehin angespannt. Trotz des Versprechens Williams, man werde dieser Wildnis schon Herr werden (»We will conquer this wilderness, it will not conquer us.«) wird die Lage immer drastischer nach der Fehlernte und dem Verschwinden Samuels, dem jüngsten Mitglied der Familie. Auch wenn sie erklärt, es sei wohl ein wildes Tier gewesen, bemerkt man als Zuschauer schnell, wie Thomasins Lage immer schlimmer wird. Die Blicke der Mutter sowie die Häme ihrer jüngeren Geschwister, den Zwillingen Jonas und Mercy, sind zwei Aspekte einer ganzen Kette von indirekten oder sehr konkreten Beschuldigungen, Thomasin sei der Grund für das Elend der Familie. Die junge Frau befindet sich in der unglücklichen Lage einer »unschuldig Schuldigen«, die immer mehr in eine Position hineingetrieben wird, welche in ihrer Verbannung endet und damit in der

Annahme der selbsterfüllenden Prophezeiung. Der Unterschied zu ihrem Vater besteht nur, dass sie einen scheinbar glücklicheren Weg aus dieser misslichen Lage findet und letztlich eine Familie, die sie und ihre Bedürfnisse wahrnimmt.

Thomasins Entwicklung und ihr Umgang mit den Anschuldigungen ist zu vergleichen mit Abigail aus Arthur Millers Drama *Hexenjagd*. Das Theaterstück wird nicht nur wegen seiner Thematik immer wieder in Besprechungen zu Robert Eggers' Film genannt, sondern auch wegen seiner Abbildung des Kreislaufs von Schuld. Eggers' und Millers Figuren erkennen den Fehler in der Gemeinschaft, die sie mit Verdächtigungen sowie verbalen und physischen Angriffen bestraft. Sie schlagen zurück, beispielsweise, wenn Abigail das »Geständnis« der Hausdienerin Tituba zum Anlass nimmt, einige weitere Mitglieder der Gemeinde als Hexe zu denunzieren (Miller 2002, S. 33–34). Thomasin beschuldigt Mercy und Jonas der Hexerei nach dem Tod ihres Bruders, sodass ihr zumindest temporär gelingt, die Schuld von sich abzuwenden. Inwieweit beide Frauen zu diesem Zeitpunkt der Handlung die Prophezeiung, sie seien eine Hexe, angenommen haben und damit entsprechend ihrer Rolle als Dienerin des Teufels handeln, lassen beide Autoren, Miller wie auch Eggers, offen. Klar ist aber, dass sie den Kreislauf durchschaut haben und (bewusst oder unbewusst) zur Aushöhlung der Gemeinschaft, die sie umgibt, beitragen.

Ewige Sünder

Bezeichnend für das Weltbild eines Mannes wie William ist das vom Calvinismus geprägte Verständnis vom Menschen als Sünder. Bereits früh gelangt dieses Konzept an seine Grenzen, als Caleb, der älteste Sohn, bei der Jagd seinen Vater danach fragt, ob sein Bruder Samuel, der zu diesem Zeitpunkt schon eine ganze Weile verschwunden ist, denn in den Himmel gekommen sei. William weiß keine Antwort oder will sie nicht geben, schließlich obliegt es Gott, über das Schicksal eines Menschen zu entscheiden, sodass sich erst am Ende eines Lebens zeigt, ob man in die Hölle oder in den Himmel kommt. Es ist diese Denkweise, die das Urteil über Thomasin beeinflusst und sie immer mehr in die Isolation treibt, bis ihr nur noch ein Ausweg bleibt, nämlich das Akzeptieren der Vorwürfe und den Eintritt in eine neue Gemeinschaft.

Wie in vielen anderen neuen Vertretern des Horrorgenres ist es die Isolation, die Tür und Tor öffnet für diese neue, fremde Macht. In seinem Vergleich von Robert Eggers' Filmen mit denen Aris Asters zeigt Autor Adrian Gmelch mehrere solcher Parallelen auf (Gmelch 2022). In *Hereditary* und *Midsommar* finden die jugendlichen Helden keine Erfüllung mehr in der Familie oder in dem Freundeskreis, der sie bislang umgab, und nehmen stattdessen die Rolle in einer neuen Gemeinschaft an. Man betrachte nur den Gesichtsausdruck der Heldinnen von *The Witch* und *Midsommar*, die beide eine wahre Tortur durchmachen mussten, doch nun scheinbar wieder lachen können. Ihre Isolation endet in einem Moment des Glücks und der Freiheit und während die eine im Blumenkleid zusieht, wie die letzten Spuren ihrer Vergangenheit den Flammen zum Opfer fallen, hat Thomasin die Prophezeiung angenommen und fühlt sich so frei, dass sie tatsächlich fliegen kann.

Fatale Riten

Steht bei *The Witch* die Aufnahme in eine neue Familie am Ende des Films, steht ein solcher Initiationsritus gleich am Anfang von *The Northman*. Nach einem erfolgreichen, aber physisch anstrengenden Feldzug kehrt König Aurvandil zurück zu seinem Königreich, dem Inselreich Hrafnsey, und damit zu seiner Familie, Königin Gudrún und seinem Sohn Prinz Amleth. Es ist jedoch nicht einfach nur eine Siegesfeier, die er vorhat, denn der verwundete König weiß um sein Alter, seine Wunden, und ist sich sicher (oder hofft vielmehr), dass er schon bald Einlass nach Walhalla bekommt. Bevor dies bevorsteht, muss er aber Amleth als seinen Sohn auf die Übernahme des Königreichs vorbereiten und damit einem Ritus unterwerfen, den schon seine Vorfahren durchmachen mussten und aus dem sie als Männer hervorgingen. Unter der Leitung von Heimir, dem Hofnarren und Magier, findet das Ritual statt, in dessen Folge das Kind zum Mann wird und zugleich die Prophezeiung erhält, die sein Leben bestimmen wird.

The Northman ist, wie schon *The Witch* und *The Lighthouse*, eine Geschichte, in der sich Mythen mit dem Fantastischen vermischen. Durch den Protagonisten Amleth soll der Zuschauer einen Zugang bekommen zu einer Welt, die laut

Eggers als eine Abbildung der Gedankenwelt der Wikinger (Perry und Gabriele 2023) zu verstehen ist. Auch wenn es Bezüge zum tatsächlichen Leben der Wikinger gibt, so muss man *The Northman* in erster Linie als eine Überhöhung all dieser Aspekte verstehen, insbesondere der Verwicklung von Mythos und Individuum. Initiationsriten (wie die, die Amleth zusammen mit seinem Vater durchmacht) sind in diesem Kontext als sinnstiftend zu sehen. Das Individuum ist nicht mehr auf der Suche nach einem Sinn im Leben, sondern bekommt diesen überreicht durch die vorherige Generation und letztlich durch die Götter, die bereits im Vorfeld wissen, wie das Leben des Menschen sein wird.

Es ist ein großer Moment, der im Film entsprechend positiv konnotiert ist. Wie Thomasin in *The Witch* erscheint der junge Amleth glücklich und schwebt sogar. Jedoch währt das Glück nicht lange, denn die Prophezeiung tritt schon wenige Momente später durch den brutalen Tod des Vaters ein, der von seinem Bruder Fjölnir hingerichtet wird. Mittels Tarnung und List gelingt dem Jungen die Flucht, und auf dem Boot, das weit weg treiben wird von seiner Heimat, wiederholt er eine Abfolge von Sätzen, die zum Mantra seines Lebens werden: »I will avenge you, father, I will save you, mother, I will kill you, Fjölnir.« Im Sinne der Prophezeiung, die der Junge gehört hat, ist er auf dem Wege seine Bestimmung zu erfüllen, doch das Mantra hat sehr wohl etwas Fatales an sich, denn man muss sich fragen, ob der Junge nicht auf einem selbstzerstörerischen Weg ist, der nicht nur sein Leben, sondern auch das Leben anderer Menschen mit in den Abgrund ziehen wird.

Prophezeiung und Fluch

Während es in *The Witch* die Verdächtigungen und letztlich die Anschuldigungen der Familie sind, die essenziell für die selbsterfüllende Prophezeiung sind, sieht der Fall in *The Northman* etwas anders aus. Dass sich eine Vorhersage wie in Amleths Falls erfüllen wird, steht erst gar nicht zur Debatte, denn wäre dies nicht der Fall, hätte dies ernsthafte Konsequenzen für ihn selbst wie auch für den göttlichen Plan, zumindest so, wie ihn Eggers' Film darstellt. Bereits bevor er durch die Hand Fjölnirs stirbt, versichert Aurvandil, dass Amleth für immer in Schande leben wird, sofern er ihn nicht rächt, also die Prophezeiung erfüllt.

Die weiteren Episoden seines Lebens – als brutaler Krieger im Land der Rus, als Sklave im Besitz Fjölnirs und schließlich als der Rächer, der er schon immer sein sollte – werden vor dem Hintergrund dieser Vorhersage auf sein Leben interpretiert. Wie im Falle Thomasins stellt sich die Frage nach dem freien Willen, aber in einer anderen Weise, denn vielmehr noch als bei der jungen Frau in *The Witch* sind die Momente interessant, in denen Amleth einen anderen Pfad für sein Leben hätte einschlagen können.

Dabei sind auch die Psyche sowie die Physis der Figur interessant. Anders als die vorherigen Figuren, die Eggers ins Zentrum seiner Geschichten stellt, handelt es sich bei Amleth um einen körperlich fähigen Menschen, der gestärkt aus der Vorhersage über sein Leben hervorgeht. Nicht umsonst ist sein Name ein Anagramm jenes dänischen Prinzen, der seinen Vater ebenfalls rächen will und vorgibt, geistig nicht gesund zu sein, um seinen Hunger nach Vergeltung endlich zu stillen. Hamlet und Amleth sehen keinen anderen Weg für ihr Leben, als der, welcher vor ihnen liegt und der in Blut getränkt ist, sodass sie ihre eigene selbsterfüllende (oder vielmehr selbstzerstörerische) Prophezeiung definieren. In der vierten Szene im vierten Akt von Shakespeares Drama spricht Hamlet davon, wie »jeder Vorfall mich doch verklagt/ Und zähe Rache anspornt!« und stellt sich damit über die normalen Menschen. Das klingt letztlich nicht viel anders als Amleths Rede von einem Leben, das nur durch Tod und Gewalt bestimmt ist und in dem er alles dafür tut, damit sich dies zu keiner Zeit verändert. Die Prophezeiung als Element, das einem Menschen eine Bestimmung im Leben geben soll, ist zu einem Fluch geworden.

So wundert es nicht, dass das Leben Amleths mit der Erfüllung der Vorhersage ein Ende nimmt. Auch bei ihm ist der Rest Schweigen, wie bei Shakespeares Helden, nur dass sein Gesichtsausdruck etwas Seliges an sich hat, was nichts mit einer Schuld oder Reue zu tun hat. Die Rache ist vollzogen und der göttliche Plan hat sich erfüllt, zumindest bis zu einem gewissen Grad, denn ein Königreich hat Amleth nicht für sich erschlossen – es sei denn, man sieht seinen Aufstieg nach Walhalla in diesem Sinne. Die Nahaufnahmen zeigt ein ähnliches Lächeln, wie das des kleinen Jungen, der vor einer Ewigkeit die Prophezeiung über sein Leben und damit seine Bestimmung erhielt. Inwiefern der Zuschauer jedoch mit diesem Ende zufrieden ist, ist fraglich, vor allem moralisch, wenn man bedenkt, dass diese Prophezeiung ein Leben in Gewalt legitimiert.

Der Ruf des Untergangs

In vielen Interviews hat Robert Eggers neben seiner Vorliebe für die Geschichte Neuenglands auch die zu den Wikingern kundgetan. Eine besondere Rolle spielen dabei die Geschichten um Conan den Barbaren (Gmelch 2022, S. 17), der Kinozuschauern sicherlich wegen der Verfilmungen mit Arnold Schwarzenegger in der Hauptrolle ein Begriff ist. Die Szene, in der Amleth dem untoten König sein Schwert abnimmt, mit dem er seine Rache erfüllen wird, verweist sogar auf einen ähnlichen Moment in *Conan der Barbar* (1982). Der Eskapismus, den besonders die drei Filme (sofern man *Red Sonja* mitzählt) bieten, findet sich mitnichten in der Welt Eggers' wieder. Zwar folgen beide Helden einer Bestimmung, aber keinesfalls ist die Conans so selbstzerstörerisch wie die Amleths, der weitaus mehr dem Typus des tragischen Helden entspricht, selbst wenn sich am Ende seine Prophezeiung erfüllt.

Durch die Vorhersage auf sein Leben motiviert, wird Amleth vielmehr zu einem Boten des Untergangs. Dies wird bereits deutlich in der ersten Szene, in der wir Schauspieler Alexander Skarsgård in der Rolle der erwachsenen Amleth wiedersehen. Inmitten der Bande, mit der er die Siedlungen der Rus brandschatzt und zerstört, wird er mehr und mehr zu einem Tier, einem Wolf, der durch sein Heulen den Untergang für seine Gegner andeutet. Später kommt er zu diesem Verhalten wieder, als er durch sein Heulen die Hunde im Lager Fjölnirs in den Wahn treibt und gegen ihre Herren aufhetzt. Anders als bei Thomasin, die durch ihre neue »Familie« nicht nur einen Sinn gefunden hat, sondern auch einen scheinbar glücklicheren Pfad in ihrem Leben, ist Amleth dadurch zu einem Engel des Untergangs geworden.

Spätestens mit dem Eintreffen im Lager Fjölnirs darf man sich als Zuschauer fragen, ob die Vorhersage und das Erfüllen dieser nicht nur selbstzerstörerisch ist, sondern auch geradezu böse. Wie bei Shakespeares Helden ist man als Zuschauer in einer moralischen Zwickmühle gefangen, da man auf der einen Seite die Gefühle des jungen Mannes versteht, der einen tiefen Hass für seinen Onkel empfindet, doch auf der anderen Seite sieht man das Ausmaß an Chaos, Gewalt und Tod, das Amleth herbeiruft. Der brutale Tod von Fjölnirs Söhnen, seiner Männer und letztlich sogar der eigenen Mutter erscheint mehr und mehr wie der Wahn eines Mannes, der ein »Herz aus Stahl« (»a heart of cold iron«)

besitzt und gar nicht mehr danach zu fragen wagt, was ihm die Erfüllung der Prophezeiung noch bringen soll. Fjölnir ist schon lange nicht mehr König und seine Mutter gesteht ihm, dass sie seinen Vater noch nie geliebt hat und nun ein viel glücklicheres Leben als vorher lebt. Gudrún bringt es auf den Punkt, wenn sie sagt, dass ihr Sohn im Gegensatz zu ihr an das Märchen geglaubt habe und nicht gesehen hat, was wahr ist: Sie war eine Sklavin, die zur Ehe gezwungen wurde, und sie hat gelacht, als man sie von ihrem Mann wegholte. Die Wahrheit kommt jedoch zu spät und kann den Wahn nicht durchbrechen, in dem Amleth lebt, denn dann müsste er eingestehen, dass sein bisheriges Handeln keinen Sinn ergibt. Ein Leben ohne Bestimmung ist in der Welt von *The Northman* nicht vorstellbar, auch wenn es über Leichen geht.

Eine Entscheidung

In der griechischen Tragödie gibt es einen Moment, in dem die Hauptfigur die Katastrophe verhindern kann. Ödipus steht mehrfach vor der Wahl, weiteres Blutvergießen und noch größeres Unheil abzuwenden, doch er entscheidet sich dagegen, sodass sich der Orakelspruch von Delphi letztlich vollends erfüllt. Macbeth zaudert, bevor er in die Kammer geht, in welcher der König nächtigt, jedoch übermannt ihn die Vision, sich selbst auf dem Thron zu sehen, sodass er Königsmord und damit Hochverrat begeht. Auch in *The Northman* wird Amleth ein solches retardierendes Moment gegeben, in Form von der Liebe zu Olga, einer Sklavin, die ihm bei der Durchführung seines Planes und damit einer Bestimmung geholfen hat. Es ist ein Moment, in dem sich Amleth entscheiden kann, mit dem Blutvergießen aufzuhören und der Prophezeiung zu entgehen. Als ihm eine erneute Vision offenbart, dass Olga mit Zwillingen schwanger ist und damit seine Linie weiterleben wird, entschließt er sich, den Plan weiterzuverfolgen, auch zum Schutz dieser Linie.

Das retardierende Moment ist, je nach Lesart, die eigentliche Tragödie. Erst im Nachhinein offenbart sich dem Helden oder der Heldin, was man hätte verhindern können, wenn man nur einen anderen Weg beschritten hätte. Eine solche Katharsis, wie man sie bei Ödipus sieht, ist Amleth verwehrt, denn die vermeintlich freie Entscheidung, die im Sinne der Familie und weniger wegen der Vorhersage aus jungen Jahren geschieht, ist als Teil jener Prophezeiung zu verstehen (oder kann zumindest so verstanden werden). Andererseits gibt es für den Protagonisten aus *The Northman* auch kein Zurück mehr, er selbst sieht keinen anderen Weg. Indem er ins Meer springt und sich auf den Rückweg nach Island, zur Farm Fjölnirs, macht, besiegelt er sein Schicksal sowie das der noch verbleibenden Familie seines Onkels, die er mit sich in den Untergang reißt. Er kehrt zurück in den »Albtraum«, den er für Fjölnir und seine Linie sein muss, verkennt vielleicht aber, inwiefern dies nicht sogar sein eigener Abgrund ist.

Dunkle Zeichen

Innerhalb des narrativen und visuellen Kosmos von Robert Eggers' Werken kommen Zeichen und Symbolen eine besondere Bedeutung zu. Im Kontext von Mythen und Religion sind wir aufmerksam beim wiederholten Erscheinen eines Hasen oder einer Ziege mit dunklem Fell wie in *The Witch*. Gleiches gilt für die Raben, den Wolf oder den untoten König in *The Northman*. Abgesehen von der überlieferten Bedeutung (der Hase als Zeichen für Fruchtbarkeit bzw. die Raben als Kennzeichen für den nordischen Gott Odin) erscheint es sinnvoll, sie im Kontext der Prophezeiungen der beiden Helden der Filme zu beleuchten.

Im Falle von Thomasin könnte man diese Symbole als Bestandteile jener Anschuldigungen sehen, die das Fundament jener Prophezeiung ausmachen. Mercy und Jonas behaupten zwar, sie könnten mit der Ziege (Black Phillip) reden, doch lediglich ihrer älteren Schwester wird dies als Zeichen für ihr Dasein als Hexe ausgelegt. Als sie sich später gegen die Behauptungen wehren will, ist es schon zu spät und aus den Beschuldigungen hat sich eine selbsterfüllende Prophezeiung ergeben, die ihre Mutter bereitwillig akzeptiert und ihr Vater letztlich ebenfalls. Eggers überlässt es seinem Zuschauer, ob man sich diesem Urteil anschließt, denn selbst augenscheinlich eindeutige Symbole, wie der Moment, als Thomasin Blut statt Milch von den Ziegen melkt, müssen keinerlei Sicherheit geben, auch wenn dies ihre Familie naturgemäß anders sieht.

Die Symbole und ihre Bedeutung ergeben sich in *The Northman* für den Protagonisten aus seiner Bestimmung heraus. Amleth sieht sich als jemanden, der eine höhere Bestimmung erfüllt und bewertet jedes Ereignis vor diesem

Kontext. Der Kampf gegen den untoten König, dem er das Schwert abringen kann, welches ihm zur Durchführung seiner Blutrache dienlich sein wird, könnte die Vision eines wahnhaften Geistes gewesen sein. Kurz nach dem Triumph sieht sich Amleth wieder vor der Mumie, die nun in sich zusammenfällt, aber wieder an ihrem Platz ist.

Ein weiteres Beispiel sind die Raben, die sowohl in *The Witch* als auch in *The Northman* vorkommen. In beiden Filmen könnten sie für eine Form des Wahns stehen. Im ersten für die Blindheit der Familie, die eine Hexe unter sich vermutet und dabei ihrem eigenen Irrtum zum Opfer fällt. Die Rettung Amleths vor den Männern Fjölnirs durch die Raben mag als Zeichen Odins gesehen werden (und Amleth sieht es sicherlich auch so), doch vielleicht manifestiert sich in diesen Symbolen der Wille eines Menschen, der auf einem blutigen Pfad wandelt. Amleth verfolgt einen höheren Sinn, sodass es wahrscheinlich nur folgerichtig ist, dass die Götter ihm zur Seite stehen.

Der Horror der Freiheit

In vielen Besprechungen zu den Werken Robert Eggers' wird immer wieder auf die visuellen Komponenten der Filme eingegangen sowie auf die mythologischen Bezüge. Dies sind zweifelsohne wichtige Aspekte in *The Witch*, *The Lighthouse* und *The Northman* (und sicherlich auch bei der Neuverfilmung von *Nosferatu*), jedoch wird, anders als beispielsweise bei Ari Aster, der Aspekt der Aktualität unterschlagen. Sofern Horror als »Mittel zum Zweck« oder als »stilistischer Rahmen« dient, wie es Adrian Gmelch schreibt, dann kann man auch den Mythos, wie ihn Eggers in seinen Filmen verwendet, als Mittel ansehen, worüber sich Aussagen über unsere Welt machen lassen.

Wir erleben derzeit das Verschwinden der großen sinnstiftenden Narrative in unserer Kultur kombiniert mit einer Suche nach einer neuen Bestimmung. Viele greifen dabei sehnsuchtsvoll nach einem solchen Erklärungsmuster, das die Erscheinungen deuten kann und begeben sich auf einen Weg, der ähnlich fatal enden kann wie der Amleths. Wie der Held in *The Northman* hat man dann Scheuklappen auf für das, was sich außerhalb dieses Musters befindet und hat sich damit eine eigene selbsterfüllende, wenn nicht gar selbstzerstörerische

Prophezeiung definiert. Es mag wie für Amleth Möglichkeiten geben auszubrechen, doch es bedarf guten Mutes, diese zu ergreifen und nicht im Kontext jenes fatalen Narrativs zu deuten.

Zum Schluss bleibt das letzte Bild von Thomasin, die als einzige Titelfigur ein »Happy End« bekommt, sofern man dieses Label verwenden möchte. Zwar hat sie ihre eigene Familie verlassen müssen, wurde gar aus dieser verstoßen, doch dafür findet sie sich in einer neuen wieder. Inwiefern man dem Hexenkult, so es denn einer ist, etwas Positives abgewinnen kann, sei dahingestellt, doch für die Heldin ergibt sich eine Möglichkeit. Die Prophezeiung, das Etikett einer Hexe, führt zum Annehmen dieser Rolle und zum ersten Mal zu einer Freiheit, die für die junge Frau in ihrem bisherigen familiären Rahmen nicht möglich war. Es mag ein Pfad der Dunkelheit und Ungewissheit sein, den Thomasin nun beschreitet, doch zumindest scheint sie angekommen zu sein.

Literatur

Bellinger, Gerhard J.: Lexikon der Mythologie. Hamburg: Nikol Verlag 2012.

Gage, Nathaniel L./Berliner, David C.: Pädagogische Psychologie. 5. vollständig überarb. Auflage. Weinheim: Psychologie Verlags Union 1996.

Gmelch, Adrian: Art-Horror. Die Filme von Ari Aster und Robert Eggers. Marburg, Büchner-Verlag 2022.

Merton, Robert K.: The Self-Fulfilling Prophecy. In: The Antioch Review Jg. 8 1948, Nr. 2. S. 193–210.

Miller, Arthur: Hexenjagd. Ein Drama in 2 Akten. 43. Auflage. Frankfurt a. M.: Fischer Taschenbuch Verlag 2000.

Perry, David M./Gabriele, Matthew: The History Behind Robert Eggers' ›The Northman‹. In: Smithsonian Magazine, abgerufen am: 30.12.2023. https://www.smithsonianmag.com/history/the-true-history-behind-robert-eggers-the-northman-180979954/

Winthrop, John: A Model of Christian Charity. In: *Teaching American History*, abgerufen am: 23.12.2023. https://teachingamericanhistory.org/document/a-model-of-christian-charity-2/

Lovecraft mit Ausblick? – Motiviken H. P. Lovecrafts in Robert Eggers' Filmen allgemein und in *The Lighthouse* im Besonderen

Jakob Kelsch

Wie groß sind die Einflüsse Howard Phillips Lovecrafts auf das filmische Schaffen Robert Eggers' und handelt es sich bei *The Lighthouse* um einen Film im Sinne des Kosmischen Horrors?

Was ist Kosmischer Horror?

Ein Abstieg in den Wahnsinn vor der sturmgepeitschten Küste Neu-Englands, hier wo die Grenze zwischen Land und Meer ebenso verschwimmt, wie die zwischen Normalität und Unbegreiflichem. Im Rahmen dieses Sammelbandes ist es eindeutig, dass hier Robert Eggers zweiter Spielfilm *The Lighthouse* (2019) gemeint ist. Doch dem ist nicht so. Vielmehr handelt es sich um eine Charakterisierung zahlreicher Erzählungen des US-amerikanischen Autors Howard Phillips Lovecraft (1890–1937). Aufgrund seines literarischen Schaffens, ebenso wie aufgrund eines äußerst umfangreichen Briefwechsels mit genreprägenden Literaten kann Lovecraft als einer der Stammväter des modernen Horrors gelten. Es ist die »fear of the unknown« (Lovecraft 1927 I), die Furcht vor dem Unbekannten und Unbegreiflichen, die der zentrale Grundpfeiler des lovecraftschen Werkes ist. Lovecrafts meist schablonenhaften Protagonisten sind dazu gezwungen, in einer Welt zu leben, »in der überall die heimliche Bedrohung durch das Unbekannt-Fremde lauert« (Wünsch 2017, S. 108). Hilflos sind sie dem Gutdünken tentakelbewehrter, amorpher und übermächtiger Entitäten aus der Tiefe – sei es die des Meeres oder des endlosen Kosmos – ausgeliefert. Wird sich ihr unzulänglicher menschlicher Verstand dieser Bedrohung gewahr, enden sie entweder wahnsinnig und/oder tot (Koseler 1997, S. 109). Die Natur dieser Wesenheiten ist ebenso unverständlich, wie ihre Namen (z. B. Nyarlathotep, Yog-Sothoth, Shub-Niggurath) unaussprechlich sind.

Für dieses von Lovecraft geprägte Konzept des Horrors hat sich der Begriff des »cosmic horror« bzw. des Kosmischen Horrors herausgebildet. Abstrahiert, ist in dieser Spielart des Horrors vor allem das vollkommene Ausgeliefert-Sein an unverständliche und indifferente Entitäten elementar (Church 2021, S. 225f.). Diese Entitäten zeichnen sich nicht zwangsweise durch besondere Boshaftigkeit oder Niederträchtigkeit aus – sie entziehen sich dem menschlichen Moralbegriff (Kneale 2006, S. 110) – sondern vielmehr durch ihre übermächtige Natur und vollkommene Teilnahmslosigkeit gegenüber dem Individuum per se und der Menschheit in ihrer Gesamtheit. Damit steht der Kosmische Horror im weitgehenden Gegensatz zu vielen Erzählungen des Gothic Horror, der allgemein formuliert auf eine Überwindung des Dämonischen oder Bösen oder auf die Ausführung christlich-moralischer Konflikte abzielt (Luckhurst 2016, S. 116f.). Die Bedrohungen dieser Art von Schauerromanen sind oft menschlichen Ursprungs, seien es Geister, Werwölfe, Vampire oder Frankensteins Monster oder fungieren als Verkörperungen menschlicher Abgründe und Perversion. Diese Wesen sind prinzipiell nicht unüberwindbar und lediglich eine lokale Bedrohung. Der Kosmische Horror dagegen fokussiert eher das Unmenschliche (Newell 2020, S. 5; hier wohlgemerkt in Bezug auf »Weird Fiction«, der er Lovecraft zurechnet). Das Böse oder besser die Bedrohung kann hier nicht getilgt, ihm kann nicht entkommen werden. Selbst wenn es gelingen sollte, einen Teilaspekt zurückzudrängen, bleibt dies doch nur ein unzureichender Versuch, der Biss einer einzelnen Ameise in den Fuß eines Elefanten. Kosmischer Horror ist eben nicht kathartisch, offeriert keine Erleichterung über die Überwindung des Übels, keine Bestätigung einer gesellschaftlichen Norm, sondern ermöglicht bestenfalls ein kurzes, desillusioniertes Seufzen angesichts der absoluten Irrelevanz des eigenen Tuns, der Sinnlosigkeit allen Strebens, ja der gesamten Existenz (Newell 2020, S. 16, S. 166). Enden ein Film oder eine Erzählung positiv oder mit ehrlicher, gerechtfertigter Erleichterung, so wird sie diesem Grundprinzip nicht gerecht. In dieser Spielart des Horrors dominiert das metaphysische also vor dem sozialen Grauen des Gothic Horror, wobei zwischen beiden – wie so oft bei der

Diskussion von Genregrenzen – keine absolut trennscharfe Linie gezogen werden kann (Newell 2020, S. 5).

Insbesondere der durch Lovecrafts Kurzgeschichte *The Call of Cthulhu* (1928) begründete und von zahlreichen Autoren ergänzte Cthulhu-Mythos, um eine Gottheit mit tentakelbewehrtem Haupt, die auf dem Meeresboden ihrer Auferstehung harrt, erfreut sich großer Beliebtheit und wurde wiederholt populärkulturell adaptiert und persifliert (nicht zuletzt in mehreren Folgen der Zeichentrick-Sitcom *South Park*). Im Rahmen dieser Adaptionen bildeten sich verschiedene prävalente Motiviken heraus: Dunkle Kulte, uralte Tempel, verbotene Schriften und amphibische Humanoide sind mittlerweile eng mit dem Kosmischen Horror verbunden. Unübertroffen in ihrer ikonischen Prominenz sind Tentakel bzw. saugnapfbewehrte Krakenarme. Diese dienen gleichsam als reduktiver Referenzanker zur Gesamtheit des lovecraftschen Oeuvres. Kurioserweise haben sie es sogar auf die Cover der Sekundärliteratur geschafft (beispielsweise Michel Houellebecqs Lovecraft-Biografie *Gegen die Welt, gegen das Leben*, 1991). Kaum erscheint also ein Tentakel in einem Horrorfilm, kaum schreckt eine Figur vor den Abgründen des Meeres oder den Tiefen des Weltalls zurück oder verfällt gar dem Wahnsinn, kann man gewiss sein, dass in Diskussionen die Frage »Is this lovecraftian?« fällt.

Zweifelsohne ist Lovecrafts Einfluss auf das aktuelle Horror-Genre im Film nicht zu unterschätzen. Neben zahlreichen Direktverfilmungen seiner Kurzgeschichten von – bis auf wenige Ausnahmen – leider zweifelhafter Qualität, weisen Klassiker des Genres wie *Alien* (1979), *Event Horizon* (1998) oder *The Thing* (1982) und zahllose weitere Horrorfilme und Serien (in jüngerer Zeit beispielsweise die erste Staffel *True Detective* und die Serie *Lovecraft Country*) deutliche Einflüsse Lovecrafts auf. Durch seinen weitläufigen Einfluss ist dabei meist schwierig festzustellen, ob es sich um direkte Bezüge auf den Autor selbst oder dessen sekundäre Umsetzungen im Werk anderer Autor:innen handelt. Der mexikanische Regisseur Guillermo del Toro (*Pans Labyrinth* [2006], *Shape of Water* [2017]) ist großer Fan des Autors und legte mit der Anthologie-Serie *Guillermo del Toro's Cabinet of Curiosities* 2022 gleich zwei Umsetzungen von Kurzgeschichten (durch zwei anderer Regisseure) vor. Dennoch: Lovecraft hat weder den Wahnsinn noch das Meer erfunden und selbst die Sterne sollen gerüchteweise bereits vor seiner literarischen Karriere bestanden haben. Nach wie vor entstehen dementsprechend Horrorfilme, die nichts mit Lovecrafts Schaffen zu tun haben, wobei »Horror« im weitesten Sinne als alles verstanden werden soll, das Übernatürliches mit Düsterem, Erschreckendem oder Abstoßenden mischt und somit in den Rezipierenden ein Gefühl des Schreckens oder Gruselns hervorruft (Wulff u. Vonderau).

The Lighthouse = Kosmischer Horror?

Aufgrund der populärkulturellen Omnipräsenz des Autors schien es für große Teile der Kritik offensichtlich, Eggers' *The Lighthouse* mit den Konzepten Lovecrafts in Verbindung zu bringen. Peterson beschreibt einen »lovecraftschen [Abstieg] in den Wahnsinn« und empfiehlt den Film allen Fans der »mythischen Monsterwelten« des Autors (Peterson). Wessels spricht von den »lovecraftesken Visionen« (Wessels) der Figuren und die deutsche Film- und Medienbewertung vom Zurückgreifen auf »Quellen und Erzählmuster von Herman Melville und H. P. Lovecraft« (FBW). Der Blog »Filmmassiv« bezeichnet den Film als »Lovecraft par excellence« (Ederer). Limon vergleicht gar den namensgebenden Leuchtturm selbst mit einer »eldritch monstrosity«, die über verbotenes Wissen verfüge (Limon). Zudem führen stark rezipierte YouTube Videos wie »Top 30 Terrorizing Cosmic Horror (Lovecraftian) Horror Films Of All Time« oder »Every Terrifying (50) True Lovecraftian Movie Adaptations – Explored« den Film wie selbstverständlich in ihren Aufzählungen an und nehmen somit eine klare Kategorisierung vor. Zahlreiche weitere Kritiken und Besprechungen des Filmes verfolgen eine ähnliche Richtung und der deutsche, wie der englische Wikipedia-Artikel zitieren entsprechende Quellen und zementieren diesen Eindruck.

Bei genauerer Auseinandersetzung mit den Werken des Autors wie mit denen des Regisseurs ergibt sich jedoch rasch der Eindruck, dass hier ein genauerer Blick lohnt. Was verleitet dazu, anzunehmen, es handle sich bei *The Lighthouse* um ein von Lovecraft inspiriertes Werk? Zweifellos sind einige Anhaltspunkte gegeben, die diese Einordnung rechtfertigen: Der Handlungsort befindet vor der Küste des US-Bundesstaates Maine in der Region Neuengland, die von Lovecraft bevorzugt bevölkert wurde. Der alte Leuchtturmwärter Thomas Wake erinnert in seiner Verschrobenheit, insbesondere in seiner antiquierten Ausdrucksweise und seinem dicken Akzent, an Figuren wie Zadok Allen aus Lovecrafts *The Shadow over Innsmouth* (1931): »Wal, It seems these Kanakys was sacrificin' heaps o' their young men an' maidens to some kind o' god-things that lived under the sea, an' gittin' all kinds o' favour in return. They met the things on the little islet with the queer ruins, an' it seems them awful picters o' frog-fish monsters was supposed to be picters o' these things. Mebbe they was the kind o' critters as got all the mermaid stories an' sech started. They had all kinds o' cities on the sea-bottom, an' this island was heaved up from thar.« (Lovecraft 1931).

Ähnlich verhält es sich mit der Sprechweise der Figur »Ammi« aus *The Colour Out of Space*: »›Dun't go out thar‹, he whispered. ›They's more to this nor what we know. Nahum said somethin' lived in the well that sucks your life out. He said it must be some'at growed from a round ball like one we all seen in the meteor stone that fell a year ago June. Sucks an' burns, he said, an' is jest a cloud of colour like that light out thar now, that ye can hardly see an' can't tell what it is [...].‹« (Lovecraft 1927 II)

Besonders markant fällt die Ähnlichkeit bei »Old Whateley« in *The Dunwich Horror* aus: »I dun't keer what folks think – ef Lavinny's boy looked like his pa, he wouldn't look like nothin' ye expeck. Ye needn't think the only folks is the folks hereabaouts. Lavinny's read some, an' has seed some things the most o' ye only tell abaout. I calc'late her man is as good a husban' as ye kin find this side of Aylesbury; an' ef ye knowed as much abaout the hills as I dew, ye wouldn't ast no better church weddin' nor her'n. Let me tell ye suthin' – some day yew folks'll hear a child o' Lavinny's a-callin' its father's name on the top o' Sentinel Hill! « (Lovecraft 1929)

In jedem der drei Fälle handelt es sich um ältere bärtige und ein wenig verwahrloste Männer. Nur geringfügige Abwandlungen in Auftreten und Sprache von Willem Dafoes Figur wären nötig, um ihn jede dieser Figuren verkörpern zu lassen. Mehr noch als an Lovecrafts Archetypus des alten Neuengländers gemahnt der alte Leuchtturmwärter jedoch an Herman Melvilles berühmten Captain Ahab, der zu pathetischen Ansprachen und zum herabwürdigenden Umgang mit der Crew neigt: »›Am I a cannon-ball, Stubb‹, said Ahab, ›that thou wouldst wad me that fashion? But go thy ways; I had forgot. Below to thy nightly grave; where such as ye sleep between shrouds, to use ye to the filling one at last. – Down, dog, and kennel!« (Melville 1851) Hier fällt nicht nur die antiquierte, bildhafte Ausdrucksweise, sondern auch die Beleidigung als »dog« auf, die Wake zu eigen ist. Die Inspiration für Wake scheint sich hier also eher bei Melville als bei Lovecraft zu finden – dies ist naheliegender, sind doch die wenigsten der »alten Männer« Lovecrafts tatsächlich Seefahrer, wie Ahab dies ist und wie Wake es zumindest vorgibt gewesen zu sein. Unabhängig von Ähnlichkeiten in der Ausdrucksweise erweckt Wake, durch seinen wiederholt zur Schau gestellten Aberglauben unter anderem in Bezug auf Seevögel, die die Seelen der Toten trügen (eine Reminiszenz an Coleridges *Rime of the Ancyent Marinere*) und seine nahezu kultische Verehrung des Leuchtturmlichtes, den Eindruck einer Person, die mehr über das Wesen der Dinge wisse und rückt somit näher an Lovecrafts Figuren. (Lovecraft greift in *The Dunwich Horror* ähnliche Motiviken auf: Hier fungieren »Ziegenmelker« bzw. »whippoorwills« als Träger von Seelen. Indes ist das Motiv von Vögeln in der Funktion von Psychopompoi weder etwas Autorenspezifisches noch etwas literarisch Ungewöhnliches.) Die Rede des Alten von »merfolk«, also humanoiden Bewohnern des Meeres, ähnlich den amphibisch-humanoiden »Deep Ones« aus Lovecrafts Werk, auf die Zadok Allen in obigem Zitat anspielt, unterstützt diesen Eindruck weiter. Ephraim Winslow oder – wie wir ihn im Folgenden bei seinem richtigen Namen nennen wollen – Thomas Howard hat wenig Interesse am Seemannsgarn des alten Mannes. Hier muss kurz angemerkt werden, dass zwischen Thomas Howard und Howard Phillips Lovecraft eine kleinere Namensverwandtschaft besteht. Allerdings stellt dies – wenn überhaupt – nur eine geringfügige Reminiszenz an den Autor da, denn beide teilen sich keine wie auch immer gearteten Merkmale, mit Ausnahme einer Leidenschaft für das Übernatürliche. Diese äußert sich bei Howard durch seine Faszination für die kleine geschnitzte Meerjungfrau und seine wiederholten Visionen dieses hybriden Wesens. Als er Zeuge von Wakes eigenwilliger Verehrung des Lichtes wird, sieht er kurz den Greifarm eines Kraken über den Boden huschen. Das Murmeln des Alten in Verbindung mit der intensiven musikalischen Untermalung erzeugt den Eindruck einer bedrohlichen rituellen Verehrung. Später nimmt Howard den Alten für einen kurzen Moment als eine Art tritonisches Monster mit Tentakeln anstelle des Unterleibes wahr. Wie bereits erwähnt, reichen Tentakel weithin bereits aus, um einen direkten Bezug zu Lovecraft herzustellen. Hinzu kommt der offensichtliche geistige Verfall der Protagonisten, die im Laufe des Filmes einen Wandel von zumindest im weitesten Sinne vernünftigen Individuen hin zu umnachteten, halluzinierenden und gewalttätigen Irren durchlaufen.

Überdies findet eine Inszenierung des Schauplatzes als rätselhaft und unwirklich statt: Unablässig dröhnt das Nebelhorn, gleich einem Ruf aus der Tiefe des Meeres und die Schlieren auf dem verschmutzten Wasser der Zisterne bilden psychedelisch anmutende Muster. Den Leuchtturm als »eldritch monstrosity« oder alte Gottheit zu deuten, ist ebenso möglich: Vor Urzeiten ist das monolithische Ungetüm den abyssalen Tiefen des Meeres entstiegen. Es birgt unendliches, geheimnisvolles Wissen, Einblicke in Dinge außerhalb des menschlichen Fassungsvermögens in seinem Geist. Dieser erstrahlt aus einem zyklopischen Auge, das in seiner gleißenden Helligkeit und Andersartigkeit jeder Beschreibung spottet. Seine Diener füttern und verehren die vollkommen teilnahmslose Entität, opfern in der Hoffnung auf einen Erkenntnisbruchteil ihre gesamte Existenz. Einmal in ihren Dienst getreten, gibt es keine Hoffnung auf ein Entrinnen. Es bleibt das langsame Abgleiten in den Wahnsinn, denn die Präsenz der Kreatur und auch nur der kleinste Funken seines Wissens sind weit mehr als ein Mensch ertragen kann. Wake ist diesem Einfluss bereits lange verfallen. Howard überkommt beim Blick in das strahlende Auge des Monstrums endgültig der brüllende Wahnsinn, bevor er in den Tod stürzt. Das Licht des Leuchtturmes erinnert auch an das leuchtende Trapezoeder in Lovecrafts *The Haunter of the Dark* (1935), ein außerweltliches Artefakt, das den Blick auf fremde, unverständliche Welten und Wahrheiten gewährt und sich, topologisch identisch, ebenfalls in der Spitze eines Turmes befindet. Nur – und dies ist der springende Punkt, der zur Gegenargumentation führt – gewährt die Lampe im Leuchtturm eben *keine* Einblicke in andere Sphären. Die Argumente für den »kosmischen« Charakter von *The Lighthouse* mögen durchaus nachvollziehbar sein, doch sie bewegen sich auf der ikonografischen Oberfläche des Films, ohne dessen Histoire und die narrative Tiefenstruktur zu erfassen.

The Lighthouse ≠ Kosmischer Horror!

Der erste, genauere inhaltliche Blick muss dem Wesen der Protagonisten gelten: Lovecrafts Schaffen wird von Figuren von wenig tiefgründiger Charakterzeichnung bevölkert. Ob nun Ermittler, Studenten, Landvermesser, Forscher oder Einwohner abgelegener Landstriche, sie alle weisen keine herausragende Charaktertiefe auf, vor allem deswegen, da sie hinter ihrer trockenen und objektiven Schilderung des Erlebten vollkommen zurücktreten (Lacy u. Zani 2007, S. 69). Es handelt sich um oberflächliche Figuren. Dies ist nicht als Kritik zu verstehen, denn tiefgehende oder besonders differenzierte Figuren mit einer umfassenden Hintergrundgeschichte und einem Werdegang mit Identifikationspotential wären der lovecraftschen Narration eher hinderlich als zuträglich. Sie widersprächen sogar dem Konzept des Kosmischen Horrors, der in seiner Reinform das Individuum als irrelevant setzt. Die größeren Zusammenhänge, die endlosen, unfassbaren Geheimnisse sind es, die die eigentliche Faszination der Narration ausmachen. Die Figuren in *The Lighthouse* sind dies nun eben nicht. Sie sind nicht irrelevant, nicht eindimensional, keine bloßen Spielfiguren: Auf der einen Seite steht der alte Thomas Wake. Seine Einsamkeit und Bedeutungslosigkeit – niemals ist ein Schiff auf dem Meer jenseits des Leuchtturms zu sehen, das der Warnung bedürfte – und ein damit einhergehender eklatanter Mangel an Selbstwertgefühl treiben ihn zur Flucht in Ausweichhandlungen und Ersatznarrative. Die Tristesse seiner Existenz versucht er mit unablässigen (Lügen-)Geschichten über eine bewegte Vergangenheit als Seefahrer ebenso zu bewältigen, wie mit exzessiven Alkoholkonsum, der seine Probleme vielleicht kurzfristig betäubt, auf lange Sicht jedoch befeuert. Vor allem neigt er zu manischer Selbstüberhöhung, die sich in drakonischem Verhalten gegenüber seinem Untergebenen niederschlägt. Er nötigt ihn zu regelwidrigem Alkoholkonsum, lacht ihn aus, erlegt ihm besonders schwere, unangenehme und sinnlose Aufgaben, wie das wiederholte Putzen des Wärterhäuschens, auf und beleidigt ihn auf üble und herabwürdigende Weise. Er beweist eine ausgesprochene Doppelmoral, wenn er Howard genau das vorwirft, was er selbst tagtäglich tut – Faulheit, Alkoholkonsum, Masturbation – und empfiehlt dementsprechend, keinen Lohn auszuzahlen. Zum eigentlichen Lebenszweck Wakes wurde die ebenso kultische, wie erotisierte Verehrung des Leuchtfeuers, des absoluten Zentrums des Lebens auf der Insel und damit seiner Existenz. Wake ist eine tragisch-widersprüchliche und lebendige Figur. Einerseits dämonischer Prediger, der seine Autoritätsposition ausnutz,t und andererseits ein jämmerlich vor sich hin furzender alter Mann, der – »Don't leave me!« – die zermürbende Einsamkeit des miserablen Berufs nicht ertragen kann.

Auf der anderen Seite steht Thomas Howard, Perspektivträger der Narration, ein Herumtreiber, ehemaliger Holzfäller mit scheinbar krimineller Vergangenheit, getrieben von dem Wunsch nach einem Neuanfang als gesetzestreuer, obrigkeitshöriger Bürger. Howard durchläuft einen charakterlichen Wandel oder eher eine Degeneration. Ausschlaggebend für diese sind zwar auch, ebenso wie bei Wake, die zermürbende Mühsal, Einsamkeit und sexuelle Enthaltsamkeit seines Postens, vor allem aber die Gesellschaft Wakes. Dieser wird aufgrund seines herabwürdigenden Verhaltens, seines generell verschrobenen und ekelerregendes Gebarens, einschließlich der frenetischen Masturbation im Leuchtturm, zunehmend unerträglich. Zu diesen ohnehin schon widrigen Umständen, kommen Schuldgefühle aufgrund seines vergangenen und gegenwärtigen Tuns, die ihn in Form von Alpträumen und Visionen plagen. Naheliegende Faktoren, wie die Legenden von Meerjungfrauen und das überirdisch erscheinende Licht des Leuchtturmes, das Zentrum und Zweck ihres Lebens auf der Insel ist, beeinflussen dabei seine alptraumhafte Gedankenwelt. Eine freche Möwe erscheint als Feind mit bösen Absichten. Sein Ekel, als er die Masturbation des alten Mannes erlebt, amalgamiert mit seinem Abscheu vor der maritimen Umgebung und resultiert in Visionen eines tentakelbewehrten Greifarmes. Ähnliche Visionen erlebt er bei der eigenen Masturbation, in die sich neben Bildern der Meerjungfrau und schleimigem, phallischem Meeresgetier kurz der Anblick des Hinterkopfes eines Mannes mischt. Hier visualisiert er die Erinnerung an den Tod seines Holzfällerkameraden Ephraim Winslow und verknüpft seine eigene Sexualität damit. Spätestens, als er in Wake denjenigen zu sehen vermeint, dessen Namen er gestohlen hat, lässt sich eine unterdrückte Homosexualität vermuten: Der echte Winslow ist mit kantigem Gesicht, strahlenden Augen und blondem Haar und Bart auffällig attraktiv. Sukzessive gewinnen die Tagträume an Gestalt, werden zu veritablen Wahnvorstellungen. Während er anfangs noch den Konsum von Alkohol strikt ablehnt , verfällt er schließlich in einen ungebremsten Rausch aus Suff, Masturbation und Gewalt. Sein Verfall findet seinen

Höhepunkt, als er sich des Verrats und der Heuchelei Wakes bewusst wird, und gipfelt darin, dass er Wake als Holzfäller Winslow, Meerjungfrau und schließlich tritonisches Ungetüm imaginiert. Nach seiner Rache an dem despotischen Vorgesetzten, die eine bildhafte Umkehr des Verhältnisses Hund und Herr darstellt, erobert Howard Wakes Heiligtum, die strahlende Lampe des Leuchtturmes. Aufgrund nachvollziehbarer Motivationen beider Figuren (wie unter anderem dem Wunsch nach Bedeutung, der Einsamkeit, der Angst davor, verlassen zu werden, der Frustration über Arbeit und Lebensumstände, den sexuellen Trieben und der Versuchung des Alkohols) besteht Identifikationspotential. Im Gegensatz zu Lovecrafts nüchternen Archetypen, die lediglich existieren, um einen Maßstab für das Gezeigte zu geben, handelt es sich bei Wake und Howard in *The Lighthouse* um differenzierte, tragische Figuren, deren Einzelschicksale nachvollzogen werden. Die homoerotische Spannung zwischen den beiden einsamen Männern, vor der beide im Moment der Nähe zurückschrecken – eine Umarmung und Annäherung zum Kuss wird zur Schlägerei – wäre nicht typisch für Werke Lovecrafts, die sich jeder bewussten Darstellung von Sexualität oder gar menschlicher Nähe prinzipiell enthalten. Dies schließt selbstverständlich keinen Kosmischen Horror aus, unterstreicht aber, dass hier die Beziehung der Figuren und deren Emotionen und Werdegang mehr im Vordergrund stehen als übernatürliche Formen des Horrors.

Möchte man verstehen, warum *The Lighthouse* kein Kosmischer Horror ist, fällt vor allem ins Gewicht, dass das Schicksal der gesamten Menschheit hier in keiner Weise relevant ist, während dies in Texten des Kosmischen Horrors immer zumindest unterschwellig auf dem Spiel steht. Einsam verfallen die beiden Männer dem deliriösen Wahnsinn und sterben schließlich einen jämmerlichen Tod. Ihr Niedergang und dessen Umstände stellen für den Rest der Menschheit keinerlei Bedrohung dar, sind global gesehen bedeutungslos. Denn wer wird sich ernsthaft für das Dahinscheiden eines unsympathischen und unnahbaren alten Wirrkopfs und eines kriminellen Herumtreibers auf einer abgelegenen Insel interessieren? Genau hier liegt die eigentliche Tragik des Filmes, in der Einsamkeit des Individuums, dessen Niedergang vor der Kulisse einer teilnahmslosen Natur. Hier könnte man einwenden, dass ja gerade die kosmische Teilnahmslosigkeit ein Motiv Lovecrafts ist, doch von einem Einfluss des Kosmos lässt sich bei Eggers in keiner Weise sprechen. Natürlich sind

Elemente der Leuchtturminsel bedrückend und enervierend: die Isolation, die mangelhafte Verpflegung, die aufdringlichen Möwen, das verschmutzte Trinkwasser, Knochenarbeit bei Kälte und Regen et cetera. Doch es sind nicht diese Einflüsse an sich, die originär zum Verfall der beiden Männer führen, sie sind lediglich Katalysatoren. Der Niedergang hat seinen Ursprung in den Figuren selbst. Beide sind offensichtlich zutiefst unzufrieden mit ihrem Leben und ihrem Schicksal. Hinzu kommen die oben bereits genannten Gefühle, insbesondere die Frustration über die Arbeitsbedingungen, die einen geistigen Verfall der Figuren begünstigen.

In *The Lighthouse* ist keine Spur einer übermächtigen, kosmischen Monstrosität im Sinne Lovecrafts – oder allgemeiner des Kosmischen Horrors – zu erahnen. Einzige Verweise auf diese Spielart des Horrors sind oberflächliche Faktoren und der Umstand des Abstiegs in den Wahnsinn. Alles vermeintlich Übernatürliche kann klar der Geisteswelt der Figuren zugeordnet werden: Es bleibt keine Spur der vermeintlichen Meerjungfrau, die Vision von Wake mit leuchtenden Augen ist nicht mehr als ein Traum . Der vielgestaltige Wake wird rasch wieder zu einem nach Luft ringenden alten Mann. Besonders in dieser, fast komischen Szene, in der Wake mit jeder körperlichen Attacke gegen Howard die Gestalt wechselt, wird eindeutig, dass es sich lediglich um eine subjektive Halluzination handelt. Letztlich ist auch das Licht des Leuchtturmes nicht das Arkanum, zu dem Wake es stilisiert, sondern nicht mehr als eine sehr helle Lampe in einer Fresnel-Linse – eben das Licht eines Leuchtturmes, technisch und optisch sicherlich faszinierend, aber metaphysisch eher banal. Es ist eben nicht der Leuchtturm – als Verkörperung einer höheren Macht –, der seine Bewohner verzehrt oder in den Wahnsinn treibt. Zu keinem Zeitpunkt findet eine bildhafte Darstellung des Turmes als Wesenheit statt – er erscheint als steinernes Bauwerk, Teil eines Gebäudekomplexes, das gelegentlich einen neuen Anstrich braucht. Ein organischer oder besonders monumentaler Charakter ist nicht gegeben. Es sind die inneren und zwischenmenschlichen Konflikte, die den geistigen Verfall der Leuchtturmwärter auslösen. Selbstverständlich bleibt ein Graubereich, eine letzte Unklarheit in der Frage, was Vision respektive Einbildung und was Realität ist. Doch dieser ist sehr schmal. Die eindeutige Perspektivierung durch nur eine Figur und der ausbleibende Diskurs über erscheinende übernatürliche Elemente, sowie das rasche und vor allem rückstandlose

Verschwinden des Übernatürlichen deuten auf eine Imagination des Protagonisten hin. Es handelt sich nicht um einen geteilten Spuk: Wake mag ein fetischistischer Sadist und notorischer Schwätzer sein, aber er ist ebenso banal wie seine Flatulenzen. Das finale Bild, das Howard nackt und halbtot auf den Felsen der Insel liegend zeigt, während seine Eingeweide von Möwen verspeist werden, ist zwar erschreckend, aber nicht an sich übernatürlich. Die abschließende Metaphorik hat keine kosmische Implikation, sondern macht Howard zu einem Prometheus des Meeres, der bei dem Versuch, seiner tristen, menschlichen Existenz zu entfliehen, kläglich gescheitert ist. Nicht nur ist *The Lighthouse* also keinesfalls Kosmischer Horror oder steht in anderer Weise in der narrativen Tradition H. P. Lovecrafts. Möchte man sich der müßigen Genrediskussion hingeben, lässt sich sogar ganz prinzipiell die Frage stellen, ob es sich überhaupt um einen Horrorfilm handelt. Ist es ausschlaggebendes Ziel dieses Filmes, die Rezipierenden zu schockieren oder zu verstören? Zweifellos ist Eggers' Werk bisweilen erschreckend und lässt ratlos zurück. Die auditive Untermalung, die dem Gesehenen durch dumpfes Dröhnen und angespannte Klänge einen durchgehend düsteren Charakter verleiht, trägt zu dieser bedrohlichen Atmosphäre bei. Im Zentrum des Filmes stehen indes die Figurendynamik und -entwicklung. Mehr noch als um reinen Horror handelt es sich um ein Kammerspiel bzw. ein Charakterdrama über Schuld, Macht und geistigen Verfall.

Eggers' weitere Filme – kein Hauch von Kosmos

Sieht man sich in Eggers' weiteren Filmen mit Werken Kosmischen Horrors und einem klaren Einfluss Lovecrafts konfrontiert? Hier kann man eindeutig verneinen. Ebenso wie *The Lighthouse* zeichnen sich auch bereits *The Witch* (2015) und später *The Northman* (2022) durch Individualität und charakterliche Differenziertheit ihrer Protagonist:innen aus. Thomasin, William und auch Katherine in *The Witch* verzweifeln nachvollziehbar an ihrer Hoffnung auf ein besseres Leben. Dabei sind sie hin- und hergerissen zwischen ihrer tiefreligiösen Furcht vor Sündhaftigkeit und ihrer trostlosen Lebenssituation. Amleth in *The Northman* ist getrieben von tief verinnerlichter, destruktiver Wut und einem übersteigerten Bewusstsein für Ahnen, Abstammung und Clan. Seine

Mutter Gudrún erklärt, dass sie nicht etwa unter der Ermordung ihres Mannes Aurvandil gelitten habe, sondern froh über die Erlösung von einem ignoranten Hurenbock gewesen sei. Auffällig und nahezu ironisch ist dabei die letztendliche Bedeutungslosigkeit von Amleths Handlungen bei gleichzeitiger interner Übersteigerung: Er ist Sohn eines unbedeutenden Territorialherrschers, der von seinem Bruder Fjölnir ermordet wurde. Der vertriebene Fjölnir herrscht letztlich über einige Hütten in einer öden Gegend Islands. Keine der Figuren ist in der Logik des Filmes von weitreichender historischer oder politischer Relevanz und dennoch erleben die Rezipierenden die Narration aus der Perspektive Amleths als Schicksalskampf in dem er heiligen wie unheiligen Mächten ausgesetzt ist.

Im Zentrum aller drei Filme steht die innere Zerrissenheit komplexer Individuen, die angesichts eines gnadenlosen Umfeldes, eines beschwerlichen Lebens und zwischenmenschlicher Konflikte an ihren Hoffnungen, Überzeugungen und Wünschen zerbrechen. Gleiches gilt für den Kurzfilm *Brothers* (2015), der trotz lediglich zehn Minuten Spielzeit eine relativ differenzierte Charakterzeichnung aufweist. Die Kurzfilme *Hansel and Gretel* (2007) sowie *The Tell-Tale Heart* (2009) werden hier als weitgehend werkgetreue Literaturadaptionen ausgespart. Wiederum handelt es sich nicht um einen irgendwie gearteten kosmischen Einfluss, der die Figuren zu ihren Taten verleitet. In *The Witch* und *The Northman* lässt sich zudem die tatsächliche Existenz der fantastischen Elemente zumindest infrage stellen. In *The Witch* kann das Auftreten der Hexen und des Teufel tendenziell als Manifestation des christlichen Fanatismus der Familie verstanden werden. Da hier allerdings keine klare Perspektivierung wie in den anderen beiden Spielfilmen vorliegt, die eine Deutung als subjektive Wahrnehmung zulässt, Spuren des Übernatürlichen zurückbleiben (William erbricht einen Apfel) und die abschließende Vereinigung mit dem Hexenzirkel einen alles andere als rein imaginären Anschein macht, ist hier eine tatsächliche Existenz des Übernatürlichen anzunehmen. In *The Northman* liegt die Perspektive des Filmes wiederum klar beim Protagonisten. Amleth, tief verwurzelt in der nordischen Götter- und Mythenwelt, nimmt das eigene aussichtslose Schicksal als von Göttlichem und Jenseitigem geprägt wahr. Wie in *The Lighthouse* ist dabei die tatsächliche Existenz dieser Elemente fraglich. Der vermeintliche Draugr, den Amleth bekämpft, wird rasch wieder zu einem profanen Skelett, die Walküre ist potenziell nicht mehr als eine Traumgestalt und auch die Tore Hels sind lediglich eine vulkanische Landschaft. Manche seiner Visionen sind durch Stress und Drogeneinfluss induziert (»vision mead of knowledge«), andere Elemente imaginiert Amleth, um seinem Tun – ähnlich wie Thomas Wake in *The Lighthouse* – eine höhere Legitimation zu geben.

Unbekannte oder übermächtige Bedrohungen kosmischer Natur spielen in Robert Eggers' Spielfilmen keine Rolle. Ganz im Sinne des »homo homini lupus« sind es die Menschen, die gegen sich selbst und gegeneinander agieren. Entscheidender und konfliktinduzierender Faktor sind die schwer erträglichen Lebensumstände und Schicksalsschläge, die die Figuren erleiden müssen, und die kärgliche und raue Natur, die jedoch nicht als personifizierte Kraft in Erscheinung tritt. Die auftretenden übernatürlichen Elemente, egal ob existent oder imaginär, entstammen nicht dem von Lovecraft inspirierten vielarmigen und amorphen Panoptikum, sondern haben folkloristische oder mythologische Ursprünge. In *The Witch*, der sich auch als *A New-England Folktale* bezeichnet, entstammen diese Figuren einer christlichen Mythologie. In *The Lighthouse* handelt es sich um visualisierte Schuldgefühle und Sexualitätsängste, die unter dem Einfluss des Meeres stehen, ebenso wie um Motive nautischer Sagen. *The Northman* kanalisiert die Rachegelüste des Protagonisten durch die Darstellung nordischer Mythen. Auch Eggers' voraussichtlich Ende 2024 erscheinender *Nosferatu* wird als Adaption eines Klassikers der Schauerliteratur bzw. des Gothic Horror wohl wenig mit Lovecraft zu tun haben.

Zweifellos kennt Eggers Lovecraft und seinen Einfluss. Dies ist für jeden, der sich heute intensiver mit dem Unheimlichen und Schreckenerregenden in der westlichen Kunst auseinandersetzt, unumgänglich (Turan, Johnston). Seine Filme indes sind kaum vom Schaffen dieses Vorreiters eines modernen Horrors geprägt. Vielmehr handelt es sich um düstere Charakterdramen mit folkloristischem Einschlag. In *The Lighthouse* stellen die Einflüsse des Autors nicht mehr als eine oberflächliche Referenz dar: Tentakel = Lovecraft. Die Rede vom Kosmischen Horror scheint in den letzten Jahren zu einer rezeptionskulturellen Mode geworden zu sein. Es mag chic erscheinen, jedweden Horrorfilm als im Geiste der umstrittenen Figur Lovecrafts stehend zu betrachten, einem Autor, der lange Zeit eher einem Nischenpublikum und den Lesern einschlägiger Pulp-Magazine bekannt war und in den vergangenen Jahren als Ikone der Populärkultur (wieder)entdeckt wurde. Der Begriff des Kosmischen verleiht der

Bedeutung eines Werkes überdies scheinbare Tragweite. Leider schießen Teile der Besprechung in Hinblick auf Eggers' *The Lighthouse* hier an den eigentlich paradigmatischen Strukturen des Werkes vorbei und verharren auf der Oberfläche. Dabei ist die Zuordnung eines Filmes zum Kosmischen Horror kein Qualitätskriterium in sich und auch kein Merkmal, das Eggers' Filme auf jeden Fall bräuchten. Eggers beweist dies in seinem Werk deutlich: Menschen in ihrer Getriebenheit, ihre Visionen, Ängste und Konflikte können packend und grauenerregend genug sein – auch ganz ohne Tentakel aus dem sternenlosen Nichts.

Literatur

Church, David: Post-Horror. Art, Genre, and Cultural Elevation. Edinburgh: Edinburgh University Press 2021.

Ederer, Jonathan: Lovecraft und der Leuchtturm. In: *Filmmassiv*, abgerufen am: 02.01.2024. https://filmmassiv.de/essay/lovecraft-und-der-leuchtturm/

FBW: Der Leuchtturm. FBW-Pressetext. In: *FBW*, abgerufen am: 02.01.2024. https://www.fbw-filmbewertung.com/film/der_leuchtturm

Koseler, Michael: Anmerkungen zur Erzählkunst Howard Phillips Lovecrafts. In: Rottensteiner, Franz (Hrsg.): H. P. Lovecrafts kosmisches Grauen. Frankfurt a. M.: Suhrkamp 1997. S. 105–137.

Johnston, Nick: Interview: Robert Eggers on the ›weird fiction‹ of his new film ›The Lighthouse‹. In: *Vanyaland*, abgerufen am: 02.01.2024. https://vanyaland.com/2019/10/21/interview-robert-eggers-on-the-weird-fiction-of-his-new-film-the-lighthouse/

Kneale, James: From beyond: H. P. Lovecraft and the place of horror. In: *cultural geographies* 2006.13. S. 106–126, abgerufen am: 04.01.2024. https://hal.science/hal-00572172

Lacy, Jeff u. Zani, Steven J.: The Negative Mystics of the Mechanistic Sublime: Walter Benjamin and Lovecraft's Cosmicism. In: Lovecraft Annual 2007.1. S. 65–83, abgerufen am: 04.01.2024. https://www.jstor.org/stable/26868355

Limon, Nick: The Lighthouse Ending Explained: Lovecraft, That Mysterious Light and More, In: *IGN*, abgerufen am: 02.01.2024. https://www.ign.com/articles/2019/10/20/the-lighthouse-ending-explained

Lovecraft, Howard Phillips (1927 I): Supernatural Horror in Literature. And notes on writing weird fiction. In: *The H. P. Lovecraft Archive*, abgerufen am: 02.01.2024. https://www.hplovecraft.com/writings/texts/essays/shil.aspx

Lovecraft, Howard Phillips (1927 II): The Colour out of Space. In: *The H. P. Lovecraft Archive*, abgerufen am: 02.01.2024. https://www.hplovecraft.com/writings/texts/fiction/cs.aspx

Lovecraft, Howard Phillips (1929): The Dunwich Horror. In: *The H. P. Lovecraft Archive*, abgerufen am: 02.01.2024. https://www.hplovecraft.com/writings/texts/fiction/cs.aspx

Lovecraft, Howard Phillips (1931): The Shadow over Innsmouth. In: *The H. P. Lovecraft Archive*, abgerufen am: 02.01.2024. https://www.hplovecraft.com/writings/texts/fiction/cs.aspx

Lovecraft, Howard Phillips (1935): The Haunter of the Dark. In: *The H. P. Lovecraft Archive*, abgerufen am: 02.01.2024. https://www.hplovecraft.com/writings/texts/fiction/cs.aspx

Luckhurst, Roger: Transitions: From Victorian Gothic to Modern Horror, 1880–1932. In: Reyes, Xavier Aldana (Hrsg.): Horror. A Literary History. London: The British Library 2016. S. 103–130.

Mayer, Jed: Race, Species, and Others. H. P. Lovecraft and the Animal. In: Sederholm, Carl H. u. Weinstock, Jeffrey Andrew (Hrsg.): The Age of Lovecraft. Minneapolis: University of Minnesota Press 2016. S. 117–132.

Melville, Herman (1851): Moby-Dick. In: *The Project Gutenberg*, abgerufen am: 02.01.2024. https://www.gutenberg.org/files/2701/2701-h/2701-h.htm#link2HCH0028

Newell, Jonathan: A Century of Weird Fiction 1832–1937. Disgust, Metaphysics and the Aesthetics of Cosmic Horror. 1. Auflage. Cardiff: University of Wales Press 2020.

Peterson, Christoph: Der Leuchtturm. Lovecraft im Leuchtturm. In: *Filmstarts.de*, abgerufen am: 02.01.2024. https://www.filmstarts.de/kritiken/262493/kritik.html

Turan, Kenneth: Robert Eggers, director of the smart and scary ›The Lighthouse‹, sees comfort in horror. In: *Los Angeles Times*, abgerufen am: 04.01.2024. https://www.latimes.com/entertainment/movies/la-et-mn-cannes-robert-eggers-the-lighthouse-robert-pattinson-20190524-story.html

Wessels, Antje: Der Leuchtturm. In: *Wessels-Filmkritik.com*, abgerufen am: 02.01.2024. https://wessels-filmkritik.com/2019/11/23/der-leuchtturm/

Wulff, Hans Jürgen u. Vonderau, Patrick: Horrorfilm, In: *Lexikon der Filmbegriffe*, abgerufen am: 02.01.2024. https://filmlexikon.uni-kiel.de/doku.php/h:horrorfilm-207

Wünsch, Marianne: Mythologie und Raumstruktur bei Lovecraft. In: Schenk, Klaus u. Zeisberger, Ingold (Hrsg.): Fremde Räume. Interkulturalität und Semiotik des Phantastischen. Würzburg: Königshausen & Neumann 2017. S. 107–116.

Lichtspielhaus und Traumfabrik. Kino und Psychoanalyse in *The Lighthouse*

Michael Kathe

Verblüffend, dass die beiden Superstar-Schauspieler Robert Pattinson und Willem Dafoe auf den ersten und zweiten Blick nicht erkennbar sind. Zu sehen sind vielmehr zwei Leuchtturmwärter im Anschnitt, von jedem kaum mehr als das halbe Gesicht. Dazwischen ein Leuchtturm, Inbegriff eines phallischen Symbols. Zwei halbe Männer, ein Phallussymbol – in der Ästhetik der 1890er Jahre.

Das Filmplakat von *The Lighthouse* erscheint wie aus einer weit zurückliegenden Zeit. Es ist erstaunlich, wie sehr die Bildästhetik und der Look der Schauspieler eine Art der Authentizität vermitteln, die ihresgleichen sucht. Selbst in unserer Zeit, in der für Film und Mode jegliche Ästhetik perfekt analysiert wird, ist die aktuelle Version von der historischen meist unterscheidbar. Nicht so auf dem ursprünglichen Filmplakat von Robert Eggers' Film, das tatsächlich einer ethnographischen Fotografie des ausgehenden 19. Jahrhunderts nahekommt. Bewusst oder unbewusst erkennen wir alle die Fotoästhetiken zwischen 1890 und 1930. Ein Zeitabschnitt, den wir in vielen Belangen »schwarzweiss« wahrnehmen, insbesondere auch, was den Film betrifft – dessen Frühzeit ab 1890 beginnt. Für Regisseur Robert Eggers gehört das zu den filmischen Stilmitteln, um sich mit Geschichtsschreibung auseinanderzusetzen.

Das Filmplakat vermag bereits, einen Hinweis darauf zu liefern, dass *The Lighthouse* formal und inhaltlich auch einen selbstreflexiven Kommentar zur historischen Relevanz des Mediums Film liefert und sich – nicht verwunderlich für Kenner von Eggers' Filmen – mit destruktiver Männlichkeit beschäftigt: zwischen den beiden angeschnittenen Männern steht eines der freudianischsten Symbole überhaupt – notabene in einer Zeit, in der Freud die Psychoanalyse erfunden hat. Tatsächlich ist die zeitliche Koinzidenz der Handlung mit der Erfindung und Frühzeit des Films bzw. des Kinos und der Entstehung der Psychoanalyse ein noch wenig untersuchter Aspekt in *The Lighthouse*, obwohl diese beiden Themen in Rezensionen und Analysen stets Erwähnung finden. Allerdings meist nebenbei – selten werden sie als historische Elemente mit der Geschichte richtig zusammengeführt.

Gängige Interpretationen des Films fokussieren auf die Thematik unterdrückter Homosexualität, arbeiten die Substruktur der griechischen Mythologie heraus (Prometheus und Proteus) und erwähnen höchstens als unterhaltsame Beigabe das alte Filmformat und den Gebrauch alter Linsen, die Eggers in seinem Film verwendete. Was allerdings zu kurz kommt, ist der große Bogen, der diese Komponenten zusammenführt: Story, Kino und Psychoanalyse. Das ist das Anliegen des vorliegenden Texts. Denn so, wie Eggers detailverliebt in alten Jahrhunderten wühlt und sich pedantisch mit der Dramaturgie eines Zwei-Männer-Kammerspiels beschäftigt, sind ihm auch die geschichtspsychologische und die filmhistorische Rekonstruktion der Zeit wichtig. Nicht zuletzt, um die heutige Zeit besser zu verstehen.

Leben an einem Locus Terribilis

Robert Eggers' Film *The Lighthouse* spielt auf einer einsamen Insel, auf der sich ein Leuchtturm und fast nichts anderes befinden. Felsen aus Vulkangestein, ein Wohnhaus, ein paar kreischende Möwen. Das Setting ist das pure Gegenteil eines »Locus Amoenus«, eines lieblichen Ortes in der Natur, der als Topos in der Kunst bekannt ist. Die Leuchtturminsel ist wahrlich kein Ort, auf dem sich Liebende bei Sonnenschein an einem Bächlein oder in einem Garten treffen. Eggers schickt seine beiden Protagonisten auf eine unwirtliche Insel mit stürmischem Wetter und lässt sie eine konfliktreiche Beziehung durchleben. Wir befinden uns an einen »Locus Terribilis«. Auf diesem gegenteiligen literarischen Topos stellen sich »karge und menschenfeindliche Landschaften in Ödnis und Dürre dar. Mondlandschaften ohne Zuflucht, ohne Sonnenschein oder Oasen befinden sich hier. Die Beschreibung solcher Orte geht meistens Hand in Hand mit der emotionalen Lage des Protagonisten oder der in dieser Szenerie befindlichen Personen.« (Schwabl 2014, S. 3) Mit seinem schrecklichen Ort knüpft Eggers an die düstere Perspektive auf die US-Geschichte an, wie er sie bereits in seinem Erstling *The VVitch: A New-England Folktale* rund um eine extrem puritanische Familie auf die Leinwand brachte.

Dass Eggers im ausgehenden 19. Jahrhundert einen noch unfreundlicheren Ort findet und inszeniert, überrascht nicht. Die Lebensumstände in den Vereinigten Staaten waren für viele Menschen nicht besser geworden. Während die industrielle Revolution auf vollen Touren lief, waren die Bedingungen der Arbeiterschaft nicht zum Besten bestellt. Erste Arbeiterbewegungen und gewerkschaftliche Verbindungen existierten zwar, doch gerade in den frühen 1890er Jahren mussten sie schwere Streikniederlagen gegen Großkonzerne gewärtigen, die zu enormer Arbeitslosigkeit führten (Homestead-Streik [1892], Pullman-Streik [1894]). Als Konsequenz bildete sich in den vom Individualismus geprägten USA noch weniger Vertrauen in starke Gemeinschaften. Die Zeit des großen Wandels umfasste nicht nur die Außenwelt mit ihren sozialen Umwälzungen, Großstädten, Elektrifizierung, neuen Fortbewegungsmitteln u.v.m., auch die alten Werte wurden durch Theorien von Darwin, Freud, Marx, Nietzsche und vielen anderen gehörig durcheinandergebracht. Dazu gesellten sich die von der Hearst- und Pulitzer-Presse angeheizten Kriege gegen Kuba, Spanien und andere Länder ab 1898. Mit Thomas Wake (Willem Dafoe) und Thomas Howard (Robert Pattinson) präsentiert Eggers zwei Personen, die aus den zugespitzten politischen und sozialen Problemen ausgeklinkt sind und sich vor allem um ihre persönliche Existenz kümmern. Wake ist als Leuchtturmwärter Staatsangestellter, während Howard als ehemaliger Holzfäller (und Getriebener jener Verhältnisse) die Beständigkeit sucht.

Randbemerkung: Ich werde – im Gegensatz zu den üblichen Rezensionen – den Charakter, den Pattinson spielt, nicht Ephraim Winslow nennen, sondern Thomas Howard. Thomas Howard ist sein richtiger Name, während der Name Ephraim Winslow, den er während 2/3 des Films trägt, der Name des ermordeten Holzfällers ist.

Shades of Grey

Beide, Wake wie Howard, versuchen in einer maximal unfreundlichen Welt über die Runden zu kommen. Dargestellt ist das in einem Schwarzweiß-Film, der kaum einen Weißton kennt. Nicht einmal der Himmel bei Tageslicht hat ein klares Weiß. Es dominieren Schwarz und zumeist dunkle Grautöne. Das Meer ist oft grau, der Himmel ist oft grau, die Gesichter der Menschen sind grau. »Schon die Bilder sehen aus wie von 1929: Aufgenommen nicht nur in Schwarzweiß, sondern auf sogenanntem orthochromatischem Zelluloidfilm, lassen sie die raue Landschaft Neuenglands noch unwirklicher erscheinen. Da das frühe Filmmaterial noch nicht das ganze Farbspektrum in Grauwerte übersetzen konnte, wirkt es besonders expressiv – die Himmel schwerer und das Blut tiefschwarz.« (Kothenschulte 2019). In dieser Mélange aus Grau und Schwarz sticht etwas besonders gut hervor: Das Licht des Leuchtturms. Von der dritten Einstellung an, wenn Wake und Howard auf die Insel übersetzen, bis hin zu den Close-Ups, wenn Thomas Wake vor dem starken Licht des Leuchtturms steht, gibt es im Film fast nur eine Quelle, die Helligkeit verströmt: das Licht des Leuchtturms. In dieser überaus tristen Umgebung steht der Leuchtturm als Zeichen der Orientierung – nicht nur für die Schifffahrt. Viel ist dabei geschrieben worden über die prometheische Bedeutung des Lichts in Eggers' Film, oft aber ohne eine Verortung. Die soll jedoch im Folgenden näher untersucht werden.

Das Lighthouse als Lichtspielhaus I

Es gibt klare Hinweise darauf, dass Eggers sich im vorliegenden Film auch mit den ersten Jahrzehnten der Filmgeschichte auseinandersetzt. Zuvorderst ist der Titel des Werks ein Fingerzeig auf das Kino: The Lighthouse. Wörtlich: Das Lichthaus. Ein Begriff, der Deutschsprachige natürlich an den alten Begriff des »Lichtspielhauses« (für Kino) denken lässt und auch in der englischen Sprache dieselben Assoziationen weckt. So heißen durchaus auch Kinos in der englischsprachigen Welt »Lighthouse«. Und wie ein Kinoprojektor strahlt auch ein Leuchtturm gebündeltes Licht ab, letzterer dank der 1822 von Augustin Jean Fresnel entwickelten Linse, die eine rund dreifache Erhöhung der Leuchtkraft bei Leuchttürmen bewirkte.

Projektionsobjektive im Kino und Fresnel-Linsen in Leuchttürmen strahlen mit extrem verstärkender Wirkung in (dunkle) Räume bzw. nächtliche Meereslandschaften. Dieser Effekt der starken Sendung macht die Faszination sowohl des Kinos wie des Leuchtturms aus.

Exkurs in die Frühzeit des Films

Tatsächlich handelt Eggers Film in den 1890er Jahren, in jenem Jahrzehnt, in dem auch das Kino erfunden bzw. erstmals Filme vor Publikum aufgeführt wurden. Im Jahr 1895 zeigten die Lumière-Brüder *Arbeiter verlassen die Lumière-Werke*, kurz darauf den berühmten *Die Ankunft des Zuges auf dem Bahnhof in La Ciotat*. Mit dieser öffentlichen Filmvorführung im Grand Café auf dem Boulevard des Capucines in Paris gilt der 28. Dezember 1895 als Geburtsstunde des Kinos, basierend auf der Erfindung des Cinematographen. Wenngleich die erfolgreichsten, waren die Lumières allerdings nicht die einzigen, die als Pioniere des bewegten Bilds gelten. In den USA entwickelte W.K. Laurie Dickson bereits 1891 in den Labors von Thomas Alva Edison den Kinetographen, um Filme aufzunehmen, und das Kinetoskop, um Filme abzuspielen. Allerdings handelte es sich beim Kinetoskop nicht um einen Filmprojektor für einen großen Raum, sondern um einen Guckkasten (von ähnlicher Form wie ein Leuchtturm), von dem in den »Kinetoscope Parlors« großer Städte gleich mehrere aufgereiht standen. Wie bei einem Guckkasten zielt die Dramaturgie in Eggers' Film ebenfalls darauf ab, dass man in den Leuchtturm hineinsehen will – sowohl Thomas Howard wie auch wir Zuschauer möchten das Geheimnis erkunden, das es oben im Lampenraum zu entdecken gibt.

Das Lighthouse als Lichtspielhaus II

Auch die Art und Weise, wie Eggers und Kameramann Jarin Blaschke den Leuchtturm filmisch porträtieren, arbeitet mit Zweideutigkeiten. Im Maschinenraum, in dem Howard Kohle schaufelt, um das Feuer am Brennen zu halten, wird eine Dampfmaschine angetrieben, die Strom erzeugt. Was in der allerersten Einstellung im Maschinenraum gezeigt wird, sind die Übertragungsbänder der kinetischen Energie, die den Filmbändern in einem Projektor verblüffend ähneln.

Das ausgesendete Licht eines Leuchtturms funktioniert nach einem ähnlichen intervallartigen Prinzip wie die Projektion der Filmbilder im Kino. Allerdings sendet ein Leuchtturm nicht stroboskopisch 24 Lichtreflexe pro Sekunde in die Welt hinaus wie der Film, sondern einen Reflex in 5 Sekunden. Im »Locus Terribilis« der Leuchtturminsel existiert also auch ein Ort des (Kino-)Lichts, der Projektionen, und vielleicht der Visionen – allerdings noch auf gemächlichem Level.

In *The Lighthouse* wird die prometheische Geschichte zur beginnenden Geschichte des neuen Mediums Film. Als könnte mit dem Kino eine neue Ära des Lichts anbrechen und der Menschheit Orientierung bieten. Im Gegensatz zu Kunstformen wie den Bildenden Künsten oder der Literatur leuchtet das Filmbild und sendet aktiv seine Botschaft, im Kino wie auf Bildschirmen. Strahlen und aussenden in einer grauen und schwarzen Welt. Das Kino wird zum Heilsversprechen in einer Welt, die gerade von Gott abgefallen ist und in der am anthropozentrischen Weltbild gerüttelt wird.

Demnach können die delirierenden und gleichzeitig sehr grafischen Szenen im obersten Stock des Leuchtturms als dramaturgischer Höhepunkt des Films gelten. In ihnen wird die Magie des Lichts verhandelt, sie sind das große Geheimnis von *The Lighthouse.* Die Lichtquelle des Leuchtturms bleibt zwar mysteriös wie der Kubricksche schwarze Monolith in *2001: A Space Odyssey*, doch weist vieles darauf hin, dass Eggers die Geburt des Kinos als historischen Paradigmenwechsel sieht.

Linsen, Objektive, Filter, Filmformat

So erklärt sich denn auch die Detailverliebtheit von Eggers und seinem Kameramann Blaschke, wenn es ums Auffinden und den Einsatz alter Filmlinsen oder des Filmformats geht. Manche Szenen des Films wurden mit einem Petzvalobjektiv aufgenommen, das 1840 erstmals eingesetzt wurde und sich in den Folgejahrzehnten großer Popularität erfreute. Andere Linsen, die im Film Verwendung finden, stammen aus den 1910er und aus den 1930er Jahren und mussten aufwendig für die neuen Kameras umgerüstet werden. Nicht zuletzt kam auch der erwähnte orthochromatische Filter zum Einsatz, der sämtliches rotes Licht eliminiert und damit Filmmaterialien nachahmt, die überwiegend vor 1930 verwendet wurden. »It makes *The Lighthouse* almost feel like an early ethnographic film.« (Robinson 2019)

Das in *The Lighthouse* verwendete Format 1,19:1 stammt ebenfalls aus der Frühzeit der Filmgeschichte, war aber erst in den späten 1920er Jahren populär. In einer Zeit also, die zwar bereits den Übergang vom Stummfilm zum Tonfilm signalisiert, aber in der es der Film erstmals zu höchster künstlerischer Blüte gebracht hat. Dementsprechend können auch einige Referenzen an Filme jener Zeit ausgemacht werden. An erster Stelle natürlich Jean Grémillons *Gardiens de Phare* (*Leuchtturmwächter*), das naturalistische Melodram einer Vater-Sohn-Beziehung, das in durchaus interessante Filmmontagen übergeht, als der von einem tollwütigen Hund gebissene Sohn sich nicht mehr ans Festland bringen lässt und langsam »außer sich« gerät. Dabei gibt es zwar einige ähnliche Motive zwischen Eggers' und Grémillons Film, bis hin zu einem Vater-Sohn-Kampf gegen Ende des Films, doch eigentlich haben wir es im *Leuchtturmwächter* mit einem Melodram mit viel Gespür für Realismus zu tun. Der Realismus in *The Lighthouse* ist demgegenüber nur ein Teil der ästhetischen Strategie rund um Eggers' Film. Genauso wie über den Beginn der Filmgeschichte niemand »Lumière« sagt, ohne auch gleich »Méliès« nachzudoppeln, hat auch Eggers' Film mehr zu bieten als den naturalistischen Streit zweier Leuchtturmwächter. Es mag vordergründig ums (Film-)Licht gehen, aber es geht ebenso um die Schattenseiten des Menschseins.

Vom Naturalistischen ins Expressive

Was die Faszination von *The Lighthouse* ausmacht, ist die Transformation von einem psychologischen Naturalismus in eine Welt surrealer Traumbilder. Das zeigt sich auf der Oberfläche bereits in der Filmästhetik. Auf der einen Seite wird die natürliche Filmästhetik der Zeit wiedergegeben, wie sie auch in Lumières *Die Ankunft des Zuges auf dem Bahnhof in La Ciotat* zu erkennen ist. Auf der anderen Seite wird der Stil des Films, vor allem in der zweiten Hälfte, viel kontrastreicher, dunkler und expressiver. Grell beleuchtete Gesichter vor schwarzem Hintergrund, starre, manische Blicke und einmal ein »somnambuler« Gang Howards, als er den kreischenden Möwen zu entfliehen sucht. Das alles erinnert an die Höhepunkte früher expressionistischer und surrealer Filmkunst, an *Das Cabinet des Dr. Caligari* (1920) oder auch an *Un chien andalou* (1929), zwei weitere Geschichten voller »Lunatics« und »Madness«. Nicht, dass Eggers diese beiden Filme direkt referenzieren würde, doch die Bedeutung des expressionistischen und vor allem des surrealen Films für *The Lighthouse* ist essenziell – nicht nur auf formaler Ebene.

Exkurs in die Frühzeit der Psychoanalyse

Während nämlich das Licht des Leuchtturms in gewisser Weise die Verheißungen des (Kino-)Lichts transportiert, zeigt das brutale, kontrastreiche Schwarz die Gegenseite: Die harte Realität der Menschen. Den dunkeln Kinosaal. Und mehr noch: Die Nachtseiten des Lebens. Die Alpträume.

Darum sind die eben erwähnten filmhistorischen Anklänge nicht ganz zufällig gewählt, denn sie sind Repräsentanten einer Filmschule, die für Eggers in *The Lighthouse* eine wichtige Rolle spielt. Dazu soll noch einmal ein größerer Bogen ins ausgehende 19. Jahrhundert geschlagen werden. Die Zeit, in der *The Lighthouse* spielt und in der das Kino erfunden und populär wurde, kennt noch eine weitere große Entdeckung: Das Aufkommen der Psychoanalyse. Die »Studien über Hysterie« (1893) von Josef Breuer und Sigmund Freud werden oft als Geburtsstunde der Psychoanalyse bezeichnet. Freuds im gleichen Jahrzehnt erschienene »Traumdeutung« (1899) mauserte sich zum ersten grundlegenden Werk zum Verständnis des Unbewussten.

Tatsächlich unternehmen wir in Eggers' Film eine Reise in eine Landschaft des Unbewussten. Der »Locus Terribilis« liegt eben auch in der Psyche. Eggers setzt Handlungsorte und Requisiten so ein, dass sie zu Zeichen werden, zu deutlichen Symbolen mit psychoanalytischer Bedeutungsebene. Am sichtbarsten natürlich der Leuchtturm. Ein phallischeres Symbol ist kaum denkbar – und völlig konsequent in dieser Geschichte roher Männlichkeit. Uneingestandene

Homosexualität und »maritime masculinity« sind zwei Dominanten in der eskalierenden Beziehung der beiden Protagonisten. Männer mit zerstörerischer Wirkung – wie auch in Eggers' Filmen *The VVitch* und *The Northman.*

Der Phallus steht zwar im Zentrum der Story, doch um den Leuchtturm und die kleine Insel herum liegt ein Meer. Mal ruhiger, mal tosender und ein, in den bedeutungsvollen Nachtszenen, sehr schwarzes Meer, in dem sich Howards Geheimnisse verbergen. Das Meer symbolisiert – plump gesagt – das Unbewusste von Thomas Howard, dessen Perspektive der Film vor allem einnimmt (Wake bezeichnet sich Howard gegenüber an einer Stelle als »a figment of your imagination«). Dabei steht *The Lighthouse* in einer langen Reihe von Traditionen, in denen das Meer mit seiner Tiefe und seinem Wellengang für die aufwühlenden Emotionen des Unbewussten steht. Denken wir nur an das tosende Meer in Hitchcocks *Vertigo.* Das Meer als Ur-Symbol für das Unbewusste wurde bereits von Freud angeregt. Freud nahm an, dass Verdrängungen und Ängste uns höchstens kurzfristig und in Ansätzen bewusstwerden, um dann wieder ins Unbewusste hinabzusinken. Daraus entwickelte sich das sogenannte Eisbergmodell, das – wie beim Eisberg – dem Bewusstsein nur einen Teil der Handlungsfähigkeit eines Menschen zuspricht, während der größte Teil unbewusst geschieht. Dieses Strukturmodell der Psyche wird allerdings oft als zu statisch wahrgenommen, stehen doch das Bewusste und das Unbewusste in ständigem Austausch und sind keine Eisklötze.

Leben an einem Psycho-Locus

Bei Eggers wird das Eisberg-Bild dynamischer. In der Welt von *The Lighthouse* fungiert das Meer in der Funktion eines Unbewussten, in dem ständig Holzstämme, Algen, die Meerjungfrau oder die Leiche von Winslow auftauchen, herangeschwemmt werden oder wieder versinken. Sie schwappen im Verlauf des Films immer mehr auf die Insel und in Howards Bewusstsein und er trägt, auf seiner kleinen Insel des Bewusstseins, seine Kämpfe damit aus. Anlehnend an Freuds Symbole (und Jungs Archetypen) erschafft Eggers eine eigene psychosoziale Umgebung. Howards Bewusstsein ist den ganzen Film hindurch durchdrungen vom Unbewussten, seine Aussagen künden vom Wunsch nach

Aufbrechen der natürlichen Ordnung (das macht ihn zu Prometheus) und dem Wunsch nach einem Vater.

Bereits in der Szene, in der die Baumstämme auf dem Wasser auf Howard zuschwimmen, verlässt Eggers den Naturalismus und lässt den Film in fließendem Übergang in eine Traumszene münden. Selbst diese Vermischung von Realität in Traum vollführt der Regisseur nicht ohne Bezug zum historischen Umfeld. Freuds »Traumdeutung« war nicht nur ein einflussreiches Werk, das der Psychoanalyse zum Durchbruch verhalf, Freuds Interpretation von Träumen rief schon sehr bald Filmtheoretiker und -praktiker auf den Plan, die eine tiefgreifende Beziehung entdeckten: Film und Traum funktionieren nach ähnlichen Prinzipien. So entstanden in den späten 1910er Jahren im Umfeld der Surrealisten verschiedene Ansätze und Theorien zu diesem Thema.

Die Beziehung von Film und Traum

Galt der dunkle Kinosaal sehr früh bereits als Symbol der Nacht und des Schlafs, in dem das Bewusstsein nur noch eingeschränkt funktioniere, so schloss Jean Goudal 1925 daraus, dass sich bei der Visionierung eines Films bewusste und unbewusste Zustände mischten und der Film uns in eine »conscious hallucination« versetze (Hammond 2000, S. 86). Schließlich würden wir den Filmgeschichten Glauben schenken, selbst wenn sie unlogisch seien. Antonin Artaud befand, es gehe um »the notion of immediacy of film, of its ability to bypass the usual coded channels of language through a visual short circuit that acts almost immediately on the brain« (Williams 1992, S. 21). Die Beziehungen von Film und Traum entbehren auch heute nicht der Aktualität, vor allem in Bezug auf Kino (obwohl auch TV und Streamingformate Sogwirkungen haben, die der Traumhaftigkeit geschuldet sind).

Im Film wie im Traum entsteht im Vergleich zu anderen Kunstformen eine »gesteigerte Körperlichkeit durch Bewegung« (Gaube 1978). Dadurch – und mit dem Einsatz suggestiver Klänge und Musik – werden die psychische und emotionale Partizipation in Traum und Film verstärkt. Wie der Traum schafft der Film außerdem eine permanente zeitliche Gegenwart, eine »Allgegenwart«, in der Gegenwärtigkeiten aus verschiedenen Raum- und Zeiteinheiten zusammengeschmolzen werden können.

Weiter betonten Artaud und Goudal aber auch die strukturelle und formale Ähnlichkeit zum Traum. Film imitiere die Sprache des Traums. Das lässt sich ganz formal anhand von Montage und Plansequenz denken, anhand von Überblendungen, Schnitten, Kamerabewegungen, die wir als fließende Bewegungen kennen, und die fließenden Traumübergängen entsprechen. Doch die Gemeinsamkeiten legen noch tiefere psychologische Zusammenhänge zutage. Eine Überblendung etwa vermittelt immer das Gefühl einer inneren Beziehung zwischen zwei Bildern, stärker noch der Match Cut, also der einfache Schnitt. In *The Lighthouse* wird das in einem dramatischen Moment geradezu didaktisch vorexerziert, als Howard wutentbrannt über Wake liegt und unter sich zuerst Wake sieht, dann die Nixe, dann die dramatische Proteus-Version von Wake – immer unterbrochen von einem Close-Up Howards, was den Match Cut nicht schwächt, sondern ihn durch den POV-Shot als psychotische Vision Howards verstärkt.

Nicht nur an Überblendungen und Match Cuts zeigt sich, dass die Fähigkeit des Films, Metamorphosen darzustellen, in psychodynamischer Weise essenziell sind für die Parallelität von Film und Traum. Wenn Objekte mal größer und mal kleiner werden, wenn scheinbar unbedeutende Dinge, wie etwa die Möwe, plötzlich sehr wichtig werden und einen übergreifenden Sinngehalt erhalten oder eben, wenn Dinge verschwinden und wieder erscheinen (was den ganzen Komplex der Bildübergänge mitdenkt), dann benutzen diese filmischen Mittel nicht nur dasselbe Vokabular wie Träume. Tatsächlich gleichen Filme dem freudschen manifesten Trauminhalt, also dem Trauminhalt, der durch Verschiebung und Verdichtung für unser Bewusstsein »akzeptabel« geworden ist. Verborgen bleibt der latente Trauminhalt, der durch Traumarbeit verfremdet wurde. Die tieferliegenden Zusammenhänge von Verdichtungs- und Verschiebungsarbeit mit Metapher und Metonymie formulierte schließlich Jacques Lacan (Siegrist 1986, S. 72).

Surreale Traumfabrik/ation in *The Lighthouse*

Allerdings vermittelt nicht jeder Film auf gleich intensive Weise das Gefühl von »sensomotorisch evozierbaren traumanalogen Erfahrungen« (Alesch u. Schwarzbauer 2007, S. 78) wie sie z.B. Maya Derens *Meshes of the Afternoon* (1943) oder

David Lynchs *Mulholland Drive* (2002) in eindrücklicher Deutlichkeit aufweisen – den beiden Beispielen von Schönhammer ließe sich dennoch eine endlos lange Reihe an Filmen hinzufügen. Nicht zuletzt die Filme von Luis Bunuel, die auf sehr unterschiedliche Weise das Traumhafte und das Filmische zusammenführen. Bunuels Filme zeigen die Breite an Möglichkeiten, Traum und Film zu einer starken Symbiose zu bringen: Mit radikalen Bildern in *Le chien andalou* (1929) und *L'âge d'or* (1930), auf spielerisch-reflektierende Art in *Der diskrete Charme der Bourgeoisie* (1972), *Das Gespenst der Freiheit* (1974) und *Dieses obskure Objekt der Begierde* (1977), auf geradezu »naturalistische« Weise in *Tristana* (1970) und auf eine völlig »verwobene«, ununterscheidbare Art – die Eggers vielleicht am nächsten liegt – in *Belle de Jour* (1967). In *Belle de Jour* werden Gegenwart, Erinnerung, Vorstellung, Wunschtraum derart miteinander verknüpft und auf einen traumartigen Zustand gehievt, dass die Story nicht mehr als das eine oder andere identifizierbar ist.

The Lighthouse geht in eine ähnliche Richtung. Der Film verwebt die Ebenen nicht ganz so stark wie *Belle de Jour*, sondern führt eher langsam in die Geschichte ein, die sich in der Folge derart zuspitzt, dass die psychologische Dimension immer sicht- und fühlbarer wird. Er verwendet allerdings ähnliche Marker wie *Belle de Jour*.

Eggers' Film nutzt einige der filmischen und kinematografischen Mittel der Surrealisten, um seiner dialoglastigen Story immer wieder eine unwirkliche Atmosphäre zu verleihen – ganz im Sinne der Surrealisten. So enden und beginnen Szenen oft in totalem Schwarz, was Auf- und Abblenden gleichkommt. Diese Kameraeinstellungen »konvergieren eher mit mentalen Operationen des Wachzustands. Als Fokalisierungstechnik beziehen sie sich deswegen auch primär auf Gedankensprünge und Aufmerksamkeitsweg- resp. -hinwendungen oder sie reflektieren (…) den Übergang zwischen Wachen und Schlafen, Delirieren usw. oder gar zwischen Leben und Tod.« (Siegrist 1986, S. 179)

Außerdem gleitet die Kamera oft entrückt-langsam in die Höhe, das Stockwerk im Wohngebäude oder vor allem den Leuchtturm hoch, was den Eintritt in eine andere, etwas irrealere Bewusstseinssphäre vermittelt. Auch die Möwe, die nachts an Howards Fenster verweilt, scheint nicht mehr von dieser Welt.

Vor allem aber in Sounddesign und Musik führt uns Eggers in eine Welt der sanften Traumhaftigkeit, wie sie Bunuel in *Belle de Jour* mit der Verwendung der

Kutschenglocken vorgeführt hat. In *The Lighthouse* lässt das stete ferne Nebelhorn eine permanente Atmosphäre der Entrücktheit entstehen.

Vergegenwärtigen wir uns außerdem noch die Eingangsszene. Das Filmbild beginnt grau. Aus dem dunklen Grauton zeichnet sich langsam die Trennung von Himmel und Meer ab, von weitem auch die Umrisse des Dampfboots. Schnitt auf das Wasser, das vom Heck des Schiffs durchschnitten wird (die Thematisierung eines »Schnitts« funktioniert auch in Eggers' Muttersprache: »cutting through water«). Schnitt auf die schwarzen Silhouetten der beiden Protagonisten, die wie Doppelgänger auf dem Schiff stehen. Der Jump-Cut auf die Büsten der beiden, immer noch von hinten, beide angeschnitten, in umgekehrter Weise wie das Plakat. Der Nebel klärt sich in dieser Einstellung und aus dem Grau erkennen wir ein Licht, das Licht des Leuchtturms, und die Insel mit dem Leuchtturm. Dazwischen werden geheimnisvolle Klänge mit Nebelhorngeräuschen gemischt. Auf magische Weise fühlen wir uns sogleich an einen Ort versetzt, als wären wir bereits in einem Traum. Die Eingangsszene führt uns nach einigen Regeln des Illusionären – Nebel, Umrisse, Klangwelt – in eine geheimnisvolle Welt, die Welt des Traums und des Unbewussten.

Die dominante Präsenz des Unheimlichen

Der Ort, der uns den ganzen Film hindurch als »Locus Terribilis« begleitet, ist gleichzeitig schon von Beginn an ein »Psycho-Locus«, ein Ort, in dem sich psychische Vorgänge abspielen, die so gar nicht einer rationalen Handlungsweise folgen. Und ein Ort, an dem nicht nur Unbewusstes (Meer) und Phallus (Leuchtturm) offensichtlich die Landschaft prägen, sondern auch ein ganzes Arsenal an Motiven, die Freud in seiner Abhandlung über »Das Unheimliche« (1919) als wiederkehrendes Verdrängtes identifizierte. So etwa das Animistische der Leuchtturmwärter, in ihren Liedern und Texten, aber auch in der Figur der Nixe (die Howard aus einem Matratzenschlitz hervorpult, der einer Vagina gleicht). Oder aber die Angst davor, lebendig begraben zu werden (was Howard ja an Wake vollzieht), sowie das Unheimliche weiblicher Genitale für neurotische Männer (zu sehen in der ersten Traumsequenz, mit der Vagina der Nixe).

Dominant im Film ist vor allem das Doppelgängermotiv, das den ganzen Film hindurch präsent ist und einer genaueren Betrachtung bedarf. Eindrücklich sichtbar wird das in den Namen der Protagonisten. Die anfänglichen Namen im Film, Thomas Wake (Dafoe) und Ephraim Winslow (Pattinson), haben lediglich den Anfangsbuchstaben des Nachnamens gemeinsam – der aber immerhin ein zweiteiliger Buchstabe ist, nämlich das »W«, das Eggers im Titel seines Vorgängerfilms *The VVitch* in zwei »V« geteilt hatte. Zwei, die eins sind. Eine weitergehende Recherche bringt Faszinierendes hervor. Da »Ephraim« der doppelt fruchtbare ist (Thomas Howard ist in Ephraim »auferstanden«) und »Winslow« Hügel eines Freundes (bzw. Grabhügel) bedeuten kann, zeichnet sich in Howards übernommenem Namen sowohl die Geschichte des vorgängigen Namensträgers ab, wie auch Howards eigene Geschichte. Ähnlich bei Thomas Wake: »Wake« bedeutet »Mann der Wache« (»Man of the Watch«), was sehr treffend seinen Beruf bezeichnet, aber auch seine Berufung als Beschützer des Lichts. Interessant wird aber die Tatsache, dass Wake und Howard eigentlich denselben Vornamen tragen, nämlich »Thomas«. Dieser klassische Name bedeutet nichts anderes als Zwilling. Wake und Howard sind also Zwillinge – oder in übertragenem Sinne: Doppelgänger. Verstärkt wird das durch die Bedeutung des Namens »Howard«, der (vermutlich aus dem Nordischen) »hoher Wächter« bedeutet. Die verborgenen Verdoppelungen der Person entsprechen auch im Film ganz Freuds Konzept, dass der Doppelgänger »eine Versicherung gegen den Untergang des Ichs« sei (Freud 2021, S. 28), die zwar überwunden werden kann, doch Eggers lässt Howard genau in diesem Versuch am Ende des Films scheitern.

Die »Ich«-Problematik des Films lässt sich im Strudel der Fabulier- und Denklust Eggers' auf freudianisch-verspielte Weise sogar auf der Ebene der Filminterpretation ausmachen. Ist Wake, der sich selbst wie auch in Interpretationen schnell als »Proteus« ausgemacht wurde, nicht auch der Sprecher für die göttliche Ordnung: Für Gott, pro-deus? Und Howard als Rebell gegen die Ordnung, als »Prometheus«, nicht derjenige, der das »Ich« zum Gott erklärt: pro-ME-deus. So überraschend diese Auslegungen klingen, sie fügen sich nur allzu gut in die Übersetzungsarbeit Träumender, ganz im Sinne Freudscher Verdichtungsarbeit: »Die Herstellung von Sammel- und Mischpersonen ist eines der Hauptarbeitsmittel der Traumverdichtung.« (Freud 2021, S. 299)

Das geheimnisvolle Licht

In *The Lighthouse* erleben wir Zuschauer ein vom Unbewussten gesteuertes Streben zum Licht, das uns am Ende umso mehr in Abgründe wirft. So wie Howard am Ende des Films in die Tiefe stürzt und dann die Höllenqualen eines Prometheus durchleben muss. Doch kurz zuvor bahnt er sich den Weg nach oben, zum Versprechen des Lichthauses. Dem Licht, das ihm Wake als Hüter einer althergekommenen Ordnung nicht zugestehen wollte. Wake masturbierte vor dem Licht, Howard will es am Ende des Films genauer wissen. Doch dem Anblick der imposanten Fresnel-Linse scheint er nicht gewachsen. Es scheint, als würden wir uns plötzlich in einer Zukunft befinden, wenngleich einer Retro-Zukunft. Eggers selbst nennt die Linse auf dem Audio-Kommentar der DVD »Art Deco Spaceship« und »otherworldly«, und tatsächlich könnte sie stilistisch Fritz Langs Science Fiction-Film *Metropolis* entnommen sein. Das Feuer des Prometheus' hat die moderne Welt erreicht, ist längst elektrisch und hat eine derart enorme Strahlkraft, die Howard aufschreien und vermutlich erblinden lässt. Die expressiven Bilder des schreienden Howard mit den schwarzen (Blut-) Flecken im Gesicht führen eine Kastration im Freudschen Sinne vor (womit auch das wichtigste Thema von Freuds Aufsatz »Das Unheimliche« seinen Niederschlag findet: die Kastrationsangst), gleichzeitig handelt es sich natürlich auch um ein Zitat der berühmten Kofferszene des Film Noir-Klassikers *Kiss Me Deadly (1955)*, in dem ein großes Geheimnis ebenfalls mit großem Verderben gleichgesetzt wird (das gemeinhin als nukleare Strahlung interpretiert wird).

Das Licht, das Versprechen einer Wunscherfüllung durch das Kino, bringt auch eine Katharsis hervor, mit der sich der Mensch zu überfordern scheint. Im Endeffekt zeigt uns Eggers mit *The Lighthouse* eine durchaus auf die US- oder Menschheitsgeschichte hochrechenbare Zeitenwende, die gerade durch ein bis zum Erblinden blendendes Licht, genauso düster daherkommt wie seine Filme *The VVitch* und *The Northman*. Die Ironie dabei: Die uralten Linsen bewirkten, dass am Set oft so viel Licht aufgefahren werden musste, dass das Team streckenweise mit Sonnenbrillen drehen musste.

Doch wer könnte sich im Kinosaal überhaupt über so einen Film amüsieren? Eggers hätte eine klare Vorstellung: »I hope it's a movie where both Jung and Freud would be furiously eating their popcorn.« (Gmelch 2022, S. 172)

Literatur

Artaud, Antonin: Cinema and Reality. In: Williams, Linda: Figures of Desire. A Theory and Analysis of Surrealist Film. Berkeley: University of California Press 1992.

Freud, Sigmund: Das Unheimliche. Ditzingen: Philipp Reclam Jun. Verlag 2021.

Freud, Sigmund: Die Traumdeutung. 8. Auflage. Frankfurt/Main: Fischer Taschenbuch 2009.

Gaube, Uwe: Film und Traum. Zum präsentativen Symbolismus. München: Wilhelm Fink Verlag 1978.

Gmelch, Adrian: Art-Horror. Die Filme von Ari Aster und Robert Eggers. Marburg: Büchner Verlag 2022.

Gregor, Ulrich/Patalas, Enno: Geschichte des Films 1 (1895–1939). Reinbek bei Hamburg: Rowohlt 1986.

Goudal, Jean: Surrealism and Cinema. In: Hammond, Paul (Hrsg.): The Shadow and its shadow. Surrealist writings on the cinema. 3. Auflage. San Francisco: City Light Books 2000.

Kothenschulte, Daniel: ›Der Leuchtturm‹ im Kino: Auch Folklore taugt zum Horror. In: Frankfurter Rundschau, 2019, abgerufen: am 28.01.2024. https://www.fr.de/kultur/leuchtturm-kino-auch-folklore-taugt-horror-zr-13253141.html

Lacan, Jacques: L'instance de la lettre dans l'inconscient ou la raison depuis Freud. In: Ecrits Paris. Seuil, 1966. S. 493–528.

Pape, Christian Alexander: Die Anfänge des Films (1895–1920). Norderstedt: Grin Verlag 2010.

Schönhammer, Rainer: Traum und Film – Die besondere Beziehung der ›Siebten Kunst‹ zu unwillkürlichen mentalen Bildern. In: L Chr. G. Alesch u. M. Schwarzbauer (Hrsg.): Die Kultur und die Künste. Heidelberg: Universitätsverlag Winter 2007. S. 71–79.

Schwabl, Bettina: Das Umkippen des ›locus amoenus‹ in einen ›locus terribilis‹. Die Bruchstelle zwischen Kirche, Welt und Individuum als Spiegel freier Handlungsmöglichkeiten. Norderstedt: Grin Verlag 2014.

Siegrist, Hansmartin: Textsemantik des Spielfilms. Zum Ausdruckspotential der kinematografischen Formen und Techniken. Tübingen: Max Niemeyer Verlag 1986.

Robinson, Tasha: ›It was a learning curve for everyone‹: Robert Eggers on The Lighthouse's tech experiments. In: The Verge, 2019, abgerufen am: 28.01.2024. https://www.theverge.com/2019/10/18/20921056/the-lighthouse-robert-eggers-director-interview-behind-the-scenes-robert-pattinson-willem-dafoe

Amleth als Held? Berserker, Schwertmotiv und heroische Exorbitanz in *The Northman*

Jan Niklas Hochfeldt

Es ist eine schicksalshafte Nacht für einen kleinen Ort im Baltikum und die dort lebenden Rus – und für Amleth, den auf Rache sinnenden Protagonisten aus *The Northman*. Eine Gruppe muskulöser, in Tierfelle gehüllter Männer hat sich um ein loderndes Lagerfeuer versammelt. Sie bereiten sich für den Angriff auf ebenjenes Dorf vor, der am nächsten Tag erfolgen wird. Die Männer sind keine normalen Banditen, sie sind Berserker. Wilde Tierkrieger, die ein Ritual am Feuer abhalten, sich damit in einen ekstatischen Rausch versetzen, um ihre Menschlichkeit zeitweise abzulegen und das ihnen innewohnende Tier an die Oberfläche zu holen. In rhythmischen Tänzen, später schlicht ekstatisch zuckend, begleitet von lauten Schreien, wolfsartigem Heulen und Schlägen auf die Brust versetzen sich die Tierkrieger in einen Zustand, den die mittelalterliche Saga-Literatur als *berserksgangr*, als Berserkergang, bezeichnet. Angeleitet wird die Transformation von einem alten weißbärtigen Mann, der mit tiefer, monotoner Stimme skandiert: »Your bear-minds burn in the bodies of men. Sons of the wolf Fenrir break free from your flesh. Wolves will howl in the storm of Ódinn. Warriors will fall as the bear claw strikes. We will fight to Valhöll! 'Til we return to human shape. Fearless, we shall drink blood from our enemies' wounds. Together we will rage in the battlefields of corpses! The Father of War commands us – transform your skin, brothers! Slaughter-Wolves, Berserkers, become your fury!«

Am nächsten Tag fallen die Berserker über das Dorf der Rus her. Sie kämpfen wie im Rausch, gebärden sich mehr wie Tiere, denn wie Krieger. Amleth ist mitten unter ihnen. Er tötet wahllos, er tötet brutal und blutig. Bevor er schließlich auf die Seherin des Ortes trifft, die ihn an sein Schicksal erinnert –

hatte er doch auf der Flucht geschworen, seinen Vater zu rächen, seine Mutter zu retten und seinen Onkel zu töten. Amleth sei es vorherbestimmt, so die Seherin, seinen Onkel mit einem magischen Schwert zu erschlagen, welches er nur des Nachts verwenden kann. Der Angriff der Berserker auf das Dorf der Rus nun zeigt einmal mehr, wie sehr es Eggers an historischer Genauigkeit gelegen ist: Bevor Amleth die Palisade stürmt, wirft er sein um die Schultern getragenes Wolfsfell ab. Eggers' Berserker kämpfen, entgegen zahlreicher popkultureller Darstellungen der Tierkrieger, ohne Felle – was sehr wahrscheinlich historisch korrekt ist. Das Fell eines Wolfes oder gar eines Bären wäre in der Schlacht viel zu hinderlich gewesen, es hätte den Krieger zu stark in seinen Bewegungen eingeschränkt (Näsström 2006, S 45).

Die Szene am Feuer und das anschließende Massaker an den Dorfbewohnern tauchen tief in die germanische Mythologie ein und werfen ein eindrucksvolles Schlaglicht auf das Phänomen der Tierkrieger im mittelalterlichen Skandinavien. Der Begriff *Berserker* setzt sich zusammen aus den altnordischen Wörtern *ber* für *Bär* und *serkr* für *Hemd* (Teichert 2022, S. 97). Wenngleich hier also primär der Bär im Fokus steht, geht die neuere Forschung meist davon aus, dass die Bezeichnung *Berserker* einen Tierkrieger im Allgemeinen meint, ohne »eine bestimmte Art von Ausrüstung oder Fell zu bezeichnen« (Samson 2020, S. 307). Eine der wesentlichen Quellen des Wissens über die Berserker ist die *Ynglinga Saga* Snorri Sturlusons, verfasst zu Beginn des 13. Jahrhunderts in Island. Unsere Kenntnisse des frühmittelalterlichen Skandinaviens stammen, wie auch in diesem Fall, in den allermeisten Fällen aus wesentlich jüngeren Überlieferungen; das gilt nicht nur für die Berserker. Erst mit der großflächigen Verbreitung des Christentums im Nord- und Ostseeraum begann eine Verschriftlichung der vorher über Jahrhunderte mündlich weitergebenen Sagas. Snorri nun, gleichermaßen *Skalde* wie Historiker, berichtet in seinem Werk über den sagenhaften Ursprung des Königsgeschlechts der Ynglingen. Teil der Saga ist ein pseudo-historischer Bericht mit dem Gott Ódinn als zentraler Figur. Dieser erscheint dort als ein bedeutender Anführer, der gleichzeitig ein mächtiger Krieger, ein Seher und ein überaus fähiger Magier ist. Insbesondere Ódinns Magie nun bietet seinen Kriegern im Kampf wichtige Unterstützung. So heißt es in der Saga: »Ódinn konnte dies bewirken, dass seine Feinde im Kampf blind oder taub oder von Schrecken ergriffen wurden, und dass ihre Waffen nicht mehr bissen als Ruten. Seine Männer gingen ohne Brünne und waren wild wie Hunde oder Wölfe. Sie bissen in ihre Schilde, sie waren stark wie Bären oder Stiere; sie töteten Menschen, aber weder Feuer noch Eisen konnte ihnen etwas anhaben; das wird *berserksgangr* genannt.« (Samson 2020, S. 1f.).

Snorri hat das Motiv der Tierkrieger nicht als Erster oder gar exklusiv verwendet – erstmals erwähnt werden die Berserker bereits in einem Gedicht des Skalden Thorbjörn Hornklofi aus dem 9. Jahrhundert –, interessanterweise bringt er es aber in einen Zusammenhang mit Ódinn; die Ekstase der Tierkrieger erhält damit eine kultische Dimension. Wenngleich einige Mediävisten, so etwa Klaus von See und Hans Kuhn, es ablehnen, die Berserker mit einem Ódinnskult in Verbindung zu bringen, ist es doch gerade eine solche Ausdeutung, die Einzug in Eggers' Werk gehalten hat: »Wolves will howl in the storm of Ódinn. […] The Father of War commands us!« Tatsächlich lässt sich Ódinn sehr treffend als ein »Father of War« beschreiben. In den Augen der Kämpfer, die Ódinn folgen, verkörpert der Gott eine kriegerische Raserei. Der Kleriker und Chronist Adam von Bremen etwa schreibt im 11. Jahrhundert in seiner Beschreibung von Götterfiguren im schwedischen Uppsala: »wodan, id est furor« – *Wotan*, die althochdeutsche Bezeichnung für das altnordische *Ódinn*, das ist Wut (Schmeidler 1917, S. 258).

Amleth als Berserker wäre damit ein Streiter Ódinns; ein Tierkrieger, dessen Raserei und übermenschliche Stärke durch göttliche Macht herbeigeführt werden. Für den weiteren Verlauf des Films ist gerade dieses Motiv des Übermenschlichen, diese rohe, tierische Kraft gepaart mit einer Ekstase des Kampfes, zentral. Ohne eine solche Macht könnte Amleth sein Schicksal – die Rache an seinem Onkel Fjölnir – nicht vollziehen. Er braucht sein inneres Tier. Und scheinbar hat er auch Ódinn an seiner Seite: Es bleibt etwa offen, wer die rettenden Raben schickt, die dem gefangenen Amleth zur Flucht verhelfen – sein Vater Aurvandil als Rabenkönig aus dem Jenseits, oder eben Ódinn, welcher unter anderem den Beinamen *Hrafnáss* (Rabengott) trägt und häufig von seinen beiden Raben Huginn und Muninn begleitet wird. In jedem Fall lässt das Dasein als brutaler, als im Rausch kämpfender Berserker Amleth nicht unbedingt positiv oder gar vorbildhaft im Sinne eines identitätsstiftenden Helden erscheinen. Der Rächer mordet heimtückisch; so werden zahlreiche Mitglieder der Sippe Fjölnirs von Amleth im Schlaf erschlagen oder vergiftet.

Die mit dem Auftreten als Berserker einhergehenden Fähigkeiten, die ungehemmte Brutalität sowie das kompromiss- und alternativlose Festhalten an seinem unbedingten Verlangen nach Rache machen Amleth zu einem exorbitanten Helden. Den Begriff der heroischen Exorbitanz prägte in den 1970er Jahren vor allem Klaus von See: Exorbitant sind sowohl eine bestimmte Tat als auch derjenige, der sie vollbringt. Sowohl Tat als auch vollbringender Held zeichnen sich insbesondere dadurch aus, dass sie intendierte Normen menschlichen Miteinanders sprengen oder zumindest verletzen. Exorbitant ist »der Mensch, der bedenkenlos, ungehemmt seinen Impulsen folgt, der ohne Rücksicht auf sich und andere handelt, der das Außergewöhnliche [...] tut, nicht unbedingt das Notwendige [...], das ethisch Vorbildliche« (von See 1971, S. 69). Der exorbitante Held mittelalterlicher Sagas wird oftmals weniger über sich als Person als vielmehr über seine zentrale Gewalttat definiert; diese ist außergewöhnlich – durchaus auch außergewöhnlich brutal – und deshalb denk- bzw. erinnerungswürdig. Anders als zahlreiche Heldenfiguren der zeitgenössischen Populärkultur, ist der exorbitante Saga-Held keinem sozialem *bonum*, keinem moralischen Kompass verpflichtet. Er streitet nicht für das *Gute* und er ist kein Vorbild.

Eggers hat seinen Amleth nun genau nach dem Motiv eines solch exorbitanten Heldens gestaltet. Amleth ist nicht *gut*, ganz im Gegenteil. Als erwachsener Mann wird er gleich zu Beginn als Berserker eingeführt, der für den Rausch des Kampfes und des Tötens zu leben scheint. Wenn er nicht in seinen Kampfrausch verfällt, wirkt er gleichgültig: Fast schon monoton rudern er und die anderen Berserker ihr Schiff den Fluss entlang. Auch als einer seiner Kameraden die vorbeikommenden Fischer erschießt und sich daran ergötzt, scheint Amleth dies schlicht gleichgültig zu sein. Und auch als der Überfall auf das Dorf der Rus endet und die Überlebenden in einem Gebäude zusammengetrieben werden, welches anschließend in Brand gesteckt wird, wendet Eggers' Protagonist sich ab. Es interessiert ihn nicht, steht doch einzig die Erfahrung des *berserksgangr* für ihn im Mittelpunkt. Lebt Amleth also zunächst für die Gewalt und den tierischen Kampfrausch als Berserker Ódinns, ändert sich sein Fokus durch das Treffen mit der Seherin, welche ihn an seinen Racheschwur und damit an sein Schicksal erinnert. Fortan wird Amleth als exorbitanter Held durch seine zentrale Gewalttat – die blutige Rache an seinem Onkel – bestimmt. Er lebt nun lediglich für seine Rache. Die Gewalttat als zentrales Motiv findet sich auch in der körperlichen Ausgestaltung exorbitanter Helden – so auch bei Eggers' Amleth. Als Berserker ist Amleth gestählt; er ist groß und muskulös. Alexander Skarsgård versteht es perfekt, seiner Figur eine Aura aus Gefahr und Gewalttätigkeit zu verleihen. Dem Berserker wohnt per se eine das menschliche Maß überschreitende kriegerische Potenz inne; das Tier in seinem Innern, seine Ekstase, sein Dienst an Óđinn sorgen für eine Überlegenheit dem *normalen* Menschen gegenüber. Der Berserker ist stärker und mutiger als andere – und er ist brutaler. Vor Schmerz, Verwundung und Tod hat er keine Angst – auch weil die Waffen seiner Feinde ihm unter Umständen gar keinen Schaden zufügen können: Óđinns »Männer gingen ohne Brünne« und weder Feuer noch Schwert vermochten ihnen etwas anzuhaben, heißt es in der *Ynglinga-Saga* (Samson 2020, S. 1f).

Der Berserker Amleth steht für die Ekstase des Kampfes. Mit der Erinnerung an sein Schicksal und der damit einhergehenden Vorbereitung der zentralen Gewalttat allerdings ändert Amleth sein Vorgehen – von der frontal angreifenden, wild um sich schlagenden Bestie hin zum im Schutz der Nacht meuchelnden und Gift nutzenden Einbrecher. Seine tierischen Fähigkeiten, seine Kraft und Wildheit als Berserker freilich bleiben ihm erhalten. Seinem Onkel stellt er sich unter falschem Namen als *Björnulfur*, als *Bärenwolf* vor – stark wie ein Bär, wild wie ein Wolf. Des Nachts heult er mit den Hunden des Hofes und sät so Angst in den Herzen der Gefolgsleute Fjölnirs. Amleths Geheul erinnert an das Berserker-Ritual zur Vorbereitung des Angriffs auf das Dorf der Rus: »Wolves will howl in the storm of Óđinn.« Auch die Saga-Literatur weiß im Übrigen vom Geheul der Berserker zu berichten. So heißt es etwa in der *Grettis Saga*, dass die Tierkrieger wie Hunde (*sem hundar*) heulen. Auch in den Sagas versetzt das schreckliche Geheul die feindlichen Krieger in Furcht; interessanterweise wird das Berserkergeheul in der *Göngu-Hrólfs Saga* mit den Lauten von Trollen (*grenja sem tröll*) verglichen. Passend dazu glaubt Fjölnir, ein Troll habe seine Männer getötet. Beim letzten Kampf gegen seinen Onkel schließlich bricht das Animalische dann wieder gänzlich hervor – nur im Zustand des *berserksgangr* ist Amleth in der Lage, seine zentrale Gewalttat zu verüben.

Exorbitant sind nun nicht allein Amleths durch die symbolische Tierverwandlung des *berserksgangr* herbeigeführten körperlichen Fähigkeiten. Exorbitant ist auch seine Ausrüstung: So gewinnt er im Verlauf von *The Northman* das magische Schwert Draugr für sich. Waffen, nicht allein Schwerter, mit speziellen Fähigkeiten sind in der germanischen Mythologie weit verbreitet. Ódinn beispielsweise trägt den Speer Gungnir, der, einmal geworfen, niemals sein Ziel verfehlt. Magische Waffen versprechen ihren Trägern Macht, Stärke und Geschick im Kampf; ihr Einsatz allerdings unterliegt zumeist gewissen Regeln – zumindest, wenn man kein Gott ist. So trug etwa der dänische König Hrólf Kraki das Schwert Skofnung, in welchem angeblich die Seelen der zwölf Berserker-Leibwächter des Herrschers wohnten. Wunden, die mit Skofnung geschlagen wurden, heilten niemals und die Waffe war von einer solchen magischen Härte, dass es unmöglich war, sie zu zerstören. Ihr Einsatz aber verlangte von Hrólf, sich an bestimmte Vorgaben zu halten: So war es verboten, Skofnung in der Gegenwart von Frauen zu ziehen. Des Weiteren durfte unter keinen Umständen Sonnenlicht auf seinen Griff scheinen. In der *Älteren Edda* ist vom Schwert Dainsleif, gefertigt vom zwergischen Meisterschmied Dain, die Rede, welches erst wieder in die Scheide gesteckt werden kann, wenn es ein Leben genommen hat. Amleth nun erhält das Schwert Draugr, benannt nach den untoten Wesen der germanischen Mythologie. Bewacht wird das Schwert von einer solchen Kreatur, die zunächst im Zweikampf überwunden werden muss. Und auch der Einsatz von Draugr unterliegt Einschränkungen: Die Waffe kann nur des Nachts oder an den Toren zur Hölle genutzt werden. Amleth versteckt das Schwert zunächst und nutzt es im finalen Zweikampf mit seinem Onkel an den erwähnten Toren der Hölle – nämlich dem just ausbrechenden Vulkan Hekla.

Das Schwert Draugr komplettiert nun die Ausstattung des exorbitanten Helden: Seine Kräfte als Berserker und die Macht der verzauberten Klinge ermöglichen es Amleth, sein Schicksal zu erfüllen, seine zentrale Gewalttat zu verüben. Eggers verankert die Ausgestaltung seines Protagonisten demnach tief in der germanischen Mythologie. Amleth ist kein klassischer Heros, er rettet nicht die Welt – und ihm ist auch kein Happy End mit der Sklavin Olga vergönnt, die immerhin seine Kinder in sich trägt. Zwar rettet er Olga und die beiden Ungeborenen, indem er zunächst mit ihnen auf einem Boot gen Orkney-Inseln flieht. Um sein Schicksal zu erfüllen, schwimmt er aber schließlich allein zurück und stellt sich seinem Onkel. In seiner Exorbitanz wohnt der Figur des Amleth eine gewisse Tragik inne, stellt der Rächer doch sein Schicksal über das ihm winkende Familienglück. Es ist eben seine zentrale Gewalttat, es ist die Rache an seinem Onkel, die den Berserker, die den exorbitanten Helden Amleth definiert. Selbst wenn diese zu seinem eigenen Tod führt, erfüllt Amleth durch sie sein Schicksal. So stehen sich am Ende Onkel und Neffe gegenüber und kämpfen bis zum Tod gegeneinander – selbst, wenn es doch eigentlich kaum noch etwas gibt, um das es sich zu kämpfen lohnt.

Auch wenn *The Northman* durchaus als Eggers' Eintritt ins Mainstream-Kino verstanden werden kann – sein Projekt wurde immerhin mit einem dreistelligen Millionenbudget ausgestattet –, folgt der Film in der Konzeption seines Helden keinesfalls gängigen Hollywood-Konventionen etwa im Sinne einer Heldenreise nach Joseph Campbell oder Christopher Vogler (siehe hierzu auch den Beitrag von Marcus Stiglegger in diesem Band). Die Geschichte Amleths ist eine Geschichte voller Brutalität, voller Fatalismus; die Geschichte einer Figur, die stoisch ihrem Schicksal folgt, die niemals hinterfragt, sondern stets im Sinne ihres Racheschwurs handelt.

Literatur

Näsström, Britt-Mari: Bärsärkarna. Vikingatidens Elitsoldater. Stockholm: Norstedt 2006.

Samson, Vincent: Die Berserker. Die Tierkrieger des Nordens von der Vendel- bis zur Wikingerzeit. Berlin/Boston: Walter de Gruyter 2020.

Schmeidler, Bernhard (Hrsg.): Magistri Adam Bremensis Gesta Hammaburgensis ecclesiae pontificum. Hannover: Hahnsche Buchhandlung 1917.

von See, Klaus: Germanische Heldensage. Stoffe, Probleme, Methoden. Eine Einführung. Frankfurt a. M.: Athenäum 1971.

Teichert, Matthias: »Solches erscheint einem Völsung wenig schmerzlich.« Altnordische Heldenbilder zwischen Berserkertum, Wikingermythos und Ritterlichkeit. In: May, Markus; Petersen, Christoph (Hrsg.): Heroen – Helden. Eine Geschichte der literarischen Exorbitanz von der Antike bis zur Gegenwart. Göttingen: Wallstein 2022. S. 95–115.

Rückkehr nach Walhalla. Robert Eggers' *The Northman* im Kontext der nordischen Renaissance

Marcus Stiglegger

Heilir hildar til,
Heilir hildi frá,
Koma þeir heilir hvaðan.
Ef ek skal til orrostu
Leiða langvini,
Und randir ek gel,
En þeir með ríki fara.
(Wardruna: *Tyr*. Aus dem Album: *Runaljod*)

Von Amleth zu Hamlet und zurück

Robert Eggers ist ein ebenso geschichtsbewusster wie mythenaffiner Filmemacher. Seine Filme *The Witch* und *The Lighthouse* verbinden dezidiert historische Settings mit einem psychologischen Narrativ (Coming of Age bzw. Isolationstrauma) und lassen diese gegen Ende immer mehr in einen mythischen Bereich hinübergleiten: wir erleben die Levitation der neugeborenen Hexe bzw. die Konfrontation des traumatisierten Leuchtturmwärters mit dem kosmischen Grauen. Auf diese Weise leisten seine Filme eine medienmythische Verdichtung (Stiglegger 2014, S. 13–46), die klassische Stoffe und Motive für ein neues Publikum in Form einer modernisierenden Mythentransformation zugänglich macht. Eggers nutzt die phantastischen Genremodelle des Horror- und Fantasyfilms, um von menschlichen Universalien zu berichten, nahezu kosmischen Urkonflikten, die direkt aus dem Reich der Mythen und Folklore bezogen sind.

Dieses vermeintlich essenzialistische Weltbild verhandelt die großen existenziellen Konflikte auf einer ebenso kosmischen wie individuellen Basis. Es bleibt letztlich dem Publikum überlassen, in seinen Filmen eine Auseinandersetzung mit Fragen der Theodize, des kosmischen Grauens oder einfach psychischer Krisen zu erkennen.

Mit *The Northman* betrat Eggers ein neues Terrain. Universal unterstützte den Film mit einem Budget von über 100 Millionen US-Dollar, und neben Anya Taylor-Joy aus *The Witch* und Willem Dafoe aus *The Lighthouse* war es nun möglich, renommierte Stars wie Nicole Kidman, Ethan Hawke und Alexander Skarsgård zu engagieren. So kann *The Northman* theoretisch als Eggers' Schritt ins Mainstreamkino betrachtet werden. Doch weder die hohen Produktionswerte, die globale Vermarktung noch die namhafte Besetzung mochte bei einem großen Publikum funktionieren. Der Grund hierfür könnte in Eggers' kompromissloser Weigerung liegen, sich populären Moden und Perspektiven anzupassen. Statt eine moderne Lesart klassischer Mythen zu entwickeln, wie wir das im Marvel- und DC-Universum erleben, wo die nordische Götterwelt ebenfalls immer wieder auftaucht, widmet sich Eggers dem vormodernen und mythischen Denken selbst.

The Northman folgt der fatalistischen Logik der Kultur, von der er erzählt. Statt einen ironisch gebrochenen, letztlich zeitgenössischen Helden zu liefern, konfrontiert er uns mit einem grausamen, stoischen und unsympathischen Protagonisten, der erst viel zu spät versteht, dass er selbst Teil einer Intrige wurde. Und selbst da bleibt er seiner prophezeiten Bestimmung radikal treu. Seine Heldenreise führt nicht (im Sinne von Campbell 1999) zu einer erhellenden Läuterung (die »Beschaffung der Essenz« bei Campbell), sondern zur Erfüllung seines kriegerischen Pathos', der Ankunft in Walhalla, wie es die *Edda* nahelegt.

Basierend auf einer skandinavischen Legende aus der Ära der großen Sagas, die später auch zur Vorlage für Shakespeares Tragödie *Hamlet* wurde, lernen wir in *The Northman* den kindlichen Amleth kennen, einen jungen Wikingerprinzen, der den Tod seines Vaters König Aurvandil (Ethan Hawke) durch das Schwert seines Onkels Fjölnir (Claes Bang) und die anschließende Gefangennahme seiner Mutter Königin Gudrún (Nicole Kidman) miterleben muss. Amleth flieht in die Wälder und auf das Meer, er schwört, seinen Vater zu rächen, Fjölnir zu töten und seine Mutter zu retten.

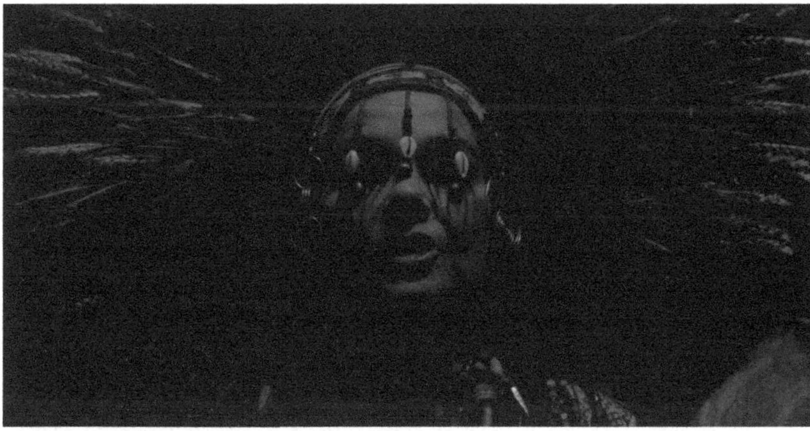

Abb. 1: *The Northman* – Schamanin (Björk) (Universal, DVD Screenshot)

Als Erwachsener lebt Amleth (Alexander Skarsgård) mit einer Gruppe von raubtierhaften und grausamen Berserkern zusammen, die Dörfer plündern und mit Sklaven handeln. Nach einem solchen Massaker begegnet Amleth einer Rus-Schamanin (Björk), die ihm prophezeit, dass er bald Fjölnir in einem fremden Land mit einem Schwert richten wird, welches er nur nachts verwenden kann (Abb. 1). Er lässt sich also zum Schein als Sklave seines Onkels gefangen nehmen und wird nach Island gebracht. In der Sklavin Olga (Anya Taylor-Joy) findet er eine Gleichgesinnte, die ihm hilft, Fjölnirs Dorf zu infiltrieren und dessen Leute nach und nach rituell zu töten. Schließlich erfährt Amleth die Vielgesichtigkeit der Wahrheit von seiner Mutter, die seine letztendliche Konfrontation mit seinem Onkel eher zu einem verzweifelten Versuch macht, die Blutlinie eines Königs zu erhalten, als einen einfachen Akt des befriedigenden Rachemordes umzusetzen. Auf einem glühenden Vulkan bringen sich beide Männer den Tod, während Olga mit Amleths zukünftigen Kindern in die Ferne aufbricht.

Skarsgård spielt Amleth mit eindrucksvoller Muskelmasse, stets kampfbereit, etwas tumb zweifellos und seit Jahrzehnten beseelt von seinem Rachewunsch. Im Sinne des germanischen Mythos' ist er ein determinierter Held auf seiner Heldenreise, der sich streng an die Prophezeiungen hält. Nie nutzt er das Schwert anders als es ihm vorhergesagt wurde – bei Nacht. Und selbst, als seine Mutter ihm verdeutlicht, dass sie keineswegs unfreiwillig mit Fjölnir lebt und dass sein Vater Aurvandil ihr nie treu gewesen ist, bleibt er beim vorbestimmten Plan. Sein Ziel ist es nicht, zu überleben, um mit Olga zusammenzuleben – sein Ziel ist es, die Prophezeiung zu erfüllen und im Tod nach Walhalla einzuziehen.

Amleth ist ein stoischer, stumpfer Charakter, der mit einem gewalttätigen Männerbund lebt, welcher aus purem Vergnügen mordet. In einer langen und sehr virtuosen Plansequenz sehen wir ihn einen Speer aus der Luft fangen und zurückschleudern, nur mit einer Axt bewehrt einen Holzwall erklimmen und mehrere Feinde töten. Als die alten und schwachen Opfer in einem Langhaus zusammengetrieben und in Brand gesteckt werden, wendet er sich desinteressiert ab (Abb. 2). Das ist der Held, mit dem wir in *The Northman* konfrontiert werden. Und es ist mehr als wahrscheinlich, dass sich Eggers dieses Dilemmas bewusst war: Sein Film folgt einem streng mythischen, vormodernen Denkmodell, repräsentiert durch einen ebensolchen Helden, der keine zeitgenössisch lesbare Wendung zulässt. So ist *The Northman* allenfalls mit einem Film vergleichbar: *Conan the Barbarian* (*Conan der Barbar*, 1982) von John Milius, in dem ein stoischer Cimmerischer Dieb und Söldner (Arnold Schwarzenegger) nach einer langen Odyssee den Mörder seiner Eltern (James Earl Jones) tötet.

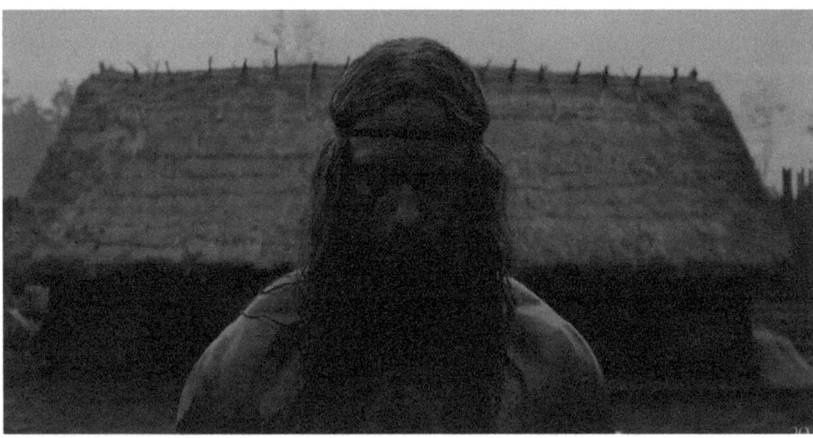

Abb. 2: *The Northman* – Amleth (Alexander Skarsgård) (Universal, DVD-Screenshot)

Zugleich ist es nicht abwegig, dass Universal mit diesem Film kommerzielle Hoffnungen verband, kam er doch gerade richtig im Rahmen einer erfolgreichen Wikinger-Renaissance auf internationalen Streamingplattformen wie Netflix.

Moderne Wikingermythen

Die mediale Sehnsucht nach Walhalla erlebt seit den späten 2010er Jahren eine vielschichtige Renaissance (Stiglegger 2023, 115–119). Das wurde nachdrücklich deutlich, als Neil Gaiman nach seinem eher ironischen Roman *American Gods* (2001) über die Wiederkehr der alten Götter in den modernen USA mit *Nordic Mythology* (2017) ein weiterer Bestseller gelang. Darin erzählte er auf pointierte Weise die Mythen der nordischen *Edda* nach und beschwor Odin, Thor, Loki und Freya in einem frappierend zeitgemäßen Gewand. Das Buch kann als Symptom einer weltweiten Rückkehr der nordischen Götter- und Mythenwelt gelten, die in der *Herr der Ringe*-Verfilmung durch Peter Jackson einen erfolgreichen Vorläufer besitzt. Und es belegt den Bedarf nach einem begleitenden Handbuch nordischer Sagen, die Gaiman in seinem Werk selbst immer wieder variiert hatte.

J.R.R. Tolkien bediente sich bei seinem Weltentwurf in den Romanen *The Hobbit* und der *Lord of the Rings*-Trilogie einer eklektizistischen Mischung kultureller, historischer und mythischer Versatzstücke, unter denen die nordische Mythologie Skandinaviens und der germanischen Völker einen bedeutenden Stellenwert einnimmt. Als Philologe und Sprachwissenschaftler kannte Tolkien sich bestens mit den isländischen und altnordischen Sprachen aus und bezog sich direkt auf die überlieferten Quellen. Oft variierte er bei Namen und Orten die Schreibweise nur minimal; in Namen wie Thror oder Thorin schwingen ebenso Thor wie Odin mit. Tolkiens Orks und Ents erinnern an die Trolle der nordischen Welt, die Elben an die Elfen und so weiter.

Ähnliches lässt sich über den texanischen Pulp-Autor Robert E. Howard sagen, der in den 1930er-Jahren popmythologische Heroen wie Solomon Kane, Kull, Bran Mak Morn und Conan den Cimmerier (s.o.) entwickelte. Vor allem die Welt von Conan, der später auch zum Marvel-Comichelden wurde, ist auf

Basis nordischer Mythen konstruiert. So ist das »hyborische Zeitalter« eine mythische Zeit nach dem Untergang von Atlantis; allerdings finden sich auch in Howards Fantasywelten Versatzstücke unterschiedlichster Kulturen, denen der Hüne Conan auf seinen Reisen von Norden nach Süden begegnet. Einen Popularitätsschub erfuhr die Figur durch den Erfolg des Films *Conan the Barbarian* von John Milius, der sich nachdrücklich für nordische Kultur interessierte und diese in den Film integrierte. Milius plante neben der Fortsetzung *King Conan* auch ein Wikinger-Epos namens *Northmen*, doch beide Projekte kamen nie zustande. Es ist anzunehmen, dass Eggers Milius' Plan kannte, einen Wikingerfilm dieses Titels zu inszenieren.

Man muss nicht erst bei Marvels *Thor*- und *Loki*-Adaptionen ansetzen, um sich zu fragen: Was macht die nordischen Mythen so attraktiv und langlebig? Und was versteht man unter nordischen Mythen? Auf der Suche nach Antworten wird man sich am ehesten auf die vitale Erzählwelt Islands konzentrieren, denn dort haben sich die alten Mythen bis heute halten können und sind Teil des Alltags geworden, deutlich mehr als etwa in Griechenland oder Italien, wo das Christentum diese Traditionen erfolgreich verdrängt hat.

In Island lassen sich drei Kategorien unterscheiden. Erstens: Das nordische Götterpantheon ist das Figurenensemble der Mythensammlung *Edda*, welche die heidnische Welt allerdings erst während der Christianisierung dokumentierte. In der *Edda* lernt man nicht nur die intriganten, sehr menschlich agierenden Götter und ihre neun Welten kennen, sondern erlebt auch ihren Untergang im epochalen Kampf mit dem Fenriswolf in der Götterdämmerung, dem Ragnaroek (Hube 1996). Wie die Mythen aller Kulturen enthalten auch diese Erzählungen elementare Aussagen zur Kultur der nordischen Völker; verschlüsselt beschreiben sie deren Jahreslauf und Alltag. Die Serie *Ragnarök* (2021) spielt dieses Modell als Coming-of-Age-Öko-Drama durch, das nicht zufällig in der norwegischen Kleinstadt Edda spielt. Zweitens: Die im Mittelalter verschriftlichten isländischen Sagas erzählen von epischen Familienzwisten und den Reisen und Abenteuern altisländischer Helden. Diese sind eine unerschöpfliche Inspiration für historisch anknüpfende Wikinger-Serien und -Filme, darunter *Vikings* (2013–2020), *Vikings: Walhalla* (2022) und *The Northman*. Drittens findet man vermehrt Elemente der nordischen Folklore in Filmen und Serien wieder, darunter Zwerge, Trolle und Elfenwesen, etwa in Filmen wie *Trollhunter* (2010) von André Øvredal, *Border* (2018) von Ali Abbasi und *Lamb* (2021) von Valdimar Jóhannsson. Einen vergleichbaren Reichtum an lebendiger und gepflegter Mythologie und Folklore findet man im westlichen Kulturkontext sonst selten, was einen Teil der Attraktivität bereits erklären könnte.

Doch sehen wir uns einige aktuelle Mythenadaptionen genauer an. Der dänische Regisseur Nicolas Winding Refn kündigte nach seinem frühen Erfolg mit der *Pusher*-Trilogie überraschend einen Wikingerfilm mit seinem Star Mads Mikkelsen an. In *Valhalla Rising* (2009) dringt Refn ins Herz des nordischen Mythos vor und verbindet dabei die Sagen mit der *Edda*. In den schottischen Highlands wird ein mysteriöser, stummer Sklave mit einem Auge (Mads Mikkelsen) von einem norwegischen Häuptling gefangen gehalten und gezwungen, in Preiskämpfen mit bloßer Faust bis zum Tod gegen andere Sklaven zu kämpfen. Nur ein kleiner Junge kann sich ihm gefahrlos nähern und wird zu seiner Stimme. In der Welt von *Valhalla Rising* vertritt Einauge die Welt der alten Götter, die zusehends von den Predigern des »weißen Christen« verändert wird. In der zweiten Hälfte des Films, nachdem er sich seiner heidnischen »Besitzer« gewaltsam entledigt hat, schließt sich der Einäugige einer Gruppe Kreuzfahrer an, die auf einem Schiff nach Jerusalem aufbrechen und schließlich in der »Neuen Welt«, in Nordamerika, landen.

So modellhaft wie dieses Handlungsgerüst klingt, ist es auch angelegt: Einauge wird zum Heros in einem Monomythos über den Wechsel der Zeiten, zwischen der Welt der germanischen Mythen und dem Aufziehen des christlichen Zeitalters. »Wir haben viele Götter, sie haben nur den einen«, behauptet einer der Heiden, doch das wird ihm beim Überleben nicht helfen. In den apokalyptischen Visionen von Einauge, in denen er sein eigenes Spiegelbild sieht, in blutrotem Wasser gebadet, deutet der Film an, dass der Protagonist selbst ein Gott sein könnte: der einäugige Odin, der mit der Dämmerung der Götter (Ragnaroek) auf die Erde tritt und mit brachialer Gewalt ein letztes Zeichen setzt, indem er allen Kreuzfahrern in der »Neuen Welt« den Tod bringt.

Valhalla Rising ist in ähnlicher Weise wie *The Northman* ganz bewusst ein »einäugiger Film«, getrieben von archaischen Ritualen, blutrünstigen Exzessen und bedeutsam geraunten Verkündigungen. Er wird in sechs Kapiteln erzählt: »Wrath«, »Silent Warrior«, »Men of God«, »The Holy Land«, »Hell« und »The Sacrifice«. In diesen essenzialistischen Inserts verbirgt sich die zyklische Logik des klassischen Mythen-Narrativs, das auch *The Northman* diktiert. Man begleitet mit Einauge stellvertretend den Weg der alten Götter und Mythen in die Ewigkeit – mit dem Titel gedacht nach Walhalla, wo die gefallenen Krieger einziehen. Einauge beschwört die buchstäbliche Hölle (im nordischen »Hel«) auf Erden, führt die Kreuzritter ins Herz der Finsternis, um am Ende selbst zum freiwilligen Opfer zu werden. Die Natives der »Neuen Welt« töten ihn und lassen den Jungen am Leben. In diesem Akt wird Einauge wieder Teil jener sakralen Welt, der er entstammt. Im Opferakt wird das Opfer selbst heilig. Die alten Götter mögen sich von den Menschen zurückgezogen haben, aber ihr Glaube an den »weißen Christen« und das »heilige Land« wird ihnen hier nicht helfen. Als letzter Vertreter einer Utopie bleibt der blonde Junge unter den mit rotem Lehm maskierten Kriegern zurück.

Der mythische Impuls betrifft dabei nicht nur die Figuren, sondern auch das Land, ein karges Land, das »Waste Land« der späteren keltischen Arthur-Sage. Immer wieder bedeckt Nebel diese apokalyptische Gegend, und vor allem auf dem Meer zieht ein lastender Schleier auf, der jede Orientierung nimmt und zahlreiche Opfer fordert. Von der »Alten« kommt man in die »Neue Welt«, die sich jedoch als ebenso feindlich entpuppt. Der Mensch scheint seinen Abgrund mit sich zu bringen.

Refn war nie wieder so radikal wie in diesem so unzeitgemäß anmutenden Film, der noch heute mit irritiertem Misstrauen betrachtet wird: *Valhalla Rising* stellt sich mit den modernsten Mitteln digitaler Filmtechnik auf die Seite des Mythos. Er entwirft mythische Räume (das vernebelte Meer, die öden Landschaften, die nackten Felsen), in denen sich ein mythisch-heroisches Endspiel entfaltet.

Serielle Mythologie

Valhalla Rising war kein internationaler Erfolg beschieden, obwohl er in viele Länder verkauft wurde. Das änderte sich, als sich Serien der nordischen Themen annahmen. Eine dem zyklischen Charakter mythischer Narrative entsprechende mediale Form ist die Serie, denn sie entwickelt nicht nur die heroische Reise kontinuierlich weiter, sondern schafft in ihrem Verlauf auch eigene Traditionen und Mythologien, die problemlos mit bekannten mythischen Traditionen kurzgeschlossen werden. Die vom kanadischen History Channel und Michael Hirst entwickelte Serie *Vikings* (2013–2020) ist dafür ein höchst erfolgreiches Beispiel. Es handelt sich um eine an den Wikingersagas orientierte Historienserie über das frühe Mittelalter und erzählt von den Fahrten, Schlachten und Intrigen der Wikinger zur Zeit von Ragnar Lothbrok, Lagertha, Rollo und Ivar dem Knochenlosen – allesamt historische Figuren, die um 800 herum am Überfall auf das Kloster Lindisfarne oder das alte Paris beteiligt waren.

Obwohl die Serie einen historischen Impuls repräsentieren soll, entzündete sich die Kritik früh an der offenbar intendiert unhistorischen Ausstattung. Die archaischen Krieger tragen zwar keine Helme, aber ausrasierte Schläfen, Gesichtstattoos und Lederkleidung. Der Schamane erscheint im Leichen-Make-up. Im Frühmittelalter sah die Kultur der Skandinavier jedoch eher bunt aus, mit prachtvoll bestickten Gewändern, nicht steinzeitlich verdreckt und mit Geweihkronen geschmückt. Diese Ästhetisierung rückt die Serie vom Historiendrama deutlich in den Bereich einer mythischen Adaption. In herausgehobenen Momenten wie dem Tod der Kriegerin Lagertha oder des Heroen Ragnar baut die Inszenierung ganz aufs erhabene Pathos des Blutopferrituals. Dann tauchen Walküren auf und begleiten die Kriegerin auf ihrem Weg nach Walhalla; bei Ragnars Tod in der Schlangengrube erklingt die Stimme von Einar Selvik von der Ritualmusikband Wardruna. Solche pathetischen Inszenierungen befriedigen eine archaische Sehnsucht nach schicksalhafter Größe, die sich im rituellen Tod auszudrücken scheint.

Wie in *Valhalla Rising* wird auch in *Vikings* der Konflikt zwischen heidnischen und christlichen Glaubensformen thematisiert, hier jedoch serientypisch in extensiven Dialogszenen zwischen Ragnar und Athelstan, Lagertha und ihren Getreuen sowie dem visionären Bootsbauer Floki. Die Serie schafft es zugleich, sich auf den aktuellen kulturellen Konflikt zwischen Säkularität, Christentum und Islam zu beziehen – Fundamentalismus und Offenheit, Eklektizismus und Isolation werden modellhaft durchgespielt. Der Mönch Athelstan tritt zeitweise zum Odinismus über, und Ragnar hadert mit seiner Weltsicht, was den heidnischen Floki zum Mord an Athelstan motiviert, denn er fürchtet um die »Reinheit« des nordischen Glaubens. In einer ironischen Volte wird der nach dem

Gott Loki benannte Protagonist verbannt, woraufhin er die Inselwelt von Island entdeckt, was ihm zunächst wie das Paradies der nordischen Götter erscheint.

Der ewige Norden als Popkultur

Auch *The Northman* von Robert Eggers wählt einen mythischen Zugang zur Wikingerkultur. Orientiert an der Heldenreise von *Conan the Barbarian*, beleben hier heidnische Medien (Olga, Heimir der Narr und die Rus-Schamanin) einen Helden mit übermenschlicher Stärke und motivieren eine mythische Rachemission (der Tod des Königs muss gerächt werden). Immerhin tragen die Krieger hier die historischen Helme im Kampf, doch das erdige Farbschema und die latente Präsenz der mythischen Strukturen setzen auf bewährte Tendenzen.

Warum sind die nordischen Mythen so gut transformierbar und kompatibel zur populären Kultur? Im Gegensatz zu monotheistischen Glaubensmodellen bieten polytheistische Mythensysteme ein ganzes Pantheon durchaus fehlbarer Göttinnen und Götter. Das gilt für die nordischen, aber auch für die sumerischen, ägyptischen, griechischen oder römischen Götter. Es gibt kein Postulat einer »einzigen Wahrheit«, keine verbindlichen Gebote und keine Allmacht. Die nordischen Götter sind in ihrem Begehren, ihren Stärken und Schwächen nichts anderes als ein Spiegelbild der menschlichen Gesellschaft und können daher leicht als Analogie menschlicher Protagonisten gesehen werden. Ihre Konflikte spiegeln profane Auseinandersetzungen ebenso wider, wie ihre Zyklen den Lauf der Natur darstellen. Mit jeder Götterdämmerung wird sich eine »neue grüne Welt« erheben, wird der Frühling wiederkehren.

Auch die Prozesse der Natur drücken sich in den mythischen Geschichten aus, was C. G. Jung zu seiner Archetypenlehre inspirierte (Jung 1957, S. 11–53) und bei Claude Lévi-Strauss die strukturale Anthropologie begründete (Lévi-Strauss 1967). Aus den mythischen Geschichten soll man fürs alltägliche Leben lernen. Und da sich dieses Leben über die Jahrhunderte hinweg veränderte, sind auch die Mythen offen für Transformationen. Im Kern konstant, verändern sich die Details. Was bleibt, ist die zyklische Wiederkehr, die sich auch in den populären Filmfranchises wiederfindet, in der serialisierten Erzählweise, die nach einem Relaunch die mythischen Heroen einfach neu erfindet. In den Mechanismen der mythischen Erzählweise findet man die Narratologie der populären Medieninszenierungen wieder.

Man könnte nun einwenden, dass sich diese Eigenschaften auch in der antiken Mythologie finden, und tatsächlich entstammt etwa die DC-Superheldin *Wonder Woman* dem griechischen Mythos der Amazonen, doch gerade Odin, Thor und Loki haben sich in den vergangenen fünfzehn Jahren auffällig bewährt. Es schwingt auch eine kulturelle Identität in diesen Konzepten mit, eine nordische Kälte und ein Machtwille, der sich in starken Symbolen – Thors Hammer, Odins Raben – ausdrückt. Nordische Mythologie wird medial als archaisches Bollwerk gegen den Humanismus des Christentums oder den missionarischen Charakter des Islams inszeniert. Hier liegt auch (erneut) die Gefahr einer politisch rechten Vereinnahmung nordischer Mythen. Sie dienten seit der völkischen Bewegung des späten 19. Jahrhunderts als identitäres Symbolsystem.

Doch ihre Ausstrahlung darauf zu reduzieren, verfehlt den Kern ihrer populären Wiederkehr. Für ein großes Publikum funktioniert das hier entfaltete Pathos offenbar als fast tröstliche Fluchtfantasie in eine Welt der klaren Lösungen inmitten einer unsicheren Zeit. Der medial konstruierte »Northman« bleibt eine Chiffre des Widerstands gegen Ungerechtigkeit, auch wenn er die ursprüngliche Welt seiner archaischen Mythologie längst hinter sich gelassen hat und sich als immer neu adaptierbar erweist.

The Northman als mythisches Kino

Von dem populären, oft idealisierten Bild nordischer Mythologie hält sich Eggers weitgehend fern – was seinen Film *The Northman* letztlich doch unbefriedigend für einen Teil des Publikums erscheinen ließ. Zusammen mit seinem ambitionierten Team an Set Designern, Kostümbildnern, Kameraleuten und Komponisten entwickelte er eine archaische Welt neu aus der mythischen Erzählung sowie archäologischen Erkenntnissen. Drehbuchautor Sjón konnte ohnehin als mythenkundig gelten, denn als einer der berühmtesten isländischen Schriftsteller hatte er bereits umfassend mit heimischen Mythologemen gearbeitet.

Simon Abrams belegt in seinem Buch *The Northman. A Call to the Gods* (2022, S. 115–169) umfassend, wie nah das Team an historischen Fakten arbeitete, ohne jene Zugeständnisse zu erlauben, die *Vikings* vermutlich so erfolgreich machten: *The Northman* ist kein postmoderner Mittelaltermarkt, auf dem sich teilweise längst widerlegte Klischees der Wikingerära mit modernen Moden (Tattoos, Dreadlocks, Leder und Fellkleidung, steinzeitliche Geweihkronen) aus dem Pagan Metal und der Popkultur mischen. Robert Eggers ist daran interessiert, den frühmittelalterlichen Menschen in seiner rekonstruierten Umgebung (zwei extra für den Film erstellten Wikingersiedlungen) agieren zu lassen. Produktionsdesigner Craig Lathrop, Kostümdesignerin Linda Muir und Waffenmeister Tommy Dunne ließen sich nicht von Fantasy-Stereotypen verführen, sondern blieben bei historischen Funden und Darstellungen. Dazu kommt eine radikal archaische Lichtsetzung durch Kameramann Jarin Blaschke, der mit den damals verfügbaren Lichtquellen arbeitet (Abrams 2022, S. 53–61). Das führt zu einer Abkehr vom konventionellen Drei-Punkte-Licht (Führungslicht, Aufhellung und Akzent), vielmehr filmte er die Schauspielerinnen und Schauspieler im Flackern des Feuers frontal oder gar im Gegenlicht – oft aber im Zwielicht –, was der damaligen Wahrnehmung nahe kommt. Vor allem Szenen, die in Innenräumen spielen, sind so ausgeleuchtet und verleihen dem Geschehen eine ebenso atmosphärisch dichte wie entrückte Anmutung (Abb. 3). Während tagsüber Blau- und Grüntöne dominieren, finden wir in Innenräumen stets den rötlich-goldenen Schimmer des offenen Feuers.

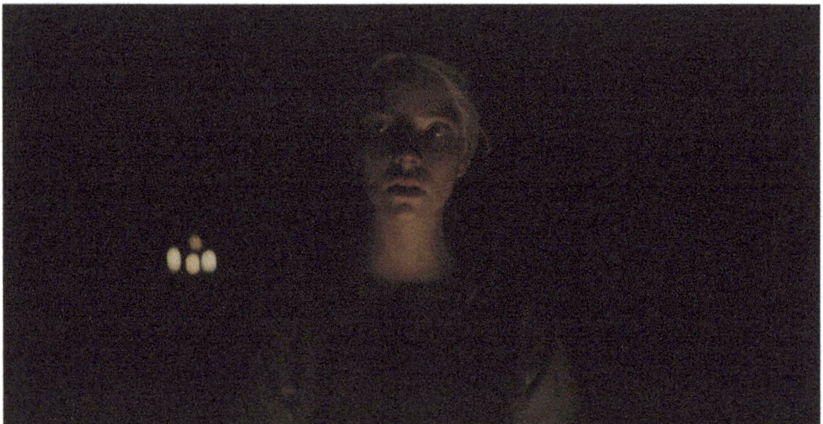

Abb. 3: *The Northman* – Olga (Anya Taylor-Joy) (Universal, DVD-Screenshot)

Häufig kritisiert wurden die visionären Momente des Films, die zeitgemäß mit computergenerierten Bildern erstellt wurden und etwas plakativ anmuten – vor allem im Kontrast zu dem harschen Naturalismus der sonstigen Inszenierung. Zu diesen Visionsmomenten zählen der visualisierte Stammbaum, die Fahrt des Bootes auf den Weltenbaum Yggdrasil zu, die beiden Auftritte der durch die Luft reitenden Walküre mit ihren geschwärzten Zähnen (ein historisches Detail) und der finale Kampf im Lavafeld des Vulkans. Der Film orientiert sich hier mitunter nah an historischen Abbildungen der mythischen Erzählungen. Für den Film entwickelte Michael Eaton (Abrams 2022, S. 122–123) einige an solchen Fundstücken orientierte Artworks, die Mythologeme aus der *Edda* darstellen und den Impuls für die manchmal naiv anmutenden visionären Designs lieferten. Die Intention hier ist zweifellos, einem per se mythischen Denken der dargestellten Kultur zu entsprechen.

Mit Micea Eliades Definition »myth narrates a sacred history; it relates to an event that took place in primordial time, the fabeled time of the ›beginnings‹« (Eliade 1963, S. 5). Mit diesen Ursprüngen in primordialer Zeit sieht sich der Protagonist von *The Northman* eng verbunden: Amleth repräsentiert dieses mythische Denken, das im Einklang mit den zyklischen Strukturen des Kosmos steht. In den Göttern (Odin und Freja werden hier verehrt) erkennt er Archetypen, die sein Handeln bestimmen und lenken. Die Seher (Willem Dafoe als Heimir, die Rus-Schamanin und Olga treten hier als solche beseelten Medien auf) vermitteln ihm den Willen der Götter und das Schicksal, gesponnen von den drei Nornen. An keiner Stelle bricht oder hinterfragt der Film diese Perspektive. Wie in seinen Filmen zuvor ist *The Northman* ein weiterer Schritt hin zu einem affirmativ mythischen Kino, das diese vormoderne Sicht zu einer genuinen, visionären Qualität erhebt.

Wie bei Refns *Valhalla Rising* mag das auf den ersten Blick ›einäugig‹ erscheinen, stellenweise gar ›inhuman‹ wirken – doch *The Northman* blickt auf uns mit den Augen einer lange zurückliegenden Zeit. Robert Eggers unternimmt mit jedem seiner Filme das Wagnis, ein Kino gegen die Zeit zu inszenieren; seine Filme stellen das Gezeigte – so abstrus es auch sein mag – nie grundsätzlich infrage, sondern begeben sich ganz in den Blickpunkt seiner Heldinnen und Helden. Eggers als Filmemacher und sein mythisches Kino können mit der gebotenen Vorsicht durchaus als ›unzeitgemäß‹ bezeichnet werden.

Literatur

Abrams, Simon: The Northman. A Call to the Gods. London: Titan Books 2022.

Campbell, Joseph: Der Heros in tausend Gestalten. Frankfurt/Leipzig: Insel 1999.

Eliade, Mircea: Myth and Reality. New York: Harper & Row 1963.

Hube, Hans-Jürgen: Altnordische Götter- und Heldensagen. Frankfurt/Leipzig: Insel 1996.

Jung, Carl Gustav: Bewusstes und Unbewusstes. Frankfurt/Hamburg: Fischer 1957.

Lévi-Strauss, Claude: Strukturale Anthropologie I. Frankfurt: Suhrkamp 1967.

Stiglegger, Marcus: Verdichtungen. Zur Ikonologie und Mythologie populärer Kultur. Hagen: Eisenhut 2014.

Stiglegger, Marcus: Die Macht des Nordens – Nordische Mythen. In: Filmdienst (Hrsg.): Filmjahr 2022/2023. Lexikon des internationalen Films. Marburg: Schüren. S. 115–119.

Autorenbiographien

Herausgeber:

Adrian Gmelch

Adrian Gmelch ist Filmkritiker und Autor. Er studierte Politik-, Kommunikations- und Sozialwissenschaften in Eichstätt, Rennes und Paris. Gmelch schreibt für mehrere Print- und Online-Filmmagazine. Veröffentlichungen im Büchner-Verlag: *Die Neuerfindung des M. Night Shyamalan* (2021), *Art-Horror. Die Filme von Ari Aster und Robert Eggers* (2022) sowie *David Lynch begreifen* (2024). Mehr Infos: adrian-gmelch.com.

Dr. Daniel Hercenberger

Daniel Hercenberger ist im musealen Bereich sowie als Dozent und Lehrbeauftragter in diversen Bildungseinrichtungen im Fachgebiet Film aktiv. Unter anderem war er Kurator der Sonderausstellung »KinoSaurier – zwischen Fantasie und Forschung« im Niedersächsischen Landesmuseum Hannover und im Naturhistorischen Museum Wien.

Dr. Jan Niklas Hochfeldt

Jan Niklas Hochfeldt hat in Hannover Geschichte und Germanistik studiert und wurde 2021 im Fach Ältere Deutsche Literatur an der Freien Universität Berlin promoviert. Berufliche Tätigkeiten in der Medienbranche und an der Hochschule. Daneben freiberufliche Arbeiten für verschiedene Magazine.

Beiträger:innen:

Jonathan Ederer

Jonathan Ederer ist im Bayerischen Wald aufgewachsen und hat Germanistik und Erziehungswissenschaften in Regensburg studiert. Es folgten Etappen bei Filmfestivals, bei Agenturen und Tageszeitungen. Heute arbeitet der gelernte Redakteur als Wirtschafts- und Kulturjournalist.

Timo Güdemann

Timo Güdemann hat Filmwissenschaft, Englische Literatur- und Kulturwissenschaft sowie Mediendramaturgie an der Johannes Gutenberg-Universität Mainz studiert und promoviert zur existenziell-surrealistischen Ästhetik einer narrativen Komplexität im Werk von Quentin Dupieux. Darüber hinaus Tätigkeiten als Autor und Rezensent.

Dr. Jenny Hagemann

Jenny Hagemann, seit 2020 als Kulturwissenschaftlerin am Serbski institut Chóśebuz/Sorbischen Institut in Cottbus. Studierte Historisch orientierte Kulturwissenschaften sowie Geschichte. Promotion zu regionalem Heritage im Wendland und in der Lausitz im Vergleich. Forschungsschwerpunkte sind Minorisierungsprozesse und kollektive Gedächtnisse, regionales Heritage, Minderheitenrechte in Industrie- und Regionalplanung sowie Populärkulturen.

Jörg Kähler

J. W. Kähler war Pressesprecher von Electronic Arts und Redakteur diverser Computerzeitschriften. Das prägt seine Fachartikel aus dem Bereich Medien ebenso wie Beiträge zu Themen aus dem Tolkien-Universum. Er ist Mitglied der Deutschen Tolkien Gesellschaft und publiziert unter dem Schriftstellernamen Jay Kay im Eigenverlag auf eventermspress.de Romane aus den Bereichen Thriller sowie Fantasy & Science Fiction. Er hat bereits mehrere Romane sowie ein Hörbuch mit den Original-Stimmen der deutschen Synchronsprecher aus den Herr-der-Ringe-Filmen veröffentlicht. Seine Erfahrung rund um das Thema Storytelling vermittelt er zurzeit seinen Studenten als freier Dozent im Bereich Film am SAE Institute in Hannover.

Michael Kathe

Studium der Germanistik und Anglistik an der Universität Basel mit dem Abschluss lic.phil.I, beruflich Creative Director in einer großen Schweizer Werbeagentur, Filmtheorie und -analyse innerhalb des Linguistikstudiums bei Dr. Hansmartin Siegrist, seit 1992 Autor für die Filmzeitschrift *Splatting Image*.

Dr. Jakob Kelsch

Jakob Kelsch, Studium der Neueren Deutschen Literaturwissenschaft und Mediensemiotik an der Universität Passau und anschließende Promotion am dortigen DFG-Graduiertenkolleg »Privatheit und Digitalisierung«. Derzeit wissenschaftlicher Mitarbeiter an der Geistes- und Kulturwissenschaftlichen Fakultät der Universität Passau.

Marcel Kober

Marcel Kober ist als deutscher Anime- und Film-Blogger seit 2012 aktiv. Damals begann er unter dem Pseudonym »citybloop« auf YouTube, mittlerweile ist er jedoch hauptsächlich auf TikTok aktiv. Aktuell schreibt er für die Filmzeitschrift *Deadline*, die Website *AnimeCorner* und das Anime-Magazin *Koneko*. Beruflich ist er in der Kinoplanung tätig.

Rouven Linnarz

Rouven Linnarz, Lehramtsstudium der Fächer Deutsch und Englisch in Essen. Autor bei *DEADLINE – Das Filmmagazin* sowie bei *Asian Movie Pulse* und *film-rezensionen.de*. Verfasser von Booklet-Texten für diverse Heimkinoveröffentlichungen.

Luise Merkert

Luise Merkert, Studium der Religions- und Kulturwissenschaft sowie Sprache, Literatur und Kultur an der LMU München. Aktuell Doktorandin am Lehrstuhl für Religionswissenschaft und Religionsgeschichte bei Prof. Dr. Daria Pezzoli-Olgiati zum Thema Familie und Religion im zeitgenössischen Horrorfilm.

Matthias Reismann

Mag. Matthias Reismann, BA, Studium der Germanistik und Geschichte an der Universität Wien, forscht zum kulturhistorischen Motiv der Hexe, Lehrtätigkeit an einer Allgemeinbildenden Höheren Schule.

Stefan Sonntagbauer

Stefan Sonntagbauer forscht zum Thema »Horror und Subjektivität« am philosophischen Department der Universität Wien. Er referiert und publiziert zu Themen von *Dracula* bis *Cannibal Holocaust*. Mit seinem Podcast *Dr. Horror* begeistert er daneben ein breites Publikum für die Horrorforschung. Als Experte für die Psychologie des Grauens ist er regelmäßig in den Medien vertreten.

Prof. Dr. Marcus Stiglegger

Marcus Stiglegger lehrt Film- und Bildwissenschaft in Münster, Regensburg und Ludwigsburg. Studium der Ethnologie, Film- und Theaterwissenschaft in Mainz; Dissertation zum Thema Geschichte, Film und Mythos (SadicoNazista. Geschichte – Film – Mythos, Hagen: Eisenhut 2014, 3. Auflage); Habilitation zum Thema Seduktionstheorie des Films (Ritual & Verführung, Berlin: Bertz + Fischer 2006); Forschungsgebiete Autorentheorie (Kurosawa. Die Ästhetik des langen Abschieds, München: Edition Text + Kritik 2015), Genretheorie (Handbuch Filmgenres, Wiesbaden: Springer VS 2019) und Seduktionstheorie des Films (Film als Medium der Verführung. Einführung in die Seduktionstheorie, Wiesbaden: Springer VS 2023). Mehr Infos: stiglegger.de.